VISION | 多一層理解

Samar Yazbek

International winner of the PEN Pinter Prize

The Crossing

My journey to the shattered heart of Syria

走入敘利亞破碎的心臟

請不要遺忘我們！我重返故鄉，見證那些困守內戰的人們怎麼愛、怎麼活

國際筆會品特獎得主
薩瑪・雅茲別克——著
許恬寧——譯

「感人至深……作者雅茲別克是高超敘事者，
讀來有如文學作品，令人聯想起喬治．歐威爾（George Orwell）的
戰爭省思《向加泰隆尼亞致敬》（*Homage To Catalonia*）……
可說是寫下二十一世紀第一部政治經典作品。」

——《觀察家報》（*Observer*）

「勇於異議，熱情洋溢……雅茲別克是不凡的敘利亞反抗者。」

——《金融時報》（*Financial Times*）

「作者勇氣過人，透過令人揪心難過的紀實，
說出自己的祖國是如何陷入殺戮。」

——《愛爾蘭時報》（*Irish Times*）

目錄

本書獻給敘利亞革命的烈士。

我以顫抖的手書寫。

不斷不斷地寫。

我存在於真實世界，但寫著寫著開始隱身。

我看著身旁人影，彷彿身在其中，轟隆隆的空襲聲在耳邊真實響起，然而我告訴自己，那不過是大故事裡的一個小細節。

我二度見證發生於敘利亞的大屠殺。繼上一本《一個交火中的女子》（*A Woman in the Crossfire*），再度用力扳開一道小窗口，讓一絲陽光照入，將人間地獄的百態暴露於世人眼前。

我是反覆思量你們短暫一生的說故事者，透過她的眼睛看著你們，就像先前那些漫長的夜晚，我們一起大笑，猜測誰是下一個被砲彈擊中的人。這本書是為你們而寫。我的腦海浮現你們的影像，唯一能做的，是把你們的故事砌成柱子，從人間連接天堂。

被背叛的人們啊，我為你們書寫。

薩拉奎布，無名孩童，
阿薩德戰機近日摧毀的房屋前。

薩拉奎布塗鴉：「來自霍蘭的好消息。」
德拉的起義起自霍蘭。
此一塗鴉標有日期，但難以判定。

薩拉奎布塗鴉：「願主憐憫烈士。」
署名：「不肯屈服的痛苦塗鴉之士」。

薩拉奎布傍晚屋頂與清真寺。

卡夫蘭貝爾：來自伊德利卜省的難民孩童，
薩瑪有緣同住一屋，和他們交朋友，經常聊天拍照。

右｜薩瑪探視難民，
途經卡夫蘭貝爾與鄰近村莊之間的道路。
當地有一個小池塘，人們住在小屋裡。

上｜卡夫蘭貝爾市場，
暴露於周遭空襲的車輛。

卡夫蘭貝爾
化為廢墟的學校。

難民小男孩，與家人同住靠近伊德利卜地區前線的雞舍。許多雞舍被改造成臨時避難所。

海什鎮被燒燬的皮卡，距離伊德利卜地區前線不遠處。

前言

克莉絲汀娜・拉姆（Christina Lamb）

過去一年來，世人目睹百萬移民與難民湧入歐洲，不明白是什麼原因讓那些人離鄉背井，踏上如此未知的旅程。即便孩子半路死在波濤洶湧的海中，依舊前仆後繼。

二〇一五年十一月十三日那天，眾人也目睹巴黎襲擊事件。當晚參加音樂會與上酒吧餐廳的民眾遭逢恐怖攻擊，攜帶槍支與自殺炸彈的男子，帶給這座不夜之城一場大屠殺，一百三十人死於ISIS（Islamic State of Iraq and Syria，伊拉克與敘利亞伊斯蘭國）之手。

新聞傳遞的難民與恐怖分子影像，讓人很容易忘記，敘利亞的國民其實是一群和我們一樣努力過生活的平常人。大姊姊在躲空襲的時候，還試著讀床邊故事給小妹妹聽。做父母的人在沒有盡頭的無情戰爭之中，依舊試圖工作養活一家老小。

本書作者薩瑪・雅茲別克（Samar Yazbek）從第一句話，就讓讀者深受震撼，細膩的文字風格令人讀來有如身歷其境，彷彿真的聽見鳥兒在籠中鳴叫，聞到梳妝整齊的女子散發的香水味，然而接著一顆炸彈就從天而降，天花板油漆碎片如雪片般四散，帶來控訴這個世界的故事。

這是一個無望的故事，因為獨裁者只顧抓權、不顧人民死活。這是一個無望的故事，因為全世界袖手旁觀。

我們可能以為自己知道敘利亞是怎麼一回事，聽過新聞，讀過報紙，畢竟那個地方自二〇一一年起就在打仗。然而雅茲別克替自己成長的家鄉，做到外國記者做不到的事，親眼見證此一美麗古國陷入地獄的過程。

本書是戰火中的人民紀實。雅茲別克在二〇一二年至二〇一三年之間，三度返回烽火連天的故國，與感到被世界拋棄的敘利亞人民生活在一起。

本書讓我們再度憶起二〇一一年起義之初與阿拉伯之春（Arab Spring）所帶來的希望，早期誠心爭取民主的革命人士令人動容，也令人心碎。當時他們早已大聲示警，要是西方世界再不伸出援手，資金充沛的極端分子將趁虛而入，奪走早期革命成果。如今回頭來看，此一先見之明令人心驚。

今日的敘利亞人民生活在雙重恐懼之中。冷酷的政府毫不留情地用桶裝炸彈轟炸自己的人民，ＩＳＩＳ則帶來恐怖的死亡崇拜。

雅茲別克先前帶著年幼的女兒，一起流亡巴黎，隨後又返回敘利亞，好讓世人聽見英勇敘利亞人民的故事。雅茲別克為了同胞九死一生，不顧性命。她身分尷尬，除了被敘利亞政府通緝，還與統治者巴夏爾・阿薩德（Bashar al-Assad）同屬阿拉維（Alawite）這個國內少數宗派，走到哪都遭受質疑。起義人士懷疑她是阿薩德的支持者，遜尼派（Sunni）民兵又視她為什葉叛教者。

雅茲別克流亡法國的生活，讓她同時身處兩個世界。她讓敘利亞人民說出自己的故事時，我們感受到她的痛苦與迷惘。她有一雙敏銳的眼睛，還有一支鋒利的筆，除了說出地方上的狀況，也對西方政治提出控訴。外界目睹膽大妄為的領袖為求保住權力無所不為，卻無動於衷。本書從心理觀察的角度，寫下國家似乎永無出頭之日的普通人，如何被迫生活在朝不保夕的恐懼之中。

如同雅茲別克所言，在這場二十一世紀最駭人的悲劇之中，死神似乎是唯一的贏家。然而，本書也讓我們看見，受困其中的敘利亞人民，如何不屈不撓奮力活下去。

克莉絲汀娜・拉姆是榮獲英國官佐勳章（OBE）的《星期日泰晤士報》（*Sunday Times*）駐外首席記者，平日專訪阿富汗、巴基斯坦、伊拉克、利比亞等世界各地的難民危機，撰有《我是馬拉拉》（*I am Malala*）、《再見喀布爾》（Farewell Kabul）等廣為人知的作品。

導讀一 插在敍利亞心臟的那些刀

張育軒

持續七年之久的敘利亞戰爭，是二十一世紀歷時最長、造成最多人道災難，以及產生全球數量最龐大難民的戰爭之一。這個人口約兩千兩百萬，與台灣人口相當的國家，超過一千萬人成為難民，流散在國內外。戰爭前，敘利亞一年的觀光拜訪人次超過澳洲、識字率高達八六％、首都大馬士革一度被評為阿拉伯文藝之都。戰爭爆發之後，面目全非。

作者薩瑪．雅茲別克，出身於與總統阿薩德相同的伊斯蘭阿拉維派，由於參與反政府抗議，被保守人士視為叛徒而逃往巴黎；因止不住對家鄉的掛念，於二〇一二到二〇一三年間，冒生命危險「三進三出」，穿越邊境回到敘利亞。但在以遜尼派為主的敘利亞，她不得不隱藏她的阿拉維身分，避免被極端分子視為政權同謀。

在這片她熟悉的土地上，人們不再以「敘利亞人」來認可彼此，取而代之的是狹隘的教派身份。同時，也出現愈來愈多的蒙面外國戰士，持槍決定本地人的生死。原本只是要求更多公民權利的抗議，淪為周邊大國和武裝組織較勁的場所。

究竟是誰和誰，參與在敘利亞混亂的戰火中？這些外來的個人、組織與國家，如同尖刀，插入敘利亞的心臟。

從抗議到代理人戰爭，不再屬於敘利亞人的敘利亞

當阿拉伯之春也擴散到了敘利亞時，同屬中東阿拉伯國家的敘利亞，阿薩德家族已經專制統治境內長達四十年。二〇一一年三月開始爆發抗議時，不少人預料二〇〇〇年繼承父業的小阿薩德（Basar Assad）會如同其他的阿拉伯獨裁者般，走入歷史。

然而，不同於其他也受到阿拉伯之春席捲的國家，掌權的小阿薩德正值壯年，敘利亞政府回應的手段更為強硬；更重要的是，以阿薩德家族和其復興黨為統治核心的敘利亞政府，連結著區域地緣政治利益；北臨土耳其，東接伊拉克，南臨約旦與以色列，西靠地中海。敏感的戰略地理位置使敘利亞強盛時，成為影響區域政治不可忽視的強權；而一旦衰弱，很容易成為各方入侵的對象。

在敘利亞戰爭當中，有許多參與者，各自競逐不同的利益。過去分類方式通常以支持／反對阿薩德政權作為判定基準，然而隨著戰爭的推進，不同勢力各據一方，利益交錯。這場戰爭的軸線已從是否推翻阿薩德政權，轉換成未來不明確的混戰。因此，

不妨以圈層來解釋在這場衝突中，各方勢力的角色。

在戰爭最初的內圈，是阿薩德政府與敘利亞反對派，代表著政府與人民起義軍的二元對立。阿薩德家族出身什葉派裡的少數群體阿拉維派，同時阿薩德的政黨是復興黨——一個世俗、主張社會主義的政黨，因此，阿薩德政權實際上是世俗專制統治的政權。敘利亞反對派指的是，一群由許多大大小小的各地反抗團體所組成的鬆散聯盟，成員複雜，包括書中經常提到的敘利亞自由軍，其本身也是由數個軍旅組成。目前反對派大多數逃到土耳其，組成「敘利亞全國聯盟」，獲得西方國家承認後，參與國際和談。

再來外圈是所謂的「極端宗教武裝團體」，包括書中常提到自由沙姆人（Ahrar Al-Sham）、努斯拉陣線（Al-Nusra Front）與ＩＳＩＳ。他們共通性是在意識形態上推行嚴格保守的遜尼派伊斯蘭教（也有研究指出，這些聖戰士大部分根本不懂教義），目標為建立恪守伊斯蘭教法的伊斯蘭國家。在手段上，這些團體都偏向殘暴與激進。作者在書中數度提到這些團體對女性必須戴頭巾的要求，也控訴這些團體曲解伊斯蘭教義與漠視敘利亞的當地習俗。這些團體都以推翻阿薩德政權為目標，跟前述的反對派有時龍蛇雜處，很難辨別誰是誰。在書中也提到，一個人在當地這種情況下，可能被迫加入最有錢跟武器最多的團體。

而真正將敘利亞戰爭推向另外一個層次的是ＩＳＩＳ。ＩＳＩＳ原本主要活動於伊拉克的蓋達組織分部，後獨立並主張建立一個橫跨歐亞的伊斯蘭帝國；其武器與資金是所有極端組織裡面最豐富的，手段也最為殘暴。作者書中描述二〇一二至二〇一三年這段期間，ＩＳＩＳ正逐漸占領敘利亞東部，並會在作者離開隔年（二〇一四年），以迅雷不及掩耳的速度奪取伊拉克北部土地，引來更多國家的武裝介入。

事實上，早在敘利亞戰爭爆發前，阿薩德政權就讓這些極端分子穿越邊界，利用他們來影響伊拉克局勢。只是在戰爭爆發後，極端分子也在敘利亞扎根發展。另外，極端組織吸引了許多外國人加入敘利亞戰爭當中，有來自周邊國家的，也有「腦熱」的歐洲穆斯林年輕後代，成為不少國家的安全隱憂。據《經濟學人》報導，二〇一四年五月為止，有超過一萬兩千名外國人參加極端組織，其中三千多人來自西方國家。這也是為什麼作者在敘利亞憤怒地發現：外國聖戰士蒙著頭巾，持槍站在檢查哨決定她是否能夠通行。

再往外圈看，是其他區域強權，包括土耳其、伊朗與富裕的海灣國家。三者在敘利亞的主要目的不同，但都包含了地緣政治的博弈。

土耳其在敘利亞戰爭的目標有二：擴張自己的區域影響力以及打擊敘利亞北部的庫德族勢力，前者跟作者三度進出邊界頗有關係。自敘利亞戰爭打響以來，土耳其不僅支持上述的反對派，提供自由軍裝備與支援，並同時接收大量難民，開放邊界。儘管此舉讓難民可以逃跑，卻也成為極端分子利用的縫隙，引起國際擔憂。之後土耳其才慢慢縮緊邊界，並且採取更直接的軍事介入。

以什葉為國教的伊朗則站在土耳其的對立面，從開始至今，都堅定地支持阿薩德政權。最主要的是，敘利亞連結著黎巴嫩，伊朗需要陸路通道，好接通黎巴嫩的什葉團體真主黨，在教派衝突意義上，防止極端遜尼武裝團體控制敘利亞。在區域地緣政治格局上，也防堵沙烏地阿拉伯和美國控制敘利亞。在作者穿越邊界這段期間，伊朗已低調地派軍官協助敘利亞政府，真主黨的戰士也逐漸投入到戰場上。

遜尼派海灣國家，特別是沙烏地阿拉伯，與這些極端遜尼團體在意識形態上系出同源。除了國內有人自願去參戰以外，大部分以提供資金的方式，支持挑選的反對派和極端組織。主要目標是與什葉派及伊朗競逐在敘利亞的影響力。從這層意義來說，伊朗、沙烏地阿拉伯的介入，給敘利亞戰爭增添了教派衝突的色彩。

在最外層，則是世界大國美國與俄羅斯。俄羅斯擔心宗教極端分子北上影響到高加索地區，以及敘利亞可以提供軍事港口讓俄羅斯海軍進入地中海，故高度支持其傳統盟友阿薩德政權。二〇一五年後，俄羅斯才會更直接地以設立禁飛區和空襲方式，介入敘利亞，並拉攏伊朗與土耳其共同協調敘利亞問題。美國在戰爭爆發不久，即立下了阿薩德應該下台的外交立場，並支持反對派和自由軍，但未能扭轉戰局。

再多刀也插不死敘利亞人的堅強

上述是敘利亞戰爭的幾個主要參與者。在作者二〇一三年八月最後一次跨越邊境，離開敘利亞之後，戰爭變得更加激烈。今日，她所痛恨的極端團體沒有一個被消滅，阿薩德政權依舊穩固，反對派還在掙扎中。

然而，在作者回到敘利亞期間，與在戰火中結交的朋友住在一起，採訪並記錄努力推動公民教育、女性識字等權利的敘利亞人。他們在生存之外，更努力改善敘利亞社會。比起冰冷的統計數字與戰爭的鐵血殘酷，敘利亞人堅強的生命韌性，顯得格外珍貴與令人動容。

半年多前，我遇到來台演講的兩位大馬士革的年輕人，他們在自己的家鄉舉辦工作坊，教育因戰爭失學的年輕人。他們堅信，戰爭有一天會結束，而他們必須為重建做好準備。一如作者在遊走敘利亞各處所關注的公民運動與組織，在最慘烈的狀況下，也不放棄公民社會的理想。本書描述了許多的生命經驗與個人故事，撥開那一把又一把交錯插入敘利亞心臟的尖刀，在心臟深處，仍可以看到那些渺小卻堅強的希望。

張育軒，前端傳媒編輯，自由撰稿人，長期關注中東

序言—衝突的虛偽性

張翠容

這本書的作者薩瑪．雅茲別克本身屬敘利亞反對陣營，她雖強調描述敘利亞老百姓在戰火中的日常生活，但也難免有她的視點。她本已流亡海外，卻三度冒生命危險重返敘利亞，為的是把戰爭受害者書寫出來，其目的固然讓人敬佩，可是，當正義與真相之間有矛盾時，書寫人又應如何取捨呢？

雅茲別克讓我們進一步了解到敘利亞反對派的訴求與願景，而她亦以最激情的筆觸，把面對政府軍砲火蹂躪的人民慘況，淋漓盡致地呈現出來，讀來使人揪心不已。但，是非黑白是否就這麼清楚？正義承可貴，真相價更高。事實上，因阿拉伯之春引爆的敘利亞戰爭，可以說是在歷史上最蠱惑人心、最具虛偽性的一場戰爭，這應如何說起？

還記得那一年，我走過滿目瘡痍的巴格達，戰火的味道仍令我哽咽著，不過，我還是繼續旅程，下一個站就是敘利亞。儘管，我們從美國政府的口中、西方媒體的報導，得到的敘利亞印象如何負面，但，凡是到過該國的旅客，都會有同一的印象，就是敘利亞人在阿拉伯地區，乃是最和善好客的民族。

我也曾受他們的款待，一對從事文化工作的夫婦向我打開他們的大門，提供免費食宿，並於某一天，帶我去了大馬士革舊城前東羅馬皇宮遺址，參加了一場特別的詩歌朗頌活動，頌詩者竟然就是國際知名的敘利亞詩人阿多尼斯（Adonis），他的詩句迴盪於古皇宮露天花園的空氣中，在潺潺的池水上浮著玫瑰紅色的花瓣。我環顧四周，數百人迫在皇宮裡，大部分都是文化藝術工作者。原來，大馬士革的文化生活異常豐富，知識階層龐大。

事實上，敘利亞整個國家，就是一幅瑰麗的人文歷史風景，散布著三千五百多處宗教文化古跡，有歷史學家、人類學家、考古學家等都一致認為，敘利亞是裸露在藍天下的一座龐大博物館，一個人類文明起源歷史的古老見證。因此，真正通曉建築史的專家，便知道如要看真正的建築古文明遺跡，不在希臘和羅馬，而是在敘利亞。

可是，隨著激烈的內戰和「伊斯蘭國」（ISIS）的崛起，這幅人文歷史風景已遭殘暴蹂躪，而那一天皇宮誦詩的動人聲音，亦俱往矣。

其後，我努力在社交媒體尋找那對接待過我的夫婦，意外地與他們連繫上了，他們是幸運的一群，內戰一開始他們即尋找門路逃往歐洲。劫後餘生的夫婦都在電話裡痛哭了，但當我問及敘利亞的狀況，他們卻說：「請諒解，我們不想再談論自己的祖國了。」

我們落入一陣子的沉默。是的，他們現在只是前途茫茫的難民，實在是故國不堪回首。

敘利亞可說是在新一輪的中東的亂局中，最為悲慘的。現存的阿薩德政權無疑是個獨裁政權，但，反對獨裁者就必定代表正義嗎？自冷戰結束後，大家都以為西方民主可解決一切問題，而且達到執迷程度，致使美國不惜用戰爭手段，表面上是為中東帶來民主，然而，更盲目對反對派拔苗助長，企圖在該地區建立一套親美制度。

當美國的大中東計劃隨著二〇〇三年伊拉克戰爭拉開，敘利亞一直是美國針對的目標。記得一位前法國部長Roland Dumas在接受法國電視台LCP訪問時，他這樣說：「敘利亞戰爭發生前兩年，我到英國公幹，與一些英國高級官員會面，他們告訴我，他們正在敘利亞進行一個計劃……。英國準備武助敘利亞反對派進攻敘利亞。雖然我已從外交部卸任，但他們還是問我有否興趣參與。我回答，我是法國人，沒興趣。」

Dumas只是強調他是法國人，並不表示法國沒參與。不過，他請我們注意，阿薩德政權的反以色列立場，是非常強硬和明顯的。而他透露，前以色列總理曾向他表示，以色列會嘗試與鄰居相處，但凡不同意他們者，必須遭摧毀。

由此可見，儘管阿薩德是個獨裁者，有缺失，可是今場戰爭看來是一個預謀，加上敘利亞政府沒有好好回應敘利亞人民的起義行動，武力鎮壓，寧濫莫縱，加上很快便遭各方利益所騎劫，而陷入一場殘酷的代理人戰爭中，令百萬計敘利亞人賠上生命，深遠地禍及世界，這絕非敘利亞人所願。

發生在二〇一一年的北非起義行動，被冠名為「阿拉伯之春」，其實是西方媒體給予的，當中明顯蘊含一種天真的想像，並認為只要革命在阿拉伯地區遍地開花，春天即將來臨。這樣子一刀切地去理解該地區，一直是個問題所在。

一場革命因地而異，況且也需要選在適當時候。推翻一個政權後，最重要是有何替代方案，沒有的話，整個國家便會崩潰下來，情況肯定比之前更糟。就以敘利亞為例，反對派借「阿拉伯之春」亦來一場革命，可惜有不少推動者早期已流亡到歐洲，他們有些返回國家卻未知國家實況，可是打開了個潘朵拉盒子，各方勢力都跳了出來，最有組織的自然會成為主導力量，騎劫革命。

受波斯灣國家金援和軍援的遜尼派伊斯蘭聖戰組織「脫穎而出」，ISIS乘勢而起，企圖推翻敘利亞什葉派政權，在中東地區爭霸，並占領了敘利亞不少土地，進行局部黑暗兇殘的統治。

「阿拉伯之春」沒有帶來春天，但是卻導致多個中東和北非國家的動盪不安，而且出現人類近代史中最龐大的遷徙潮之一。現在約有一千五百萬阿拉伯人被迫離開家園，逃離國境或在國境內流徙。

最新的有南蘇丹和葉門激烈的戰爭製造新一輪難民潮，而敘利亞內戰令原本滯留在該國的數以十萬計的伊拉克難民，不得不再遷徙。事實上，敘利亞本身亦有上千萬國民成為國外或國內難民，而在伊拉克的巴勒斯坦人自薩達姆倒台後，逐步被趕出伊拉克。至於在利比亞數十萬的埃及人，也不得不被迫返回埃及，利比亞本身也有二百多萬難民，其中有四十萬在國境內流離失所，其餘接近二百萬主要逃到突尼斯。

大遷徙對中東和非洲的政治經濟以至人口生態，造成難以想像的衝擊。突尼斯便是一例，原本相對和平的國家，最近亦身陷恐怖主義的漩渦。此外，歐洲也得直視湧向他們的難民問題，從東南歐海岸線到英法隧道，擠滿一張張無助可憐的難民臉孔，其實是極需要歐洲國家對他們肩負道德責任，早日協調，以避免更多的人道災難。

雖然德國和奧地利已表明願意接收更多的難民，但其他歐洲國家特別是東歐諸國，不僅反對歐盟設立強行接收機制，並紛紛築起高牆。近年東歐排外情緒高漲，反移民反歐盟的聲音不斷上升，特別是匈牙利，其總理還說，匈牙利是基督教國家，不願與伊斯蘭教徒活在同一屋簷下。

至於富裕的波斯灣阿拉伯國家如卡達、沙烏地阿拉伯等，他們對阿拉伯難民更是袖手旁觀。他們資助敘利亞反對派令內戰停不了，卻不願照顧為此付出極大代價的老百姓，宗教派系成為他們零接收的藉口。美國亦是，這個高舉民主人權的世界警察，中東亂局她責無旁貸，卻對如何解決難民潮，噤若寒蟬，裝聾扮啞，到現在仍未表態會否願意與歐洲攜手履行人道責任。

不過，如何接收難民固然是燃眉之急，但最重要還是協助中東地區停止戰爭，而不是火上加油。

二〇一五年三月在突尼斯舉辦的「世界社會論壇」，我特別去參加一個由「聚焦敘利亞」(Syria In Focus)主辦的會議，他們不時高喊口號，什麼要國際團結、繼續支援革命等等。對於如何解決敘利亞難民問題和戰爭，卻沒有人去談論和關心。

與會的一位加拿大記者伊娃·巴勒蒂(Eva Bartlett)忍不住站起來表示，她前一年三次探訪敘利亞，在不同地方與不同陣營的老百姓接觸，他們都異口同聲認為先結束戰事。如果一場革命令老百姓連生存權也失去、歷史文物遭嚴重破壞，並讓帝國主義有機可乘，這還算是革命嗎？國際社運圈的天真理想，卻要該地老百姓付出代價，良心何在？

相信大家還記得二〇一五年那一張圖片：一名年僅三歲的敘利亞小難民艾藍，伏屍土耳其一海灘上，全球給攫住了，好像由於這張圖片才知道這些難民的悲哀。小艾藍用他僵硬的身驅告訴了全世界，他們要和平，不要戰爭；真正的民主不會剝奪他們的生存權，請還給他們一個生存權利。

張翠容，國際獨立記者

序言—返鄉夢碎

廖芸婕

「在此地的流放生活之中，我學到如何在睡夢中走路與思考：熟睡，也或者已經死亡？有什麼差別？不論是睡夢或死亡之中，我都脫離現實，身處他方。我碰觸自己的身體，認不出自己的手指，我敘述的事似乎陌生到無法辨識。我真的曾經是那段故事的一部分嗎？或許我愈深陷流亡，就愈是那段故事的一部分。」

雅茲別克為《走入敘利亞破碎的心臟》寫下的後記，竟如一段自我懷疑的殘響。

我們都讀過那些故事：中東難民逃往歐洲、偷渡船載滿無家可歸之人命喪地中海、難民被拒於邊境之外、某些國家鎮暴警察及催淚彈對付大批入境者——縱使在臺灣的我們或許較為陌生，這一類影像、聲音與文字湧上國際新聞版面，已有好幾年。

媒體慣常地將鎂光燈投注於主導政經決策、牽一髮動全身的歐洲中心；相較之下，還有太多「逃不出去」的人，猶困在水深火熱的家園裡，等待時針滴滴答答地走過，起身面對下一次命運的判決。在那樣的世界裡，連各大媒體都因害怕成為待宰羔羊、而罕有前往，當地人含淚的苦痛，自然骨鯁在喉。

雅茲別克不是媒體中常見的逃出之人，而是「翻回家鄉」，打撈、撿拾故事碎片的人。二〇一一年夏天，她已與女兒流亡至法國，有了一個新的家。但二〇一二年夏天、二〇一三年冬天與夏天，她陸續透過人蛇集團的幫忙，鑽過鐵絲網、回到令自己心碎的敘利亞家園，蒐集她口中充滿「證詞」、背叛或者遭背叛的鄉人。

敘利亞內戰自二〇一一年初爆發，正是她流亡那一年。一場受「阿拉伯之春」民主浪潮激起、由反政府示威而起的活動，在總統阿薩德以政府軍鎮壓後，竟演變成至今已近七年、尚未止歇的舉國自相殘殺。

烽火之中，五百萬敘利亞人逃往海外、還有六百六十萬人在國內流離失所。最新統計數字顯示，已有四十萬人命喪於這場內戰。除了美國、俄國、伊朗、以色列等國也投入這場混戰外，極端教義派組織「伊斯蘭國」（ＩＳＩＳ），甚至在這塊焦土上趁勢崛起，至今已占領一半以上的敘利亞領土。

這些都是數字，然而，雅茲別克寫的是人的故事。她寫下天空不斷投下桶裝炸彈、子母彈，街道充滿軍隊、坦克車、墓坑的殘破家園裡，平民於瓦礫堆中生活的日常起居：有時是安靜地澆一盆花、有時是講講睡前故事。她擁有介於當事者與第三者的眼睛，有時親近有時疏遠，有時冷靜有時卻激動不已。

也是這樣的尷尬身分，使她疼痛。這不只來自她一腳已踏入法國、一腳還在敘利亞的地理位置，身為穆斯林女性所受到的社會壓力，以及屬於什葉分支阿拉維派的少數教派身分，都一再考驗著已陷入威權、宗教鬥爭的家園中，人們對她的信任、看待她的異色眼光，以及她自身的認同難題。

「墓地開始與活人並存，如同日常生活的一部分，就跟商店、房屋間的巷弄一樣。」即使如此，生死一瞬之間，不戴頭巾這類看似極小的細節忽略，仍會遭到斥責。敘利亞仍有雅茲別克打不穿的傳統秩序，時時禁錮著她面對生命的自然習慣。

在一次的空襲之中，人們一面挖墳一面尋找一位消失的小女孩，要搶在太陽下山前埋葬。她快速奔至炸彈落下的地點，在瓦礫堆中摸到了小女孩軟綿綿的小手，以及一撮頭髮，大呼四周。卻被斥責「女性不該出現在男人的地方。」

另有許多次，受訪者咬牙切齒地說要殺死「判教者」、「異教徒」、「不認識主的」那些阿拉維派。更有些士兵的家人被阿拉維派屠殺過，誓言要血洗阿拉維派人以及他們的「妓女老婆」。雅茲別克有時無法、或不願透露自己身分，只能將這些話重重地聽進了心裡。

生死交臂的局勢裡，再痛也只能當個啞巴。她寫下的心情，讓我們明白她在情感上終究無法釋懷，亦無法切斷自己的根。

敘利亞詩人阿多尼斯（Adonis）曾寫過一首〈洪水〉：

去吧，鴿子，去吧。
我們不想要你回來。
他們把肉體交給了岩石，
而我——我在這裡
纏繞於方舟之帆，
朝著那最深的極點滑去。
我們的洪水是一座
不會旋轉的星球，
正被毀壞，而古代——
在裡面，我們可以聞到
那被埋葬的世紀之神。
因此，去吧，鴿子，去吧。
我們不想要你回來。

同樣來自阿拉維派家庭的阿多尼斯，在遭囚禁、驅逐後，最終沒有回到敘利亞。雅茲別克呢？在寫這本書時，她曾經是一心懸念著回到北敘利亞的。即使，她筆下四五年前的敘利亞，已令人不忍卒睹。

今日，我們從更加毛骨悚然的戰局望回去，想像四五年前，她曾在看見周身「那些跑來我國家的外國人」（ＩＳＩＳ組織成員）之中，直率表達憤怒；面對採訪過的各軍事組織，她勇於表達不平之鳴或詰問，即使偶爾隱晦，卻不輕易妥協。她曾經抱持著一心回到家園定居的信念，令人肅然。

「我說大家都只是敘利亞人時，他們感到不可思議地望著我，嘲笑我，根本沒聽懂我在說什麼。」字裡行間，可以讀見這是一位感性而思緒細膩的記者，不斷壓抑心中快要爆炸的那一部分。那之中似乎有一點對家鄉的愛之深而責之切，令人心疼。

然而，終究，她也沒能回到自己的國家。

漸漸地，我們看見絕望與無力感的愈益強烈。「我不曉得自己為什麼要在不斷重複的慘劇之中尋找意義，開始感到血流成河並無意義。我得讓自己溺死於血海之中，才能逃進虛空嗎？我應該不斷回來，才能在自己與死亡的戰爭之中求仁得仁嗎？」

前陣子，在巴勒斯坦待了一個季節後離開，與許多當地人、跨國工作者交換了心得，都發覺彼此心中有一部分被掏空、將不斷地充滿懷疑，也因此對這樣的描述很有同感。

當日夜衝突及流血、目睹死亡、學習分離都已經成了一種習慣，人們開始懷疑抗爭的意義，以及明天的意義。有時候，需要的與其是解答，不如是一種情緒的宣洩。人類始終是軟弱的，縱能壓抑，這樣的世界，怎能教人不瘋狂？

雅茲別克寫離別，寫她自己打包小背包，準備告別當地人、自己隨蛇頭穿越邊境回到流亡人生，很諷刺地寫下了：「我們知道——我的夥伴和我——我們不是一起死亡的同伴。我們之間建立的夥伴關係是暫時的，他們不希望我死。」

的確，告別始終有如一個背叛的儀式，持續折磨著幸運得以自由來去的人，因為他們將要離開曾經共懷革命情感的戰友。對這樣的人來說，心中有一塊角落卻將永遠地遺留在那塊土地上，前方卻還有模糊不清的新方向，尚待摸索。

當地一位婦人叮嚀她：要好好活著，當敘利亞與外界世界的繩索。

雅茲別克心想「這位阿姨怎麼這麼了解我？」腦中的想像，卻是另一種：自己有如繩索沒有頭、沒有尾，成為孤零零懸宕在半空、無處可棲、無處纏繞、失去身分的一條。

返鄉夢碎的雅茲別克，在現實裡頻頻回頭。她在離開後，經歷了好幾個月的情感麻木、封閉自我、無力，才感到有辦法恢復書寫能力。一年後，才完成這本書的草稿。日復一日的屠殺裡，她需要忘記那些受害者的臉，才能書寫他們，說出他們的故事。

有個巴勒斯坦朋友曾告訴我：「妳會記得巴勒斯坦的月亮。」一開始我還未懂，笑他老愛開玩笑，人們無論在哪裡都會看著同一顆月亮。

雅茲別克寫敘利亞人與天空的新關係，讓我想起了那一個夜晚。「此地日日被轟炸兩年半之後，最明顯的改變是人們養成了與天空的新關係，三句不離天空。每個人出門前，一定先仰望天空，或是先爬到屋頂研究天空，看看下一次炸彈會從藍空哪個方向過來。」

雅茲別克失去了某些朋友，而那些期待高射砲、可對空襲展開反擊的敘利亞人，繼續從遠方告訴她許多的故事。她覺得自己不屬於任何地方。身為一個流亡的敘利亞人，雅茲別克還在試著從文字與敘事裡找到自己的身分。

我離開巴勒斯坦那一天，朋友們依然在子彈、橡膠彈、催淚瓦斯與震撼彈的攻擊裡又罵又笑。當然最後，告別還是輕描淡寫的，辦個 party、歡笑不斷，說彼此都會保持聯繫那樣。「我們對『說再見』已經沒有感覺！」目睹生離死別太尋常的他們說，但其實彼此都壓抑了一些東西。回臺灣後，我暫時無法回頭翻看過去一季節的照片。

讀完《走入敘利亞破碎的心臟》整本文字，我才往前仔細看了一遍開頭附的照片。最初因為缺乏故事背景、少了感覺而跳過的日常生活畫面，突然勾起萬般情緒，不斷放大。

廖芸婕，跨國自由記者，《遙遠人聲》、《我們掙扎，築起家園》作者

第一度穿越邊界
The First Crossing

二〇一二年八月

我的背擦過鐵絲網，忍不住顫抖起來。先前為了躲避土耳其士兵視線，我苦候數小時，直到抬頭仰望，遠方蒼穹終於連成一片黑。鐵絲網下，被挖出剛好容得下一個人的小空隙。我趴下往後踹開沙土，匍匐爬過國界，尖刺劃過身體。

我深呼吸，拱起背，跑，用生命跑，照別人教的做。一穿過國界，就頭也不回往前跑，全力衝刺半小時，就會安全在望。我跑，不停奔跑，直到離開危險地帶。地上坑坑窪窪，礫石遍地，但愈來愈感受不到雙腳的存在，心臟怦怦跳個不停，整個身體被熱血帶著往前衝，氣喘吁吁之中，心底不斷吶喊：我回來了！這不是電影場景，這是真的。我喃喃自語跑著：我回來了……我在這。

後頭傳來槍聲，軍事車輛在土耳其那一頭集結，但我們已經成功穿越國界，一直往前跑，一切感覺像是命運早已安排好。為了這一天，我特地戴上頭巾，換穿長外套和寬鬆長褲，跳上接應的車子之前，先得爬上一道陡坡。此次返鄉，天地之中，只有嚮導和我，身旁沒有其他逃難人群，甚至不曉得稍後能否活著寫下這段經歷；我原本以為自己回歸故土時，將如同無數前人，死於半路。黑夜降臨，四周看似一片祥和，但難保下一秒危機將至。

接下來的十八個月，我將多次穿越邊界，這其中情勢千變萬化：敘利亞邊境安塔基亞（Antakya）機場的混亂狀況，說明許多事。我將自己的見聞，以及所有能見證國家急遽變動的事物，深深刻印在腦中。不過，我第一次衝下邊境山丘時，渾然不知等在前方的是什麼，只曉得雙腿抽痛不已。

我跑至丘底時，至少蹲下休息了十分鐘，不停地大力抽氣，試圖讓心跳恢復正常。一旁陪著的年輕嚮導，一定還以為我全身顫抖，為的是再度見到家鄉過於激動，不過實情是，那一刻我顧不上傷感。剛才逃命太久，肺和身體好像分家了，腿直不起來。

上車後，我終於又能正常呼吸。我坐在後座，一旁是未來將替我帶路的梅薩拉（Maysara）與穆罕默德（Mohammed）。這兩位性格迥異的戰士，來自同一個家族，我將借住他們的祖宅。梅薩拉是起義鬥士，原本以和平方式對抗阿薩德（Assad）政權，後來才拿起武器。二十多歲的穆罕默德原是商科生，跟梅薩拉一樣，最初也是參與和平抗議運動，之後才加入武裝反抗。接下來數星期，我將與穆罕默德在合作過程中成為至交，前座是司機與另一名年輕人。

我們一路開過敘利亞西北的伊德利卜省（Idlib），那一區僅部分脫離阿薩德的武裝控制。我們在敘利亞自由軍（Free Army）豎起的無數路障中，駛過一旁植滿橄欖樹的道路，放眼望去都是武裝民兵的身影與勝利旗幟。我把頭伸出車窗，試著以冷靜超然的態度，將路旁景象印在腦海中。前方道路似乎怎麼樣也走不完，遠方依舊傳來轟炸聲，然而我看著眼前這片幾乎已經脫離阿薩德軍隊的區域時，全身每一個細胞依舊激動不已。

不過，地面或許自由了，空襲還不允許我們放鬆，烽火依舊連天，太多影像爭先映入眼簾，我需要後腦杓也有眼睛，耳朵也有眼睛——甚至指尖也得有。我凝視前方，試圖解讀周遭環境，滿目瘡痍的地面與猩紅天空之中，一輛孤零零的車載著一女四男，一路駛過敘利亞西北薩拉奎布市（Saraqeb）的橄欖樹。

我記憶中的敘利亞是世上最美的地方。我的童年時期在又名「革命市」（al-Thawra）的塔布哈（al-Tabqa）度過，那裡離幼發拉底河的拉卡（Raqqa）不遠。青少年時期，我漫步於地中海旁的文明古城賈柏萊（Jableh），附近是敘利亞最主要的港口城拉塔基亞（Latakia）。成年後，我帶著女兒在首都大馬士革（Damascus）住了幾年，遠離家人以及鄉親宗派的根，獨自生活，自由做選擇。不過，這種生活方式也讓我付出很大的代價，我被親族棄絕於外，飽受批評，名譽受損。一個女性要在保守社會中生存十分不容易，這樣的地方不允許女性違反戒律，恆久的秩序對抗著變化。我完全沒料到，自己會是在荒煙百里之中，首度造訪敘利亞北部的農村地帶。

接下來的敘事全是真的，唯一的虛幻人物是敘事者，也就是我：我感覺自己像是一個不真實的人，在戰火之中穿越邊界，就好像人生是一部離奇小說。我試著理解周遭究竟發生了什麼事，自己不再是自己，而是選擇九死一生的虛構角色。我放下自己在真實生活的女性身分，成為想像中的人物，試著替自己所追求的理想挺身而出。這個女人在這裡做什麼？試圖生存？挑戰天生的身分？抗拒流放？為正義挺身而出？對抗荒謬的流血？

二〇一一年七月，我被迫流亡法國，一路上並不平靜，在敘利亞穆卡巴拉情報局（mukhabarat）的追殺下，帶著女兒逃跑，原因是我在革命初期，參加了一場和平抗議活動，還寫了幾篇文章說真話，講出情報局是如何暗殺與刑求抗議阿薩德的人士。然而我抵達法國後，感到有必要返回北敘利亞，追求讓家鄉民主自由的夢想。我心心念念惦記著一定要回到自己的出生地，這是身為知識分子與作家的責任，我要和自己的同胞站在一起，一同追求理想，執行小規模的女性計劃，成立女性賦權組織，同時也讓孩子有機會受教育。萬一情況無法在我們這一代就改變，只能寄望下一代。此外，我也希望能在已經脫離阿薩德掌控的區域，設法成立民主公民組織。

漆黑的夜晚之中，我們駛過一條又一條道路，奔向即將接待我的家庭，那家人將成為我新生活的重心。車子進入薩拉奎布的狹窄巷弄，眾人提高警覺，這座城鎮尚未全面獲得自由，守在無線電塔上的狙擊手，依舊每日奪走無數性命。

接待我的主人住在一座大合院，外觀看得出有繁榮、好客的過往。院裡一個女人告訴我，她們這些日子以來僅「慘淡度日」。建物最古老的原始部分，有一個美麗圓頂，多年前由先前的世代建造，而我將在大家稱為「地窖」的房間，待上一段時間。大合院的左側，住著這家的長子夫婦阿布．易卜拉欣（Abu Ibrahim）與諾拉（Noura），由他們兩位負責接待我。院子的右側住著小兒子一家，也就是我的嚮導梅薩拉和他的妻子瑪納（Manal），以及兩人的孩子露哈（Ruha）、愛拉（Aala）、瑪默德（Mahmoud）、塔拉（Tala）。露哈是早熟冷靜的十一歲孩子，愛拉七歲，瑪默德四歲，塔拉兩歲半。此外，大合院那一側還住著梅薩拉的老母親與阿姨，兩人皆行動不便，由長子阿布．易卜拉欣未婚的妹妹、五十歲出頭的艾育歐（Ayouche）負責照顧。

當時我並不知道，接待我的主人和我對國家抱持著相同的願景，不過我們雙方種下非常深的緣分。敘利亞人極度好客，我們一抵達，所有人動起來為我們準備晚餐。我們盤腿坐在塑膠墊和泡棉墊上吃吃喝喝，小女孩露哈和愛拉在我身旁寸步不離。我看著眾人和善的面孔，想起自己的親族還生活在受政府掌控的區域，無法拜訪他們。

晚上，我告訴家族女人幾則故事，講出自己是如何在十六歲首次離家，我希望靠著分享小祕密，贏得她們的信任，順道傳遞自由的真諦——以及隨之而來的責任。我想讓她們明白，女性要獲得自由，就得為自己的人生負起責任，這與敘利亞輿論認為女性解放背離傳統、導致社會混亂的看法背道而馳。我告訴大家自己和丈夫離婚後，是如何辛苦生活與工作，以求經濟獨立，撫養女兒。我為了餵飽自己和女兒，不得不從事各種工作。親朋好友與我斷絕關係，但為了成為作家與記者，什麼苦我都願意吃。

我說出自己是如何來到薩拉奎布，在場的女性拋出一個又一個問題。

我向大家解釋，在我穿越國界之前，曾造訪過土耳其的雷伊漢勒（Reyhanli）鎮當地的一間醫院。那間醫院特別挪出一層樓當急診區，專門收容被砲彈炸傷的敘利亞人。一間又一間的病房裡，散發腐肉氣息的病患躺在白床單上，腳掌變形，四肢不全，眼神渙散。梅薩拉和妹夫馬漢爾（Manhal）陪著我（馬漢爾是薩拉奎布第一批出面擁護革命的運動人士）。我們即將進入兩名小女孩的病房時，馬漢爾要我在見到四歲的戴安娜（Diana）與十一歲的夏瑪（Shaima）之前，先做好心理準備。

戴安娜的脊椎被子彈擊中，未來將終身癱瘓。她動也不動地躺著，像一隻受驚的兔子。她小小的脆弱身軀，居然尚未完全被暴力擊垮，真是奇蹟。她因為過馬路買餅當早餐，才遭此不幸。究竟狙擊手瞄準一個小女孩的背時，存的是什麼心？

戴安娜旁邊的病床躺著夏瑪，她一條腿被炸飛，左手被榴霰彈炸碎，剩下的一腳也受傷，全身布滿傷口。夏瑪和家人坐在家門口時，猝不及防被攻擊，九個家人死亡，母親也過世，一旁的看護是阿姨。

夏瑪望著我，眼神令人心神不寧，混合著乞求和憤怒。她的骨盆包裹著白色繃帶，一直纏到大腿根部，底下空蕩蕩的什麼都沒有。我想起一句話：人因不完美而完整，完整之人卻破碎。然而面對這孩子時，這種話我講不出口，我的手指撫摸她的額頭，她微笑。

夏瑪與戴安娜不是獨自待在這層樓，隔壁病房裡一個年輕孩子等著截肢，砲彈炸傷他的腳，但他用眼睛微笑。另一名年輕人也等著醫護人員清出自己腳中的彈片，以便返回敘利亞繼續戰鬥。他叫阿布度拉（Abdullah），指揮著一個團體，日後我二度返國時，我們將再度相遇，他將挪出時間和我談話，我們會成為朋友。我當時並不知道未來會發生的事，不過我第三度穿越邊境返回敘利亞時，將是他帶著我。槍林彈雨之中，我依舊和他美麗的未婚妻喝了杯咖啡。

這間位於兩國邊境的土耳其醫院，病房裡躺著肢體留在塵土中的敘利亞人。年輕人帶著只剩一半的殘破身軀，凝視著醫院窗外故鄉的方向，就好像家觸手可及。我告訴大合院接待我的女人們，自己是在那次造訪醫院後，第一次設法穿越邊境返國。

我說出自己是如何爬過鐵絲網，跑過一個又一個荒野，在那個奔跑的瞬間不斷擺盪，介於放逐與家鄉之間。在國界的兩頭，人們冷不防出現在黑暗之中，擦肩而過。我們聽見有人說「晚安」打招呼。聲音來得快，去得也快。我們偷偷摸摸潛行，像是躲在暗處的貓。敘利亞人鑽過邊界，消失在黑夜之中，鐵絲網底下只有一個非常小的空隙。人們來來去去，在平靜的夜裡穿越邊界，前方雖仍有重重險阻，鐵絲網卻困不住他們，就像用網子裝果凍一樣徒勞無功。

我首度造訪薩拉奎布、開始熟悉環境時，有過躲避射傷戴安娜的狙擊手的第一手經驗。招待我的主人教我來往於各棟房子的方法，避開狙擊手監視的那條街。我們悄悄穿梭於建築物之間，躲避狙擊步槍，每家每戶都對我們敞開大門。鎮上許多人拆下房子與房子間的牆壁，大家的屋子連成一片。我們通過陌生人的家，跳出窗戶，爬下梯子，跑到一樓，提鞋溜過院子。

有一次，我、穆罕默德和兩名年輕人外出，鑽過一位老太太家的客廳。我們打招呼，老太太也打招呼，但老太太完全沒離開躺著的地方，動也不動，顯然很習慣地方居民就這樣在自己家進進出出。我跳出窗戶之前，回頭望了一眼，看看是否嚇了老人家一跳，但她只是凝視著天花板，就好像從未見過我們四人。我們以這樣的方式通過好幾家的房子，安全抵達目的地，這是不被射殺的唯一辦法。

後來地方上一名女子告訴我，在我待在當地的最後一天，狙擊手射傷某個女人的陰部，還殺害一名十二歲女孩。這個消息令我無法動彈，六神無主，膝蓋支撐不住。「妳在幹什麼？」男人們吼我，「堅強點！不能那麼脆弱！」這件事教會我保持心理距離，晚一點再哀痛。

儘管如此，敘利亞唯一的贏家是死神，每個人三句不離死。每一件事都很難說，唯一能確定的只有死亡終將獲勝。

我開始協助地方上的女性成立工作坊，推動改善經濟的計劃，不過我很容易被拉走。有一天，我正準備出門拜訪幾位烈士的遺孀與女性親戚（這裡指的烈士，是為了政治而非宗教犧牲的人民）。突然間，一群美麗的女性街坊鄰居圍住我，想告訴我自己在薩拉奎布的故事。小愛拉抓著我的手，坐在一旁聽，正在幫媽媽做家事的姐姐露哈，用眼神無聲詢問，我想讓姐妹倆高興，在愛拉耳邊悄悄說，我們要留下來認真聽。她對我眨眼，小手托腮，和我一起聽女人聊天。

即便半路沒出現這種有趣插曲，想見到我打算拜訪的女性，不是一件容易的事。穆罕默德永遠在車上陪我，不過男性被禁止進入寡婦的屋子，「伊達期」（iddah）尤其不行。依據伊斯蘭的律法，在那段四個月又十天的期間，寡婦不能讓男人看見。我拜訪伊德利卜省各地的村莊女性時，很訝異她們的房子就算被斷水，永遠乾乾淨淨。女人們畫好眉毛，眼睛閃耀著光芒。即便窮困，房間仍舊散發清潔用品的香味。就算是最貧窮的家庭，也聞得到廉價香皂的氣味。身無分文、住在半塌廢墟的落難女性，尤其注意整理環境，永遠在用破布擦拭灰塵，或是用濕毛巾清潔孩子的臉蛋。當你頭上幾乎連屋頂都沒有的時候，就得調整標準，能多乾淨就多乾淨。

我們在拜訪某家寡婦的回程，穆罕默德建議去見一位書法家兼畫家，薩拉奎布大部分的塗鴉都出自那人之手。塗鴉是革命人士最重要的藝術形式，每座城鎮一獲得自由，牆壁就成為一本本攤開的書本與臨時藝術展。讓薩拉奎布的牆壁化身為藝術作品的那位先生，平日也替死於轟炸的烈士送葬。

「我埋葬屍體。」他說到「屍體」兩個字時，攤開手掌，「我可以告訴妳每一個人的故事，但那會花太長時間。我埋葬薩拉奎布的烈士，繪製薩拉奎布的牆壁，永遠不會離開這裡。」

我們站在薩拉奎布文化中心（Saraqeb Cultural Centre）前講話，建築物的明亮顏色打破周遭沉悶的氣氛。對街建築物的牆上，刻著當地為革命捐軀的英雄穆罕默德．哈夫（Mohammed Haaf）的紀念詞：「哈夫，是真的，眼珠忘不了眼瞼，花忘不了根。」對面另一道牆寫著：「大馬士革，我們在這裡追求永生。」我們漫步街頭，我用相機照下牆壁與商店外觀，整座城沉浸在死亡的榮光之中，四處貼著男女老幼的喪禮通知。耀眼的陽光與乾燥塵土之中，幾個人經過我們身旁，雙眼紅腫，但散發著光芒，狙擊手的子彈聲迴盪耳邊。

那天晚上，一名膚色黝黑的年輕人來大合院拜訪，他是梅薩拉的親戚，灰頭土臉，坐著不發一語好一陣子，才說出自己的田地和乾草被炸毀，頓失生計，這一季的努力付諸流水。年輕人說著說著，開始用頭撞牆，他的母親也在場，驚恐地瞪大雙眼，明白自己什麼都沒了，先是低聲哭泣，接著又安靜下來，跟著其他人一起聽狙擊手的子彈聲。

隔天，穆罕默德陪我站在街上看更多塗鴉，告訴我：「他們開始四處焚燒農場，懲罰地方上的鄉親，但不確定他們會不會向我們投擲炸彈，也許會！」我們抬頭看著耀眼的藍色天空，空氣因轟炸而震動。穆罕默德笑著說：「炸彈落在身邊的聲音，你一輩子都忘不了。」鎮外傳來轟隆隆的坦克聲，車隊朝著阿勒坡（Aleppo）前進。

我們再度上車，穆罕默德說：「再過不久開戰後，薩拉奎布將成為分界區。轟炸不會停止。」

我們在一棟廢墟前下車。

「這家人先是被縱火，兒子被殺，接著屋子又被轟炸。」穆罕默德告訴我，「死去的那個兒子在牢裡接受酷刑，他還有七個姐妹與一個弟弟，一家人也失去父親。他們殺了他之後，屍體綁在車後，拖行大街小巷，理由是他先前參加和平抗議活動。另一個人被抓到拍攝抗議活動，他們抓住他，塞進坦克履帶底下，說要輾過他。他們把他擺在那，接著發動引擎，看他會怎麼樣，直到忍不住笑出聲，才逮捕他。

「我們會重建他們轟炸過的地方。看到那一頭的房子了嗎？」穆罕默德指著屋子二樓牆上的大洞：「那裡原本住著一個抗議人士的姐姐，他們炸毀那棟房子，完全只是為了報復她弟弟。」

即便是現在事後回想，我也實在找不出辦法，以合乎邏輯的時間順序來書寫，依據前因後果娓娓道來，只能分別描述各個時間點。

一天，梅薩拉與穆罕默德堅持帶我去看阿塔勒布市（Al-Atareb）的坦克墳場：那裡擺放著大量被燒燬的機械，金屬架化為熔漿，四處可見火燒痕跡。房屋有如壓扁的紙箱，露出內部殘骸。整座城市荒涼寂靜，聽不見一點聲音，什麼都沒有，甚至沒有葉子沙沙聲或野狗的嚎叫，我終於明白什麼叫全面滅絕。一直要到一條小巷的盡頭，才看見一間小鋪子透出燭光，有個女人晃動的身影。那是阿塔勒布市尚未完全成為鬼城的唯一證明。放眼望去，什麼都沒有，只剩殘磚碎瓦，房屋已經看不出形狀，認不出樣子。四周唯一的聲音，只有不遠處的轟炸聲。

我們上車準備回薩拉奎布，我坐進後座，一名指揮官坐在我左邊，負責護送我們。突然間，他拿起步槍，填充彈藥，我抖了一下，接著他又拿出一顆手榴彈，右手緊緊握住。我看著那顆幾公分長的綠色火藥，摸了一下，再度顫抖。我們正在穿越危險區域，指揮官繼續緊握手榴彈，槍靠在車窗上，眼睛像狼一樣，掃視著滿目瘡痍的地面。

「可能是政府的走狗，」他說，「也可能是代表自由軍搜刮這一帶的強盜與土匪。」

我很快就得知，雖然「自由軍」這個名字，聽起來像是一群有組織的人士，當中其實混雜著十分不同的團體，各有各的特點，各有各的立場——從冷血到熱血都有。這些拿著武器的人，其實只是路上會看到的普通人，有的嚴守革命的道德原則，有的則毫無操守可言，雖然都納入自由軍旗下，卻也找不到什麼共通點。所謂的自由軍，或是更貼切的叫法是「抵抗軍隊的武裝人民」，各支實在太不同，如同真實人生中，一樣米養百樣人——唯一沒有差別的地方，只在於死亡在敘利亞一律輕如鴻毛。

坐在前座的梅薩拉也掏出槍，駕駛繼續穩穩開車，專心看著路況。坐我右邊的穆罕默德也備好武器。我們一路駛過塵土飛揚的道路，高聳柏樹籠罩著狹窄柏油路，我拿出勇敢的樣子，然而，指揮官手上的槍，以及暫時被收回外套口袋的手榴彈，讓我覺得這可能是人生最後一刻。一把槍直指著我——槍管和即將吞噬人命的槍孔就在眼前，我的手指只要動個幾公分，就能觸到扳機，帶來甜美、永恆的黑暗，然而，指揮官的聲音瞬間令我拉回心神。

「我們會一起度過，沒人會碰妳一根頭髮。」

我們駛過昏暗的薩拉奎布，指揮官告訴我一則故事。

「……我們在六天後找到他，」他說，「他倒在林子裡。先前他在二〇一二年三月二十四日那天失蹤，也就是軍隊衝進薩拉奎布的那一天。他被綁起來，塞成一團，一股惡臭飄散出來。從遠處看，屍體像是被丟棄在地的破布，但其實是阿邦德（Abboud）家的年輕人。現場有一大攤血，脖子上有一道很深的傷口，像動物一樣被屠宰。他身上的衣服完好無缺，上面有一層土，成為軍隊進城那天第一名犧牲者。我們還以為，他和其他許多人一樣被扣押，但其實已經死了。對我們來說，他多活了六天，或許那樣也好。

「我確定他們是用卑鄙手段抓到他，因為他那天槍放在家裡，沒帶出門，然後就失蹤了。他如果身上有武器，不會那麼輕易就投降，他們一定是騙了他。脖子上的傷口是在後頸，他又穿著全新的衣服，妳知道的。

「軍隊襲擊薩拉奎布後，很快就撤退，為了愚弄我們，只留下幾名士兵。那天是週六，接著他們週二又回來，試圖占領塔夫坦納茲（Tafanaz）與札哈納茲（Jarjanaz），再度全面鎮壓我們取得控制的區域。他們放火燒了札哈納茲七十棟房屋，薩拉奎布一百間房子。坦克鏟進建築物，軍隊離開時，薩拉奎布只剩遍地瓦礫。

「那一天，他們殺害我們最優秀的青年。薩德・貝里什（Sa'ad Barish）被綁在自家床上，手上、腿上都是槍傷。那是他姐姐家；他和姐姐、外甥同住。他們衝進屋內，四處翻找；接著把他外甥烏德・阿亞馬（Uday al-Amr）從母親懷裡拉走，兩人被拖到街上。身上有槍傷的薩德尖叫，但他們充耳不聞，繼續拖行，讓兩個人皮開肉綻，直到再也沒人見到他們的身影。

「烏德的母親在後頭尖叫追趕，他們把她推倒在地，離開現場，接著我們就聽到槍聲。烏德的母親一直跑，一直跑，最後用爬的，爬到槍聲出現的地方。薩德和烏德的屍體滑落一面牆，頭和身上都有彈孔，即使受傷的薩德身上原本就有傷——他手腳中彈，屍體給鉛彈打個稀巴爛。

「兒子從懷裡被搶走的那個母親，她的孩子被拖行在地，掃射至死……不久後又有其他士兵來找她，要抓她第二個兒子。那群士兵肚子很餓，她煮東西給他們吃。一個士兵對她咆哮，她責罵他們：『你們在我的房子，吃我的食物，然後還當著我的面吼我？』那個士兵安靜下來，要自己的同伴別傷害女人，但依舊抓走她十多歲的兒子。那群人離開時，剛才咆哮的士兵似乎不忍女人哭泣，請同伴放過她兒子，但那群士兵還是走了。他們的確歸還了她兒子，不過回來的是屍體。

「儘管如此，起義人士依然不會放棄。他們不怕鎮壓，不怕槍林彈雨，也不怕被殺，繼續保衛自己的家園，就算彈藥沒了也一樣。曾有六個義士手無寸鐵地被圍捕，軍隊攻進他們築起防禦工事的房子，放火燒了地下室，準備處決只是個老人的屋主，老人的妻子跪在軍隊腳邊，求他們高抬貴手。

「『我求求你們，』她說，『孩子們，我求你們，別殺他……我求你們了……行行好，讓他……他是個好人……他什麼都沒做。』軍隊最後沒殺老人，但狠狠打了他一頓，扔到街上，帶走六名革命人士——一群二十多歲的年輕人——讓他們背靠牆坐好，開槍，直到屍體倒成一團，接著就離開，好像什麼事都沒發生過。

「隔天，軍隊在薩拉奎布街上巡邏，看見走在路上的穆罕默德．阿邦德（Mohammed Abboud），便開槍射他，接著又逮捕他弟弟祖哈（Zuhair）。軍隊還在同一天殺害化名為穆罕默德．哈夫的穆罕默德．貝里（Mohammed Barish）。他們不敢與他正面衝突，因為他是驍勇善戰的反抗軍領袖，在薩拉奎布廣受歡迎。空中有一架飛機在盤旋，預備暗殺他。負責地面支援的BMP步兵戰車，也不斷朝四面八方發射子彈。他們殺了他，確認死亡後，走上前歡呼，跳起舞來。至於被捕的祖哈．阿邦德，他在被刑求三個月後獲釋，幾天後走在薩拉奎布街上，冷不防被狙擊手打死。

「他們暫時贏過我們，我們用的是AK步槍，而他們以坦克砲火回擊，從飛機上扔下炸彈。不過如同我所說的，那只是暫時的勝利。」

指揮官的故事講到這，那是薩拉奎布第一次遭受攻擊，只是我記下的數百則相關故事中的其中之一。

每當我想起自己第一次穿越敘利亞邊境的經歷，片段式的回憶便不按時間順序湧出。我回想起無數次的對話，有時說話的人是一起工作的女性，有時是我見到的年輕戰士。我不斷想起穿越兩國邊境時經過的荒原，映入眼簾的橄欖樹，不同國家的氣味。不管車子駛到哪，城鎮牆壁上都裝飾著革命海報與旗幟，人們疲憊地望著我們。車子穿越幽暗黑夜時，不時經過自由軍的檢查哨。路障不大，反抗軍似乎每個人彼此認識，不管是自由或半自由的村莊都一樣。

我們朝本尼什鎮（Binnish）前進，預備參加一場呼籲讓敘利亞獲得自由民主的遊行集會，稍後還要拜見武裝團體。我下定決心要認識武裝團體，因為我知道他們是敘利亞社會的代表性人物，一定要知道他們是誰、他們想要什麼、為什麼拿起武器、他們打算如何持續戰鬥——以求深入了解在地情形。另外，很現實的理由是，要是少了他們提供的軍事保護，將很難造訪伊德利卜省的鄉村地帶。

那天早上，我們在前往城市的途中，路過一座村莊，一輛前往阿勒坡的車，與我們並肩而行，車上載著一群年輕人，大都二十歲出頭。一路上，砲彈在附近爆開，有時還聽見飛機轟隆隆的聲響。我的嚮導梅薩拉與穆罕默德要我別擔心，但還要再開好幾公里才會脫離險境。

本尼什鎮的群眾大會上，見不到任何女性蹤影。宣傳標語上寫著：阿拉是唯一真主，穆罕默德是真主使者。我獨自身處人山人海的男性之中，男人們好奇地盯著我這個沒戴頭巾的女人。雖然保守鄉村地區的女性，大都依舊戴頭巾，但也有人不戴。事實上，戰事爆發前，在ＩＳＩＳ（亦稱為「伊斯蘭國」〔Islamic State〕或ＩＳＩＬ）以及其他武裝團體出現之前，不戴頭巾的女性在敘利亞十分常見。我在這場眾人的集會上之所以不戴，為的是想感受身處自己認識與熱愛的土地。

儘管眾家男子用好奇眼光打量我，我被介紹給其中幾人時，他們仍是彬彬有禮。大會上，群眾拍手歡呼，接著教長上台布道。由於我們不會立刻離開，我趁機和坐在房子前觀看當日活動的女人聊天。

「我們以前也參加集會，」一個女人告訴我，「但現在不能這麼做了。一直有轟炸，還有狙擊手，男人怕我們不安全。」

本尼什鎮地面自由了，但空中依舊有敵人，有背叛人民的飛機與坦克。政府軍無法在地面對抗反抗軍，與地方居民對陣幾次後，不敢進入鎮上，平時在晚上與黎明開火後逃逸，罹難者多是老弱婦孺，地方人士與反抗軍永遠打起精神抵抗。

我聽見年輕人說：「這是我們的命運。」

待在本尼什鎮的那個晚上，我們受邀參加一場熱情好客的晚宴。那天在集會現場，我是唯一沒戴頭巾的女性；我們前往其他城鎮與鄉村時，也是如此。不過我很快就學會還是戴上比較好，以免招惹不必要的麻煩。不過，我和反抗人士見面時，例如在這場集會上見到的男性，在他們面前不戴頭巾，的確也有人不肯與我握手。我和他們的對話通常相當理性，不牽涉宗教。不過他們也告訴我，我得戴上頭巾，否則有的武裝團體不會允許我在場。不過，沒人提到要成立伊斯蘭國家，談話內容永遠是世俗公民國家。當時，聖戰團體數量還不多。整體而言，抱持伊斯蘭態度的陣營很少，分布也不廣泛。我在那年八月返國，幾個月前那類團體才剛出現。不過，每歷經一次大屠殺，它們的數量就逐漸增長。原本在薩拉奎布，推估七百五十名左右的戰士之中，僅十九人是阿拉伯聖戰者。

晚宴地點是一棟房子，一旁圍繞橄欖樹，主人拿出最好的佳餚款待。當地的反抗軍領袖三十歲出頭，面貌英俊，人十分安靜，原本住在城市裡。我訝異他以及其他戰士說話時，態度十分溫和，心胸開闊，願意討論教派主義的問題，還談到敘利亞急需找到解決之道。那天晚上的談話，圍繞著數個主題打轉，包括不該挑起教派戰爭。

「阿薩德政權的暴行已經引發暴動，」現場某個人告訴我，「但都是一些零星個案，全部被壓下。」

幾天後，同一人又多告訴我一些事，他說政府想加深教派間的恩怨。「一個阿拉維派（Alawite）的年輕人，死於某場大屠殺後的報復行動，我們出聲譴責，政府目前尚未得逞：遜尼派（Sunni）的村莊，目前還沒攻擊阿拉維派的村莊。這種事還沒發生，也不會發生，就算代價是我們得付出性命也一樣。然而，當人們全家被殺，或是家園被夷為平地，這種血海深仇我們無力阻止，那樣的怒火不是時間能治癒的！」

幾個月後，那位年輕人被殺，兇手是非敘利亞人的蒙面聖戰團體。

那天晚上吃飯，以及我待在當地時，聽到很多詳細的故事，包括傭兵以自由軍的名義劫掠，或是以個別支派的名義擄人。傭兵被各武裝團體雇來對抗阿薩德政權，還參與武裝團體間的衝突。有時衝突的起因是些小瑣事，通常一開始只是為了私人恩怨吵架，但接著一發不可收拾，武裝團體綁走鎮上相關人士，接著鄉紳就要出來調停。招待我的主人談到自己一路上犯過的錯誤，以及他們如何讓革命回歸正軌。或許他們不代表整個阿勒坡、伊德利卜、哈馬（Hama）等敘利亞北部省分的情形，北方有人不認為革命需要回歸正軌，不過，我談過話的武裝團體都在談類似的事。

此外，我也得知資金與補給是重要問題。時不時就聽到反抗軍碰上彈藥不足的窘境，新興的伊斯蘭團體則裝備齊全。近日崛起的伊斯蘭團體，在人們口中是極端分子，背後有某幾個國家撐腰，提供充沛資金。敘利亞北部的反抗軍，大都說著同一件事：

資金不足的戰士想盡一切辦法變賣家當，不讓自己淪落加入伊斯蘭團體。家族成員彼此互助，有時甚至得賣掉妻子的珠寶。

有一次，某溫和民兵團體的指揮官靠募款買槍，一個女人取下自己的結婚戒指交給他，但他拒絕收下。「要是我們變得不顧一切，」他絕望地告訴我，「我們將加入魔鬼的勢力。我們會跟巴夏爾．阿薩德（Bashar al-Assad）還有他的政權沒兩樣。」指揮官顯然既生氣又沮喪。他的團體武器不足，無法持續參與範圍較廣的作戰。他們希望讓阿勒坡免於戰火，但缺乏後援，令人無望。外頭有買賣武器的軍火商，但官方反對派不關心武裝地面部隊的事，也沒興趣成立統一的指揮架構。反對黨不參與戰鬥，因為他們的實力弱於實際的革命運動，革命運動是自己發起的。反對黨不參與人民的奮鬥，有時還同樣身陷阿薩德政權的貪腐事件。

「砲火攻擊、圍城、挨餓、狙擊手、逮捕事件，讓每個人投向資金充沛的團體尋求武力協助。」指揮官告訴我。

「那是政府想要的嗎？」我問。

「去問那些身居高位的無恥之徒！那些假仁假義的反對黨，個個高學歷，人人有文化——他們在哪裡？」他生氣地自問自答：「那些叛變的高級將領——他們在土耳其做什麼？真正的戰役在這裡！每天都有百姓死去，接下來還會不斷有人喪命。我們什麼都沒有，只能獻上自己的靈魂，但我們不會放棄對抗政權。我們也許會死，但我們的兒孫會反抗阿薩德政權。這一切在發生的時候，其他每一個人在哪裡？」

夜色漸深，我聽著本尼什鎮的鬥士不斷講著他們面臨的挑戰，接著聽到巨大爆炸聲。屋頂陽台上，大約坐著十個人，我們俯瞰底下的橄欖林，月色明亮到令景物一清二楚，突然間天空閃爍光線。

「他們在轟炸塔夫坦納茲鎮。」某人說。接著又聊起剛才的話題，要我多吃點。我默默吃著東西，聽見自己的心恐懼地跳個不停。

後來，他們其中一人寫信給我：「妳離開後，他們開始轟炸我們，幸好妳及時離開。」

回到薩拉奎布後，我們在恐懼之中坐聽轟炸聲，那天早上五點就醒了。白天沒有固定的轟炸模式，晚上倒是很規律，每半小時到一小時轟炸一次。過去三天，大約有一百三十枚砲彈掉落地面。梅薩拉的妻子瑪納說，自從革命開始後，他們沒睡過一天好覺。睡個一小時，接著就驚醒，目光呆滯。

密集轟炸開始時，我抓著愛拉與露哈，要她們快點躲進防空洞。我們往樓下跑的時候，愛拉緊緊靠著我的腰，露哈抓著我的手臂。我們下樓的速度很慢，因為兩個女孩一左一右貼在我身上，一個不小心，三個人都會摔倒。防空洞是個寬敞房間，以前是這家人存放工具等物品的儲藏室，其中一扇門用塑膠板封死，瑪納解釋那是天上流彈造成的破壞。所有婦孺幾乎都躲在這間房間，當中只有幾個男人，剩下的男人在樓上陪伴年長親戚。

「老太太們動不了，」家族長女、艾育歐的姐姐解釋：「帶她們下樓要花太長時間，所有人都可能被炸死。她們的身體孱弱到只能待在自己的房間聽爆炸聲。轟炸停止時，我們會聽見宣禮員（muezzin）在哀樂之中宣布哪幾位鄉親死亡。老太太們不睡覺，凝視著窗外小小的天空。」

我在借住的主人家待了三天，那家的祖母才肯跟我打招呼，先前只是靜靜防範我。後來我們成為朋友。

有一次，我們又待在防空洞。愛拉、露哈和小妹妹塔拉想辦法打發時間，討論各式各樣的飛彈和火箭。愛拉手裡拿著她當成紀念品的炸彈碎片。

隔壁鄰居也來避難，地方夠大，很多人家裡沒防空洞。房子正對著狙擊手視線的那家人也來了；我看過他們家的房子，牆上布滿狙擊手子彈射出的洞。我拜訪他們家那天，大家緊張地橫衝直撞，生怕被射中。女主人說，她在自己家走來走去時，需要通過外頭的院子，有時她會等在原地，觀察狙擊手，假裝沒在注意他，接著衝過院子拿一杯水，或是取要給孩子吃的晚餐，順便上個廁所。

「那個混帳東西，就好像我在跟他玩遊戲。」她大笑。

那位女主人戴著花頭巾，蓋住腳踝的長裙裝飾著熱帶植物。此地所有女人都穿長裙；不過那位和狙擊手玩遊戲的母親，穿著和簡陋房子十分不相稱的五彩衣服。

我拜訪她的那天，日子就跟平常一樣，陽光普照，四周寧靜，唯一的聲響只有砲彈聲和狙擊手的槍響。女主人的兒子當我們兩個人的小跟屁蟲，貼在媽媽的連衣裙上，手指放進嘴裡，哭了起來。

母親笑著說：「別怕！至少他們發射砲彈時，狙擊手就會停止開槍，你就可以玩了。」我們跨過她家門檻，她對我眨眼，一手抱起兒子，開始玩拋高高。她的家空蕩蕩的，房間內只有一條鋪在地上的毯子。

這次躲防空洞時，有一家沒看過的鄰居也一起。永遠堅持講完睡前故事才肯睡的愛拉，幫我介紹他們。

「他們的媽媽跟我們同一國，但爸爸支持巴夏爾，」她解釋，「我爹地是反抗軍，那些女孩也支持巴夏爾，所以跟我們不同國！不過沒關係，她們也得和我們一起躲，才不會死翹翹。」

愛拉這個黃褐皮膚的小女孩，是我的《一千零一夜》說故事者，有著我這輩子見過最美麗的棕色眸子，走起路來蹦蹦跳跳，每小時都在梳頭髮，別上粉紅色、黃色、紅色假花，好搭配自己的衣服。愛拉永遠都在觀察人，每當我們躲進防空洞，她似乎特別脆弱敏感，照顧著因恐懼焦慮而得到荷爾蒙失調怪病的小妹妹塔拉。愛拉看著身邊所有孩子，永遠不讓任何人接近我，接著用錯綜複雜的細節，告訴我每個鄰居是怎麼死的，以及鎮上年輕人如何一個接著一個消失。

轟炸攻擊停止一陣子後，愛拉從塔拉手上拿回炸彈紀念品，雖然自己也才七歲，卻老氣橫秋地警告妹妹：「小孩子不能拿這種東西。」轟炸聲再度響起，大家縮在一起等候，愛拉衝到妹妹身旁，緊緊抱住她。

「巴夏爾的人全跑來搶劫——士兵、祕密警察、沙比哈（shabiha，支持政府的武裝民間傭兵）。」坐在防空洞角落、身上靠著幾個孩子的一名女人說：「他們搭卡車過來，車上全是軍火，然後開始殺人。走的時候，車上塞滿從我們這裡偷走的東西。他們殺我們的孩子，搶劫我們的家，也就算了。為什麼要打開我的衣櫥，把衣服扔到院子，接著用衣服擦他們的屁股，還在我們喝水的杯子小便？連我的舊新娘禮服都不放過，上頭沾滿糞便。」

坐在一旁的女人年約四十，按摩著一個至少十歲的男孩的背。女人說，那是她唯一還留在家的兒子，有精神病。那孩子不說話，但深藍色的眼睛閃閃發亮。我回敘利亞時，看到很多沉默的孩子。男孩有著世上最美麗的棕色臉龐，口水從張開的嘴裡滴下。女人說，自己另外還有兩個兒子。她眼睛直視前方，說出自己的故事，詳細講出他們是如何把孩子從她懷中搶走。女人說，自己已不再哭泣，但眼睛依舊紅了起來，一顆豆大的淚珠緩緩滴下。

她說：「我哥哥是本地第一批站出去支持革命的人，每個人都叫他『穆罕默德・哈夫』——他是薩拉奎布的英雄。」我記得那個名字，指揮官和街頭藝術師講故事時提過他。」

女人繼續說：「他們一開始只是參加和平抗議，但政府用砲火回應，在所有人面前處決我們九個孩子。我哥哥不停戰鬥，直到嚥下最後一口氣。每一天，我們的人都在死去，哥哥對我說：『我們不會死得像懦夫，我們會死得其所。』他們還殺了我另一個哥哥，接著放火燒房子，要把剩下的人活活燒死。

「我兩個哥哥被殺，兒子從懷裡被拖走，我求他們放過他，但沒人理我。我另一個兒子還活著，但他跟反抗軍走了。我的孩子走了，全都走了，只剩這個小的。」她指著男孩，那個生病的孩子好奇地看著我們，傻笑起來。「你們也看到了……」她嘆了一口氣：「我那個替革命打仗的兒子說，敘利亞得到自由的那一天，他才會回家。」

女人給我看她兩個慷慨赴義的兒子的照片。第一個兒子綠眼睛、金頭髮，十九歲。女人抖著手撫摸照片。第二張照片上是一個稚嫩的年輕人，還沒長鬍子。接著，她拿出哥哥穆罕默德・哈夫的照片，高高舉起。第四張照片又是她一個兒子，她停下不說話，拱起背，頭撞地。

「他們從我懷裡抓走他，我死抱著他不放，他們圍住我，硬是搶走他。我不斷求他們放過他，追在他們後頭，但他們帶走他。他是革命義士，他們殺了他，他只是個孩子……」

那天早上，防空洞裡此起彼落地說著故事。晚上我們巡視各村莊回來後，又聽到更多故事。一位賈普札維耶（Jabal Zawiya）的反抗戰士來訪，他是某武裝團體的指揮者，目光炯炯有神，但不時分心，眼皮低垂，臉上散發一股柔和鎮定感。要不是他想的是死亡念頭，幾乎可稱得上寧靜。

「他們帶走我小弟，」他說，「拖到監獄刑求。他們顯然是騙他我已經死了，說我被他們碎屍萬段，扔在山裡……他們折磨他，然後活活燒死他……

「我們住在艾因拉勞（Ayn Larouz）村——村裡六個孩子被殺。我弟弟只有十六歲——他們放火燒他時，他還活著。目前我們村子犧牲了十六名烈士，我的家人扔下房子躲起來。

「革命和軍事叛變剛開始的時候，我和阿拉維派一個軍官有聯繫，他是我的朋友。

我還接觸過某幾位軍士，還有他們的家人。軍人剛開始叛變時，一個月內我們有七百人，這個阿拉維派的軍官一直在幫我們，幫助四名士兵脫逃。最初我有點怕他，但後來鼓起勇氣接觸，他到最後一刻都還在幫我們。

「我們之間的通訊非常隱祕，從不用電話，但他突然消失。我打探他的下落，據說他被調到K檢查哨，但沒人知道他怎麼了。政府怕軍隊叛變，一直四處輪調軍官，但他突然沒消息。他失蹤後，軍隊掌控全區，接著策略性撤退到阿勒坡，但他們還會回來。

「我們武器不足，自己製造了一些。有一次，我們試著自組火箭，成功了，但其中一支從麥田發射後不見了，跑到天空，然後就消失了。大家很害怕，所以就跑了。我猜那是一次失敗的實驗。」他笑到眼睛瞇了起來：「我們像卡通《湯姆貓與傑利鼠》（Tom and Jerry）》那樣逃走！」他繼續說下去：「我們很害怕那支火箭會落到我們的房子。雖然離得很遠，但那支火箭有十六公斤，也就是降落時有十六噸的威力！不過幾天後我們找到了，還在同一片麥田裡。

「我們一切都是自學，隨時可能炸掉自己。」年輕人安靜下來，看著身旁每一個人，現場有很多人，大家坐在大宅子的地下室裡，至少有二十名反抗軍，還有宅子主人及其他客人。四周寂靜，只有爆炸巨響。

戰士想繼續說出自己的故事，但轟隆隆的砲彈聲一直沒停過；愛拉鬧起彆扭，因為早已過了她的睡覺時間，她不肯睡，堅持講完自己的故事。愛拉告訴我幾個鄰居被殺的事，一個一個仔細描述，一個一個比誰跟她最要好。

「妳也會死嗎？」終於能步出地下室時，愛拉問我。

「不，我不會的……」我笑出聲。

然而，我話還來不及講完，愛拉就搖頭咯咯笑了起來。「嘻嘻嘻，那些死掉的人，都是這樣講的！」

隔天早上，我決定先不告訴愛拉當天的事，也請梅薩拉和瑪納不要在女兒面前提起。愛拉的視線一直黏著我，就好像她察覺我的背叛。護送我們的年輕人在外頭等著，我告訴愛拉，自己要去薩拉奎布西北的札維耶山（Mount Zawiya），她皺起眉頭，轉身背對我，接著又回頭狠狠瞪我。

「我們要去賈普札維耶，」我告訴她：「我們要造訪烈士遺孀，了解她們的生活，看看怎麼樣能協助她們自立。我也想帶妳去，但外面有炸彈，太危險了。」

「我不怕！」她說。

「女孩子不會去那種地方。」愛拉的母親要女兒不准再鬧。愛拉疑惑地看著我。

我對她眨眨眼，悄悄說：「我其實是男生，只是裝成女生。」愛拉笑得好大聲，接著也對我眨眨眼，從母親身旁走過來，在我耳邊小聲說：「我們今天晚上再聊，我會告訴妳今天發生什麼事。」她笑著關上門，送我們出去。

我們分成兩批人，搭兩輛車上路，穿越阿勒坡、伊德利卜和哈馬以北的鄉村地帶。一路上被豔陽烘烤，碰到武裝檢查哨與軍事據點就停下。我太晚才認識敘利亞這片土地：國家的這一區，由土、血、火，以及無數驚奇組成。四處塵土飛揚，遠方的空氣像著火般閃爍光芒，各座村莊充滿令人不安的死寂，有如遠古就廢棄的荒地：偶爾才見到另一個活人，唯一的聲音是不時在空中盤旋的飛機引擎聲。即便如此，現在我們遠離了轟炸。

正午陽光下，荒涼的道路、寂靜的村莊、武器看守的路障，我的眼睛一陣刺痛，差點落下淚，直到瞥見有東西在晃動。遼闊田野的遠處，灑水器在噴水，無論如何，生命還是會持續下去！地平線上，一排灑水器的盡頭，我看見一個不滿十五歲的女孩，心頭一驚，連忙抬頭仰望天空：女孩該不會被飛機瞄準？女孩低著頭，興奮地在水花中蹦蹦跳跳，拿下頭巾，沾濕頭巾和頭髮，用濕布擦起臉。

突然間，我們路過一排有著小圓頂的泥磚屋，一輛小卡車經過我們身旁。卡車後頭，塞著一群婦女與年輕女孩，她們直著身體站在豔陽下，面紗遮住整張臉，只留眼睛：那是中午防曬最好的辦法。每個女人手上拿著鋤頭，卡車停下後，她們下車，站到田裡各角落。這些地區的本質是農業與鄉村生活，需要女人到外頭和男人一起工作，怎麼會孕育出聖戰主義者和薩拉菲派（Salafist，譯註：遜尼派極端保守主義者）？

毒辣的太陽與貧困折磨著村民。村莊的名字念起來十分響亮，意思也令人莞爾，像是繁榮村（Rayyan）、絲瓜村（Loofah）、果汁小販村（Ma'sarani）、一滴水村（Qatra）、豐饒小村（Kafr Amim）、一口食物村（Qatma）……除了這裡，這一帶還有其他抵抗著死神、宛如從天而降的村落。

遠處，我們望見一座山丘：那裡是古老的埃勃拉王國（Kingdom of Ebla）所在地，公元前三千年前有昌盛文明，今日屬於塔馬地克村（Tal Mardikh）。一個男人告訴我，這裡的村莊多次被火箭轟炸。實在很難想像這種地方會被摧毀，這裡是人類發源地，可回溯至歷史的開端。這裡，那裡，一個又一個的文明遺跡，從石器時代就定居在此的敘利亞人被屠殺。亞拉姆（Aramaic）、塞琉古（Seleucid）、拜占庭與羅馬的考古遺跡，以及其他各朝各代的文物，毀於一旦。阿勒坡與大馬士革這兩個全世界最古老的城市，在人口依舊繁盛時被摧毀，綿延不絕的歷史似乎突然走到盡頭。

所有的生命跡象彷彿再度消失，不過偶爾會有成群鳥兒打破寂靜。我們不得不在幾座軍營停下，沒彈藥了，男人希望囤一點補給。下午三、四點時，我們抵達自由氏族軍（Ahrar al-Ashayer, the Free Clans Brigade）總部。男人下車商量要購買多少武器，我獨自站在一旁看他們，毒辣的陽光刺著臉。待售的子彈在太陽下閃閃發光，男人像在抓扁豆一樣，把子彈放在手掌上把玩檢視，接著又讓它們從指縫間落下。要買的量不大，頂多只能保護幾間屋子，不過還是需要討價還價一番，愈便宜愈好，他們的錢不夠豪氣揮霍。

我們走進一棟建築物，四個拿著AK步槍的男人在等我們。這座據點沒有市內電話，沒有網路，手機也沒有用武之地，因為整區的行動接收被截斷，不過部分地區依舊提供敘利亞電信公司（Syriatel）的行動通訊服務。敘利亞電信的老闆是企業大亨拉米・馬赫盧夫（Rami Makhlouf），也就是巴夏爾・阿薩德的表弟。省內的市話有時能用，戰爭時期什麼事都很難說。通訊及其他的服務需求，帶來某種戰爭經濟，掌握在阿薩德陣營與反對黨的掮客與中間人手裡。那些紅頂商人提供大量服務，累積個人財富。

我們碰到的運動人士，幾個月以來，一直購買衛星網路裝置，雖然價格不菲，但負責廣播新聞與更新近況的媒體辦公室等組織，不能沒有網路。

自由氏族軍一共只有兩個房間，靠著十分原始的武器面對坦克與飛機。儘管勝算不大，他們依舊奇蹟似地逼退重裝上陣的軍事單位，迫使他們撤退。指揮官旁坐著一個皮膚黝黑的年輕人，他向我們道歉屋內一團亂。裡頭有一張桌子、幾張椅子，陽光灼人，每個人的臉都曬成深棕色。

我在各鄉各鎮聽過許多震撼人心的故事，但我永遠忘不了的一則故事，敘事者是這個冷清總部裡一名逃離政府軍隊的士兵。

「當初我和朋友穆罕默德（Mohammed）一起入伍，」那名反抗軍士兵告訴我：「我們什麼事都一起做。在霍姆斯（Homs）的時候，軍隊在住宅區發動一場突襲。他們告訴我們，武裝幫派和恐怖分子躲在裡頭，所以我們走進一間房子，搗毀看到的一切東西。長官不斷對我們狂吼，不停咒罵，要我們其中一人去強暴一名女孩。那家人嚇到縮在隔壁房間，長官要我們立正站好，一個一個貼著我們的臉走過去，用手指戳我們的臉，最後在穆罕默德面前停下，拍拍他的背，要他進房間。穆罕默德和那個長官同村，他們住在林區。然而穆罕默德嚇到後退，長官開始用各種字眼辱罵他。

「『幹，你女的嗎？你個龜孫子！』穆罕默德跪到地上，開始親吻長官的鞋子。

「『求求您，』他哀求：『長官我求您，我不能這麼做，求您了，長官，別逼我做這種事。』

「長官一腳踢開穆罕默德，一遍又一遍狠狠打他，踹他，抓住他的褲腰帶，對著他的臉狂吼。

「『我要割下你的老二！』我的朋友開始哭——認識穆罕默德的人都知道，他從來不哭，無所畏懼，但那天我卻見到他的眼淚——他哭得像個孩子，鼻涕流進嘴裡，一直求長官別讓他那麼做。他是我的朋友，我們分享許多祕密，我知道他有女友，但長官抓住他的褲襠。

「『幹，老子親自教你怎麼做！想要老子教你是嗎？』穆罕默德撲上去踢長官，用全身力量壓制他。神啊，穆罕默德非常強壯，他把長官壓倒在地，狠狠揍了他一頓，接著停下，扔下槍，長官立刻起身對他開槍，殺了他，我親眼目睹一切。妳知道長官對著穆罕默德哪個部位開槍嗎？」

一陣沉默過後，他明明白白指著自己的胯部。

「他要我們另一個朋友進門強暴那個女孩，他默不作聲進房間，接著我們聽見女孩尖叫，接著是她母親與兄弟在狂吼，他們全躲在隔壁房間，父親是異議分子，兩天前被殺。我就是在那天決定叛變。主啊，我沒有一天不想起穆罕默德，他在這裡，在我心上。我把他寫給女友的信，藏在我父母家。要是我還能活著，我會寄給她。我會的，那是我用生命發誓做到的諾言——要是我還能活著回去的話。」

轟隆隆的砲聲之中，毒辣的正午陽光不停烘烤我們。他說的那句「要是我還能活著回去的話」，一直在我耳邊迴旋。我們離開總部，隔了一段距離後，年輕人的故事，他疲憊的雙眼，依舊深深刻在我心上。

後來我再度回到敘利亞時，聽到那棟總部被炸毀。

我們離開陽光毒辣的總部後，匆匆前往達克拉（Daqra），去見亞瑪穆瓦里（Ammar al-Muwali）一族。那個氏族的根據地在邁阿賴努曼市（Maarat al-Numan）附近的鄉村地帶，我們在那裡見到族長。他們的窮困程度令我吃驚，但他們的慷慨、榮譽心與勇氣，也令我大開眼界。他們盡全力不讓盜匪接近糧倉，以免讓自己的族人挨餓。

我們和一群年輕人談話，族長阿布杜・拉札克（Abdul Razak）提到建立公民國家的重要性，敘利亞一共只有一個派別，那就是自由。拉札克五十五歲上下，正在設法解決一樁綁票案。他和我們談話時，妻子在廚房準備午餐，十三歲的兒子負責招待客人。

一架飛機飛過頭頂。我跟著大家到外頭察看，被轟炸的恐懼如影隨形。我在抬頭那瞬間，明白了流離失所與家的意義。雖然我成功非法穿越自己國家的國界，但在那個瞬間，我才真正明白，眼前這個飛機隨時會在半空扔下炸彈的地方，就是自己的家鄉。我直視那架飛機，眼神堅定不移，心中無所畏懼。我看著那架飛機飛過頭頂，想起自己先前坐在巴黎市中心的巴士底廣場（Place de la Bastille），在和煦陽光下啜飲咖啡，左手邊的情侶不停熱吻，一隻麻雀停在我膝上，嚇了我一跳——那不是家，那是流亡。

我們返回屋裡繼續接受全族的熱情招待。

「正如各位所見，我們正在抵抗不公不義。」族長說：「我們要的只是正義，我們要這個國家由法律統治。沒錯，我們是一個大家族，我們有武器，但我們一開始只不過是和平抗議。然而，要是他們想殺我們的婦孺，我們會抵抗他們。全知全能的主啊，我受過教育，上過大學，但對我而言，即使只是我們孩子的小指甲，都跟整個世界一樣重要。他們要是踐踏我的自尊，或是任何敘利亞人的尊嚴，我不會袖手旁觀。」

「我向真主起誓（Wallahi），妳就像我的姐妹。」族長的臉轉向我：「如果有人碰妳頭上一根頭髮，那就像有人動我的姐妹。妳和我們一起抵抗不公，抵抗阿薩德政權的暴政。我們全都是對抗不公義的敘利亞人……」

族長講了很多話，我仔細聆聽他充滿智慧、用簡單話語講出的雄辯。他講起自從起義後，自己損失多少財產，把財富拿出來和族人共享。我們跟著他的故事笑了起來。此外，他還自豪地談起自己擔任軍事指揮官的弟弟，是如何加入反抗阿薩德的戰役。

那天晚上，我帶著被沙漠豔陽曬傷的一張臉，默默回到住處。艾育歇和其他女人孩子正在等我們。愛拉跑來坐在我腿上，梳起我的頭髮，試著引誘我講出今天發生什麼事、聽見什麼故事。愛拉把我當成她故事計劃的一部分，只有她和我曉得，我們兩個人想從彼此身上得到什麼。她想把我變成一則故事，一個可以告訴往後的客人的床邊故事。她說自己正在蒐集身邊所有故事，然而沒時間了，我和這個七歲的說故事者，來不及完成我們之間的祕密遊戲，轟炸又開始了。我連忙抱起愛拉，抓著露哈的手，慌忙衝進防空洞，爆炸聲就在頭頂。老太太們困在房間裡，只能待在樓上，凝視著窗外。隔壁那家人加入我們，一起躲在防空洞，密集砲火之中，我再次呼喚愛拉。

「過來吧，我告訴妳我的故事。」我說。這句話具有神奇魔力，愛拉耳朵豎了起來，眼睛在昏暗地下室裡閃閃發亮。姐姐露哈也靠了過來，好奇地盯著我，高興我終於要說故事。兩個女孩子凝視著我，世界只剩防空洞和永不停歇的轟炸聲，我講起自己的故事。

「我不是一直都是妳們現在看到的這個樣子。最初，在我的前世，我是一隻受了重傷的羚羊，心臟痛苦地跳動。」姐妹倆生氣地看著我，一臉失望。

「騙人！」她們大喊。

不過，接著我們三個人爆笑……一直笑個不停。我試著說服兩個小姐妹，自己以前真的是羚羊；之後又告訴她們，我們得在防空洞的墊子上過夜，她們別無選擇，只能聽我講完那個故事，不然我就要睡了，我累得要命。氣氛再度憂鬱起來，全家人害怕地縮在一起，不過女孩們一旦放棄聆聽今天發生的事之後，我便從剛才停下的地方繼續講故事。

「羚羊的心很痛，血滴在翠綠青草上……接著我來到世上！」

故事進入尾聲，我昏昏欲睡，舌頭重到說不出話，像幽魂一樣凝視著她們，我睡著時，女人在我背上蓋了件薄毯。

我原本打算回法國後，開始寫一部新小說，然而在第一次返國的尾聲，事情不一樣了。當時發生的一件小插曲，讓我走上不同的道路，促使我寫下這本各位正在閱讀的見證。我們朝土耳其前進、接近國界時，在塞爾邁達鎮（Sarmada）的馬路上，遇見兩名年輕人。我抓著筆，在小簿子上快速寫下那兩名武裝人士的話。

那是我待在敘利亞的最後一天，還有幾小時就要說再見。我們在法魯克旅（Farouq Brigades）的檢查哨停下。一個有著明亮雙眼、金黃頭髮的戰士深吸一口氣，告訴我們自己因為拒絕殺人，逃離敘利亞政府軍的「特殊單位」。

「誰想讓自己身陷死亡的黑爪？」他說：「誰想死？沒人想！但我們已經死了，而我們想活。」

天空蔚藍，子彈，路障，道路兩旁被轟炸的廢墟，都影響不了我們的心情。飄揚革命旗海的塞爾邁達鎮，就在我們後方。

「我們只想要一個公民國家，」另一個年長的人附和。在那個當下，我決定寫下自己返回敘利亞的經歷。

「軍官去死吧，他們全是該死的阿拉維派。」年輕人補上一句。

「不，不是所有人。」年紀大一點的人反駁，不悅地看著他。

我聽著第一個人繼續講自己是如何逃出軍隊。他的朋友走過來，在他耳邊說了一些話。那個有著明亮眼睛的年輕人，突然間尷尬地看著我，槍一下子扔到地上，並垂下目光。我再度看著他的眼睛，他露出緊張神色，轉開臉，武器依舊擺在地上。

天色沒變，上方依舊是蔚藍的天，背後依舊是崎嶇山丘。眾人一陣沉默，面面相覷。地上沙沙作響，年輕人轉頭看我，咬緊下唇，聲音顫抖——他和幾分鐘前拿著槍耀武揚威，對天空發洩怒氣的人，是同一個。

「女士，請原諒我，我剛才不曉得。」

他的臉回到溫柔敦厚的樣子，橋下的武裝戰士好奇地看著我們。一面白色旗幟在他們附近飄揚，上頭寫著：「阿拉是唯一真主，穆罕默德是真主使者。」兩名起義戰士留著長鬍子，天空依舊蔚藍，然而這位士兵遲疑地向前和我說話時，突然像個孩子。

「我不恨任何人，」他結巴說著，「但阿薩德有很多走狗，要我們濫殺無辜的人……請原諒我，女士。」

年紀大一點的戰士站在他身旁，眼睛帶著怒氣。

「我們只想要一個公民國家。」他重申，「我是法魯克旅的人，我想要一個公民國。我是商學院學生，今年大二。」

沒時間了，不能久待聽他們的故事。

「別擔心，」我安慰他：「沒關係的。」然而那名年輕人堅持解釋，他不是有意冒犯我。「我不是阿拉維派的人。」臨走前我告訴他，「你也不是遜尼派的人。我是敘利亞人，你也是敘利亞人。」他看著我，被我的話嚇了一跳。

「真的，」我說：「我們只是敘利亞人。」

除了那個在我眼前變回孩子的年輕反抗士兵，我不曉得為什麼這個離境前最後的路障，促使我寫下返鄉之旅。那個士兵得知站在自己眼前的女人，跟他反抗的軍隊長官屬於同一個宗教派別後，把武器扔在地上，為了冒犯我而道歉，不過我根本沒被冒犯。我們返回車上，駛離法魯克旅的檢查哨，我想著自己離開前說的話，眉頭皺了起來。我說那些話是想讓誰安心？誰試著在鮮血與火焰之中建立國家：這個在我眼前變回小孩的變節士兵？還是追隨阿薩德的屠夫？我說大家都只是敘利亞人時，他們感到不可思議地望著我，嘲笑我，根本沒聽懂我在說什麼。

他們那樣的戰士從何處得到力量？誰才是沒搞懂生命意義的人——他們還是我們？誰比較接近人生的本質？是那些在死亡陰影下過活、當面嘲笑死亡的人嗎？

第二度穿越邊界

The Second Crossing

二〇一三年二月

我心中留存著一幅敘利亞的景物畫，不過不是花鳥蟲魚，而是四分五裂的屍塊堆疊在一起，頭不見，右手臂皮肉分離掛著。畫框緩緩滲出血，一下子被底下的塵土吸收。這就是敘利亞人每日面臨的苦難。

我走過土耳其伊斯坦堡阿塔圖克國際機場（Istanbul Ataturk Airport）第一航廈，預備前往距離敘利亞邊境十九公里的安提阿（Antioch）古城安塔基亞。雖然這是一條熟悉的路線，我卻心神不寧。機場似乎觸目所及，滿是殘缺不全的肢體畫面。不管視線望向哪裡，都有戴著太陽眼鏡、蓄鬍的年輕人。有的為了榮耀先知穆罕默德，把自己的鬍子染成奇怪的紅色，卻剃掉八字鬍部分，看起來心事重重，像是趕著去哪裡。我不曉得自己會不會再見到這群人，不過我試著靠近，想知道他們是誰，他們是哪裡人。我看得出其中一人是葉門人、另一個是沙烏地阿拉伯人，他們避免與女性視線接觸。我坐在他們旁邊，想聽他們說些什麼，但他們不發一語，跟我一樣默默等著上飛機。機場人山人海，每個人緊張踱步，等待獲救。在安塔基亞與伊斯坦堡的機場，敘利亞人茫然的眼神述說著對未來的不安，而悲劇近在眼前。

我背起小背包。在穿越邊境時，盡量輕裝簡從，也因此行李選擇背包，只裝幾件衣服。我們登上前往安塔基亞的班機，前面坐著兩個葉門人，走道旁的座位則坐著敘利亞的男男女女。機上大都是敘利亞人與其他阿拉伯人。我的視線落在一旁窗戶上，我旅行時總是躲在窗邊，整個世界被縮在一個框中，宇宙聚集在空蕩蕩的長方形內。我想飄浮，游過無邊無涯，穿越白色虛空。在裡頭飄，下飄，上飄，穿越地理限制，迷失在空間之中，直到摩天大樓和一根草一樣高，顏色消失在外太空無垠的什麼都看不見之中，遠離所有蓄鬍臉孔。我想消失在流動的虛空，住在哪裡都不是的地方，沒有邊界能夠限制住我。

我二度穿越邊境回敘利亞時，再度經過位於土耳其那一頭的雷伊漢勒。從安塔基亞開五十分鐘車，可以抵達那座小鎮，然而，小鎮不再是小鎮。那個革命發生前平靜安寧的地方，如今興起成一座小城市。敘利亞與黎巴嫩的遊客，原本就對那個地方充滿興趣，土耳其與敘利亞之間的走私交易，讓該地長期興旺。不過這些日子以來，雷伊漢勒已容不下和平與靜謐，也容不下傳統的貿易與走私。這座一度沉睡的小鎮，已經成為偶有炸彈掉落的地點，令人窒息的擁擠取代了熱鬧的熙熙攘攘。躲避轟炸的敘利亞難民如潮水般湧入，地方上的居民窮於應付——那些難民不在官方統計數字裡，因為他們不住難民營。雷伊漢勒一方面繁榮成長，大興土木；一方面也滿地廢墟與破壞。這個敘利亞邊境的一小角，塞滿敘利亞內戰中的各色團體。政府把內應安排在當地，進行運作，試圖滲透反抗軍與運動者的網絡。每個人心知肚明，在這裡走路要小心。

「生」與「永生」的中間狀態，讓小生意人得利。死亡和活人所需的物品一樣，成為一種可交易的貨物。鎮上到處是想找幾口食物充饑的赤貧之人，他們在街上討麵包。也有一群比較有錢的難民，但人數較少。此外，這裡還有阿薩德的忠誠支持者。

我在雷伊漢勒，和此行的同伴碰面，找到梅薩拉和黎巴嫩記者費達．義大尼（Fida Itani）後出發。我們的目的地是邊境一座村莊，不過塞車和人潮令我們龜速前進。似乎全天下買得到的東西都聚集在這裡，自由軍的制服、革命標語、各種小玩意、衣服、家庭用品，人行道上鋪滿雜貨和食品罐頭，老人、年輕人、孩童用最大的肺活量叫賣著——大都是敘利亞人。現在回想起來，我們似乎根本沒見到土耳其小販，只有敘利亞人，滿載而歸的也是敘利亞人。

土耳其人嘴裡抱怨敘利亞難民大量湧入，不過私底下又是另一回事：隨之而來的錢潮，讓土耳其人荷包滿滿。許多土耳其人受惠於自敘利亞湧入的資金，出租店鋪和房子，哄抬物價，生意好了一倍。我在雷伊漢勒看到的商店，有的取阿拉伯文寫成的敘利亞城鎮名字，有的是土耳其名字，就好像敘利亞的一部分被連根拔起，移植此處。又一塊敘利亞被炸毀的斷肢，被沖進城市下水道與汙濁的灌溉渠道，毀損，錯置——就像戰爭中其他一切事物。

一個不到十歲的孩子，站在我們車子右方，手裡抱著一堆叫賣品。一群孩子衝過來兜售。他們遠離學校，遠離家鄉，和純真童年永遠說再見。幸運的話，還能和家人住在一起，但他們多半是跨越邊境的孤兒，如今只能在街上討生活。

馬路另一頭的人行道上，有幾名自由軍。我們不曉得他們是哪個軍團的人，不過看起來才剛到，似乎在等人。他們和敘利亞境內的自由軍不一樣，沒公然帶槍。幾個人蒼白的面孔、亂糟糟的鬍子、沒睡好的神情，在在顯示亟需休息幾天，會跑來這個鎮，只是為了辦事。一輛車停在他們旁邊，一個年輕人下車，也或者該說是被抬下車，缺了一隻手、一條腿。眾人換了車，一人大喊：「快（Yallah）！OK，走！快走！」

我們往國界前進時，司機說：「我會讓你們在羊圈口那下車。」

土耳其邊境一塊六乘十平方英里的地帶，散落幾座小村子，過遊牧生活的貝都因人（Bedouin）住在那裡。他們在革命發生前，除了靠畜牧與種植農作物為生，還從事走私活動，來往於土耳其，以及敘利亞城市伊德利卜。今日那些村民，講著摻雜貝都因方言的流利土耳其語和阿拉伯語，成為穿梭於阿特瑪（Atma）等村莊的走私要角，也就是距離敘利亞最近、最重要、情況最糟的難民營。

邊境村的南方是分隔兩國的山脈，貝都因人在親戚網絡的協助下，在那一帶幹起走私人口的生意，在群山之間運送人。貝都因人在邊境一帶，蓋起實體聯絡站，有的矗立山頭，有的在村莊。貝都因人熟悉邊境所有隘口，也曉得國界鐵絲網哪裡有缺口可以溜進敘利亞，一路護送你到兩國交界處。那群人和土耳其憲兵關係良好，平日靠手機聯絡，碰頭時事先約定好口號與手勢。貝都因人體格結實、皮膚黝黑、腳程極快，有消失在樹林中的神奇本領，一下子便隱身於他們瞭若指掌的大地。

車子行駛在狹窄的蜿蜒泥濘巷弄之中。所謂的「羊圈口」，是一個非官方的國境出入口，當地是一座環境惡劣的小村落，空空如也的屋子後頭是羊圈。天氣很冷，但孩童幾乎全裸在外頭跑跑跳跳。我們下車時，一名皮膚黝黑的年輕人在等我們。我原本還以為，這次穿越邊境會像上次那樣，氣喘吁吁地在兩國邊境全力奔跑，接著等待黃昏時吹起的微風，抓準最佳入境時機；但梅薩拉告訴我，先前我們溜過國境的地方，現在被嚴格看守，再加上近日敘利亞與土耳其的邊境發生轟炸，這次不能以相同方式回國。

前方是低矮的綠色山丘，國境兩頭停著幾輛車，遠方有幾排人在等著。我們得徒步繞過附近一座山丘，抵達下一個聯絡站。我背起背包，踏上小徑，一路上骯髒小溪不斷擋住去路。我們三個人由嚮導帶著，只走了一小段路，就冒出憲兵，我們拔腿就跑。

「別緊張。」蛇頭的阿拉伯語帶有腔調。

接著，一輛軍車出現在右方，直直朝我們開來。嚮導大吼一聲轉身，我們跟在他後頭，一路跑回剛才出發的小巷。

蛇頭說：「先到我家喝杯茶，晚點再出發。」

我們跟著他，走進泥濘巷弄裡的屋子，周圍散發著一股腐臭味，外加動物的糞便氣味。貝都因人的水泥房，長得也像他們的帳篷，一樣顏色，一樣簡樸，一樣粗陋。我依舊沒看到任何女人，只有男人和小孩，所有人都在忙著做事。

我們再度出發，即將抵達國界的前幾分鐘，另一群人加入我們。二十人裡頭，只有我是女人，三名蛇頭陪著我們。剛才抵達的那群人之中，我看到先前我從伊斯坦堡到安塔基亞時，搭乘同一班飛機的葉門人和沙烏地阿拉伯人。他們看起來準備好上戰場。我故意靠近他們，依舊想偷聽對話，但小心保持距離。我想過是不是要直接問：「你們在我的國家做什麼？」但我沒講話。過去兩年的生活教會我沉默是金。沉默讓周遭事物有機會浮現意義；沉默是觀察與沉思的時刻，讓事情有機會表達自己；沉默雖然帶來模稜兩可，不過，通常也提供讓意義湧現的空間。

那兩名葉門人與沙烏地阿拉伯人，身上沒有多少東西，只帶趕赴死亡所需的物品——那是他們正在前往的目的地。眾人出發時，我試著跟上腳步。

「嘿，老哥，你沒說這一趟有女人。」一名蛇頭看向我們，表情不悅，「走這裡，」他瞄了我一眼，「走這條，這條比較好走。」

我們朝一片小麥田前進，腳踩進泥巴，附近橄欖樹不時冒出綠色嫩葉。年紀比較大的那個蛇頭，緊張兮兮地看著我。我用黑色面紗和深色眼鏡蓋住頭臉，加快腳步跟上大家，而且一跟上就超前所有人。走那麼快讓我累了起來，但我不願意讓那個蛇頭抓住話柄，說我拖累大家。我快步走著，走在所有人前方，就連那個老蛇頭都叫我等一等。我在原地停下，等著其他人跟上，大家跟上後，我走在他們身旁，還故意直直看著老蛇頭，拿下眼鏡瞪他，但由於我顯然能跟上大家的腳步，他沒再抱怨隊伍裡有女人。他認為女人會惹麻煩，拖累速度。

不用說，每次我回敘利亞，多數男人都會忍不住提起我是女的，女人不該出現。這一次周圍的戰士身材高壯，眼神明亮堅毅，留著大鬍子，不願意轉頭看女人，也不願意和女人交談。不過，許多人認為是有男子氣概與英勇的事，在我看來，只不過是無視於生死，尋找著天國的大門，想前往他們被許諾的永生之地。我不欽佩他們，只可憐這種人。

槍聲讓我們停下腳步。邊境守衛對空鳴槍，但所有人都知道，他們只是想嚇嚇大家。我們的蛇頭已經和土耳其憲兵談好交易——一切只是正常程序。我們隊伍裡的民兵，身上是顯眼的基本教義派裝扮，憲兵不可能沒發現。他們要的話可以刁難，不過頂多是打一頓，幾乎能肯定不會到直接開火的程度，蛇頭和被帶的人都可以安心。

前方冒出一座陡峭斜坡，大家分走幾條小路，由橄欖樹提供掩護。外國戰士這下子走在前面，我們只剩三人和一個蛇頭。那座山不好爬，我閃到一旁，以免擋路。我身體往前壓，彎起膝蓋，曲起背脊，幾乎碰地，有如用四肢爬行，跟動物差不多。我心想，實情也的確如此。如果我們只能跟其他生物一樣，倚靠直覺來生存與保護自己的種族，的確是強不了多少。

我們的黎巴嫩朋友費達建議我放慢腳步，才不會耗損太多體力。

「聽著，」我聲音在抖，「如果我不跟上，我會滑落深淵。」他大笑。

梅薩拉靠過來，接過我的背包，我們一起跑上山頂。後方傳來喊叫聲，我頭也不回往前衝，聽見心臟怦怦跳，空氣掃過我的肺。地面泥濘，山上是肥沃紅土。我們登上山頂後，又是另一番風景。山丘制高點是一面廣闊峭壁，一條陡峭道路蜿蜒在樹林之中。我們望見等著接應的車子，但此時一群土耳其憲兵突然從橄欖樹裡冒出來，朝著我們而來。這一帶到處是巡邏的士兵，沒事就突然現身。他們搜查我們的背包，接著又跟蛇頭講話。

他們搜完後，我們跨越邊界。當地並沒有一道清楚的國界，沒有要爬的柵欄，也沒有要避開的鐵絲網。要不是憲兵突然冒出來，根本不會知道那裡是國與國之間的界線。我發現敘利亞與土耳其邊境的人口走私點，通常都像這樣，而那提供了賺錢機會。

想混進敘利亞的聖戰士數量愈來愈多，發財的大好時機降臨。

眾人穿越邊境後，分道揚鑣，戰士開始消失——有另一個團體等著他們。我們的嚮導說，那群戰士要去參加一場戰役，成員包括有突尼西亞血統的法國人，現在八成正在前往阿勒坡的路上。堅持匿名的嚮導告訴我，那群人大概是要加入努斯拉陣線（Jabhat al-Nusra, the Nusra Front），也就是由一群留著長鬍子的年輕人組成的新派別。世人到了最近才知道努斯拉陣線的存在，他們最初從事不見光的地下運動，村莊容不下他們。

「你會發現他們現在變得非常強大，到處都是。」費達說：「接下來會更麻煩，這些團體影響力大增，以後將採取更有力、更暴力的手段。我們將看到鞭刑與斬首影片。」

邊境村莊再度傳來槍聲，薩拉菲派人士消失在樹林裡。敘利亞軍隊有如老舊油漆上的裂痕，排成蜿蜒長線，每支隊伍朝不同方向前進。空中出現子彈聲，我們四處逃逸，有如被獵人追趕的受驚動物。

後方是山丘，前頭是橄欖林與平地。放眼望去，盡是乾旱景象，就連栽植路旁的橄欖樹看起來都枯萎了。我們在蜿蜒道路上前進，房子開始消失，大地上幾乎沒有任何生命跡象，只有偶爾駛過的幾輛車，以及遠方有時可瞥見村莊。

本尼什鎮空蕩蕩的，不再有上次見到的抗議群眾。我上次離開後，阿薩德的米格機轟炸當地，居民拋下家園，只剩幾個人沒走。剛崛起的努斯拉陣線占據當地，鎮上許多人加入他們。這個團體如今控制著國有財產，干涉人民的生活，推廣「阿富汗風格」的穿著，宣布穿褲子是異端行為，就連男人也一樣。軍事設施也被改造，縮減路障。

「主啊，我們除了您，還有什麼？」我們開車經過塔夫坦納茲機場時，梅薩拉大吼：「主啊，死了多少人……多少生命消逝……這裡是阿瑪札．胡笙（Amjad Hussain）被殺的地方。」

我認識阿瑪札，他是薩拉奎布的軍團指揮者，很年輕，才二十五歲，做人彬彬有禮，講話時不會直視你。革命如今轉向，走向一團混亂，阿瑪札憤慨不已。他是保守穆斯林，但希望見到公民國家，最後死在爭奪塔夫坦納茲機場的戰役，我先前見過的許多年輕人都死了。我們在一路開過各村莊、回薩拉奎布的途中，一一紀念犧牲性命的義士。我們經過蠶豆田，駛過偶有石屋村莊的青翠平原，道路泥濘，四處是砲彈留下的坑洞，路途不太順暢。

「上次妳離開後，政府奪下伊德利卜，」梅薩拉告訴我，「伊德利卜孤立於周圍的鄉村。我們現在講話的當下，各路軍隊正在打仗。如今革命之中，小偷多過起義人士，家族對抗家族，傭兵對抗傭兵。主啊，我們除了您，還有什麼？」

這次我回薩拉奎布，少了家裡隨時跟在身旁的可愛孩子，屋子感覺空蕩蕩的。小愛拉和幾個兄弟姐妹搬離祖宅，現在住在邊境附近的安塔基亞，不過她們的父親梅薩拉依舊不時返鄉。梅薩拉解釋，砲彈攻擊讓民眾不分男女老幼死去，他又驚又怕，不得不把家小帶到土耳其，因此這次他的祖宅只住著我、姐姐艾育歐，以及一家之主阿布・易卜拉欣和他優雅的妻子諾拉，其他親戚也定期造訪，包括家族兩個姐姐與她們年幼的孩子；流離失所的旁系親屬，讓屋子鬧烘烘的，他們之中有的人房子遭受破壞，有的位於砲彈射程、有的恰巧在充當敵對陣營緩衝區的分界地帶、有的位於狙擊手監視區、有的成為異議人士藏身處。很多人把家中大門敞開給親戚、朋友與認識的人。艾育歐也一樣，她的公寓樓上被燒燬，地下室又讓給了沒地方住的某家人。

隔天早上，我搭艾育歐的車，去見住在她公寓地下室的那家人，還去看薩拉奎布其他幾個被砲火擊中的地點。一名警察在指揮交通，當地人試圖維持秩序，但不太容易，混亂隨時會發生。當地大部分的道路，如今看起來很不一樣，許多條都全毀。最大的改變是被炸壞或夷為平地的房屋大增，四處見不到幾個人，整座城鎮看起來毫無生氣，杳無人煙。當地人試圖修復建築，工地到處都是。我瞥見牆上塗鴉著巴勒斯坦民族詩人馬哈茂德・達爾維什（Mahmoud Darwish）的詩句，此外還第一次看到一旁同時有讚美努斯拉陣線與自由沙姆人（Ahrar al-Sham）的文字。這兩個團體獨立於自由軍，同時存在但並不合作。其中一句話用粗體字寫著：「努斯拉陣線與自由沙姆人：振奮著我們的心。」

這些日子以來，警察的薪水由武裝團體支付。交通罰單由警方來開，刑罰則由武裝團體在可能的範圍內執行。自由沙姆人深入社會每一個角落，甚至擁有一座麵包廠，既是收入來源，還能控制需要物資的人民。努斯拉陣線把持著伊斯蘭法庭（Sharia Court）、法官與教士，支持伊斯蘭教法。保安部隊由數個軍團組成，包括黎凡特獵鷹軍（Suqoor al-Sham, Falcons of the Levant Brigade）、山盾軍（Dera' al-Jabal, Shield of the Mountain）與敘利亞烈士軍（Shuhada Suriya, Martyrs of Syria）。

艾育歆說，她不會帶我看遍全鎮，因為轟炸一直沒停過，開車外出太危險。不過，她依舊一一停在被炸毀的房子前，告訴我每一家的故事。沒有門的房子、沒有屋頂牆壁的房子，碎石一片的瓦礫堆。

「阿布．穆罕默德（Abu Mohammed）和他的孩子死在這。」艾育歆告訴我：「還有那裡……」她指著另一棟房子，「以前我們的親戚住在那，他們的年輕兒子死了。還有那棟，完全被炸毀——全家人都死了。」

我們停在房子前，我拍了幾張照片，接著回到車上。四處都是廢墟，薩拉奎布比記憶中還悲慘。

我們抵達艾育歆收容無家可歸者的地下室，和鄰居簡單聊了一下，但天空又出現飛機，我們連忙避難。地下室是一個寬廣大廳，四邊牆壁排著一家男女老幼的棉被，小孩、女人、男人各據一方。那家的女主人美麗豐腴，有著一頭紅棕色秀髮，身旁圍繞四個女兒，兩個在念大學，已婚的長女帶著三個孩子。其他親戚分坐各處。他們大部分的財產都沒了，只有一張毯子，幾個茶杯，一個裝著兩隻小鳥的籠子。

天花板突然開始晃動，我們聽見一聲巨響，害怕到無法動彈。戰機扔下的炸彈，炸到隔壁房子，離我們只有幾公尺。先前我們才剛跟那家的女人聊完天，她們正在清理昨天的空襲留下的混亂，刷洗地板，撿拾震碎的玻璃。昨天她們兒子才剛死於轟炸。

又來了第二顆炸彈，我們留在地下室等待。這次炸彈瞄準一台停放在鄰居家後方的坦克，先前某個軍團指揮官把坦克留在那。政府永遠在做這種事：轟炸反叛根據地的民宅，來削弱民眾對起義者的支持。我在心驚膽戰之餘，問身旁那家人的母親，她們是如何被迫離家，炸彈讓天花板的脫落油漆像雪花般落在我們頭上。那位母親匆匆講出自己的故事，其他女人和我一起聽。

「革命剛發生，飛機就開始轟炸我們。」她說：「我們的村子阿梅那斯（Amenas）旁有一座磚頭工廠，被挪用為大型軍營，駐紮著軍隊和軍隊雇用的傭兵沙比哈。他們轟炸我們鄰居納桑（Naasan）的房子，死了許多人。一顆炸彈擊中納桑的橄欖林，工人和他的妻兒都死了。他當時去取水，不在現場，回來時發現園子裡屍橫遍野。

「沙比哈襲擊另一家的橄欖園，所有人都不見了，後來村裡的男人發現那家人被滅門：媽媽、女兒、哥哥、小男孩、女婿，無一幸免。沙比哈有時成群出動。有一次，他們抓了我兒子，他的眼睛被挖出，手指被切下，但沒死。他們抓住另一個人，要他坐在燒著熱炭的火盆上，他的臀部跟烤肉一樣被烤到酥脆，妻子逃走……

「我不想離開自己的家，但軍隊進入鄰村馬祖瑪（Masтuma），警告有自由軍背景的人快點離開，沙比哈要來了。他們進入馬祖瑪，一家、一家屠殺。一個母親因為兒子在自己眼前被殺而哭泣，所以他們也殺了她，因為她在哭！

「我藏起幾個女兒，以免被強暴。接著火箭落到我哥哥家，我們原以為他必死無疑，但他從瓦礫堆中爬出來，大喊：『賜我靈魂者，才能奪我性命！』我喜極而泣！

「我們付某個人七千五百里拉，把我們弄出去，我們在黑夜逃跑。逃難的人排成長龍，大家都沒穿鞋，有的還打著赤膊，轟炸永不停歇。

「晚上時，起義人士來找我們，帶來天亮前要吃的封齋飯（suhoor），那時是齋戒月（Ramadan）。有女人在半路上生了孩子。我們全都無家可歸，我丈夫和他八個兄弟姐妹，每個人都得離開。接著我們聽到消息，我們的房子全毀，這下子一無所有。」

又一個震耳欲聾的聲響，又一顆炸彈。女人講到一半停下，另一陣剝落的油漆如雪花降下。地下室空氣潮濕，四處是裂痕。建築物一震動，一塊塊白色石膏掉到我們頭上，鳥兒在籠裡振翅掙扎。

「牠們感受到威脅。」那家女兒中的姐姐，先是用雙臂護住籠子，接著又打開籠門，取出兩隻鳥，緊抱在胸前，接替母親講故事，好像近在咫尺的轟炸不存在似的。

「我說的每一件事，妳都會寫下來嗎？」她問。

「我會的，」我向她保證：「我會的。」

她是個美麗的年輕女子，婀娜多姿，年約二十，有著閃閃發亮的綠眼睛，玫瑰般的紅潤臉頰，圍著簡單的五彩頭巾，手指纖細柔軟。她站起來，妹妹靠在她身旁，她一隻手依舊握著鳥兒，另一隻手擺到我頭上。

「妳向主發誓，妳會告訴全世界我要說的話？」她問。

「我發誓。」

「用妳最珍惜的東西發誓。」

我默默起誓，她的手掌落到我頭上，彷彿有碎石之力。

「寫下阿梅那斯村的故事……那是我的出生地。」

女孩告訴我，自己熱愛畫畫與寫詩，拿出一本筆記本，打開後，朗讀自己的日記，我動手做筆記。

「事情發生的那天是二〇一三年一月五日，我們聽說一對年輕夫婦和六個女兒被綁架後死亡。同一天，另一家人被殺害——他們在外頭收割橄欖——接著他們殺了一個女人和她兩個兒子，綁走我們村的阿布．亞莫（Abu Amer）一家人，折磨他們，接著以相同方式全部殺害——對著頭部開槍。亞莫的妻子懷著近九個月的身孕，在事發時生產。我們家的男人尋找亞莫一家人的下落，發現他的妻子和產下的孩子都死了，其他人的屍體散落在橄欖林。」杏眼女孩一邊說出這段話，一邊嚴肅地凝視我。她低頭看筆記本，我等著她說下去。

「兇手是沙比哈，但他們開著寫有『自由軍』的車輛。我們知道那群人是政府的走狗，是沙比哈。他們離開前，肆意破壞田地，把樹連根拔起，走到哪，破壞到哪，接著拍下自己製造的屍體與滿目瘡痍，把照片放到網路上，說那是自由軍幹的。」女孩停下，「要繼續嗎？」她急切地問我，但語氣害羞。

「要……請繼續。」我回答。

她目光灼灼念下去：「一月十二日，兩點三十五分，我們在坤濱村（Qabeen），幾個親戚住在那。離開阿梅那斯後，我們流浪數日，都沒睡覺。離開的那個晚上，聽見十點的新聞說，他們要轟炸我們的村莊，剷除革命分子。大批坦克與士兵前往被反抗軍包圍的塔夫坦納茲機場，他們將途經我們的家鄉，我們嚇壞了，因此當天晚上十一點，把家當裝在一輛三輪小汽車上，趕緊逃難。我們路過沙明村（Sarmin），在公路上開了好長一段時間，但車子後來熄火，卡在半路，我們不得不推到路邊，徒步前往下一個村莊。我們朝第一間看到的房子走去，但那家人不肯開門，叫我們離開。我們又走向第二間房子，他們也不肯開門。走到第三間房子時，他們歡迎我們，說我們可以借住一晚，但母親拒絕，她覺得不妥，問父親，我哥哥能不能帶我們去找他在豐饒小村的朋友。那時已經過了半夜一點，四周的狗吠個不停，我嚇壞了。四處一片漆黑，狗叫聲追逐著我們！清晨兩點，我們抵達豐饒小村，挨家挨戶敲門。」

女孩無視於我們身旁的轟炸聲，講出自己的故事，我也繼續記錄。

「二月十三日，一個月後，我們還是不知道自己能去哪，每天晚上都睡在新地方，四處躲避砲彈與飛彈。我們四處遷徙，我開始對附近的村莊瞭若指掌。」

女孩看著我，手裡依舊抓著筆記本，小鳥依舊靠著胸前：人和鳥都盯著我。

「接下來呢？」我問。

她的母親在一旁倒茶，喃喃自語：「神啊……唯有神能帶給我們力量。」

「三月十五日那天，」她開心念著：「我們抵達薩拉奎布，時間是三點十分整。願主保佑妳。」她看著艾育歇，加進一句話，「妳救了我們，願主保佑妳平安。」接著又繼續念日記：「那天，我原本該回大學考試，但道路被封鎖，局勢不安全。我只剩兩天的日記要念，不想聽也沒關係——我不想浪費妳的時間。」

「不會的，我不想漏掉任何事。」女孩的眼眶閃著淚光，她的眼神讓我動不了。她再度打開筆記本念下去。

「今天是我們待在薩拉奎布的第二天。二月十六日，艾育歇過來記下我們需要什麼，接著來了一個給我們毯子的男人。我們把毯子鋪在地上，這是一個陌生地方，白漆從牆上脫落。最讓我心痛的是父親被擊敗的樣子，他眼神露出羞愧，不斷感謝每一個提供我們食物與麵包的人。我們以前日子過得很好，擁有所需的一切，現在卻淪為乞丐，必須靠施捨和救濟品度日，這很丟臉。我們有一個燒木頭的爐子，這個地方又濕又冷，但木頭燒起的火提供了溫暖。有時我們餓腸轆轆，但沒出去討食物，不想打擾別人。一顆飛彈落在附近的墓園，弟弟們在外頭玩，我們飛奔去找他們，一家人縮在角落，弟弟嚇到面無表情。

「二月十九日，我找到一隻大麻雀和鳥巢，裡頭有一隻剛孵化的雛鳥。我們把牠們擺在屋子中間的鳥籠裡，母鳥照顧小鳥，把食物餵進牠小小的嘴喙。附近落下一顆炸彈，兩隻麻雀緊張地在籠裡拍著翅膀。母鳥團團轉，翅膀打著籠邊，接著又跳回孩子身邊，但轟炸停止前，兩隻鳥都靜不下來。

「哥哥不見了，他們消失了。我今天本該到大學上課，但我被困在這，跟家人一起。我打電話給朋友，請她帶我缺課的筆記給我。我們開著三輪的車出去，爸爸帶我去拿講義，但車子半路又拋錨，我們到得太晚，我朋友先走了。我坐在台階上哭了又哭，立下決心要跟上進度，還要繼續交作業，但不可能。我們回到避難的地方，整個晚上沒講話。」

女孩停下，聲音啞了。

「那樣已經夠了，」她握住我的手，「如果我們現在就死了，世界會聽見我們的故事，對嗎？」

「他們會的。」我毫不遲疑地回答，或許是想安慰她。

我們向女孩一家人告別，走上艾育歇被燒掉的公寓二樓。牆壁一片焦黑，砲彈落進房子時引燃大火。艾育歇一一拾起屋內殘骸，告訴我它們先前是什麼。我只看到形狀各異、無法辨認的一團團焦黑物品，艾育歇卻能如數家珍：「這是我沙發的一部分，這是咖啡杯，這是衣櫥的板子……」我們聽見第三顆炸彈落下的聲音，她說：「我們最好回去，今天看得夠多了。」

我們從地下室走到屋外。我告訴自己，如果要寫小說，剛才的女孩一定會是主角。我會描寫她烈焰般的火紅秀髮，心臟處激烈拍動的纖細小翅膀，還有她的眼神。我會在故事裡說，她的小弟弟、小妹妹撲向她、抱住她，要她別理會問東問西、比砲彈還打擾人的訪客，她不在意孩子們的撒嬌，展開雙臂，擁抱他們與藏在毛衣下的鳥兒。

然而這不是小說，這是真實人生，女孩緊緊摟著弟弟妹妹，眼睛永遠注視著他們，像保護受傷的小麻雀一樣保護著他們。

薩拉奎布的媒體中心位於市場中央，也就是阿薩德轟炸行動的重點區。擁擠的市場人來人往，一開始你根本不會注意到發生了什麼事，然而望見破舊建築物與街上大坑洞後，就會明白子彈與炸彈四處留下痕跡。飛彈在這裡落下，人們死去。一小時後，活下來的人又回到平日的生活，採買必需品。要活就要吃，就要喝，然而我感到恐怖，與死亡共存，竟成為日常生活中司空見慣的一環。

我告訴媒體中心的工作人員，他們應該把辦公室遷往他處，這個地點實在太危險，最重要的事就是活下去。媒體中心的人，有的是運動人士，同一時間還充當攝影師、戰鬥人員與救難人員。此外，他們還有四處奔走的記者。偶爾也有外國記者路經此地，不過其他阿拉伯國家的記者尚未成群跑來，要等到伊德利卜省完全自由後，他們才會大量出現，目前媒體中心裡只有敘利亞記者。辦公大樓像廢墟一樣，一面牆在四個月前的轟炸中被炸開。

先前二〇一二年八月時，我們造訪鄰近村莊，當時那一帶尚未完全脫離阿薩德政權，也因此得繞道而行，利用暗巷與小路，躲過政府軍的路障。就連薩拉奎布也尚未完全獲得自由。今日在二〇一三年二月，我們在地面可以來去自如，然而空中依舊是政府軍的勢力範圍。反抗軍表示，要是能有高射砲，勝利將屬於他們。

一名報社編輯告訴我：「革命的重點不是戰鬥或戰爭。」那個人替《橄欖報》（*Zaytoun, Olive*）工作，那是一家薩拉奎布脫離阿薩德政權後成立的報社。「我們希望滋養民眾的性靈，但是缺乏資源。」他說：「轟炸一直沒停過，很難四處走動。我們已經展開公民社會活動，但面臨重重阻礙。最大的問題其實不是缺資金，也不是永不停歇的轟炸；最大的危機是伊斯蘭極端主義者塔克菲理（takfiri）正在拓展勢力，開始掌控與干預人民的生活。」他所說的公民活動，是指他們不斷努力成立機構，例如塗鴉工作坊、兒童文藝報章雜誌、訓練工作坊、私人社區學校與教育課程。

那位編輯顯然累壞了，他身旁的年輕人也都累壞了，他們都在長期燃燒自己。他們下載圖片、確認死傷人數，透過電話聯絡人道機構，告知民眾近況與生活情形。他們詳細記錄阿薩德政權每一次的攻擊：飛彈的數量、種類、形狀與大小。日後他們還會記錄戰爭中落在薩拉奎布的化學砲彈，寄給全球數個政府機構，只可惜他們的希望與樂觀落空，所有的努力沒得到任何結果，這個世界放任他們自生自滅，孤軍奮鬥。

已婚、四十五歲上下的阿布．瓦希德（Abu Waheed），目前是某支自由軍的指揮官，他開著皮卡來接我，我們預備造訪數座村莊流離失所的難民。同行的還有梅薩拉的妹夫馬漢爾，我第一次回敘利亞時，馬漢爾曾陪我參觀邊境醫院。另外，我的嚮導穆罕默德也在。轟炸聲出現在遠方，看來我們今天可以跟死亡有一臂之遙。

我們開車從市集出發，我注意到街上沒有女人，唯一看到的一個，身邊有丈夫、臉用喜瑪爾頭蓋（khimar）罩住。那是我第一次在薩拉奎布看到那種裝扮，當地女性通常只戴遮住頭髮的頭巾。

我們打電話給軍團總部，我的同伴和一個民兵講話，原來我們要去看他們自製的機關砲，那是某種加農砲。瓦希德之所以開皮卡過來，就是為了把那尊砲載往某處。

鎮外道路一路暢通無阻，兩側植滿小柏樹，有孩子在兜售蔬菜與燃料。孩子帶著各種桶子與容器，上頭歪七扭八寫著「黑柴油」或「紅柴油」，價格不一，但都同樣廉價與品質不佳，燃燒時會釋放有毒氣體。我們最後停在一群男孩面前，他們在阿勒坡與大馬士革之間的公路上販售燃料：十個男孩排成像軍隊閱兵一樣，在裝著重油（未精鍊的柴油）的容器與汽油桶後方立正站好。多數孩童因為轟炸不斷，已不再上學。令人想不到的是，依舊有學校老師從敘利亞政府那兒領到薪水。

太陽出來了，但我們站在路旁殺價買汽油時，空氣中依舊薄有寒意。馬漢爾問某桶汽油的價格，一個男孩回答：「兩千五百五十里拉。」一年前的價格僅二百七十里拉。

「二月的陽光啊……」瓦希德抬頭仰望天空，接著又看著我：「女士，我們想為人民追求正義，但不希望別的國家插手管我們的事。讓我們獨自面對阿薩德比較好，不要插手。他們插手，只對阿薩德有利。妳也知道，我們還沒擺脫那根刺。我以前富甲一方，擔任工程包商，讀過法律，甚至還想念戲劇學院（Institute of Drama）。雖然沒讀成，但一直對戲院和電視劇很感興趣，大概算是小小的藝術迷。」他大笑。

我們途經擁有大型採石場的薩巴村（Khan al-Sabal）。當地曾有一個很大的政府檢查哨，被起義鬥士攻下。阿薩德的軍隊被擊退後，村民回到自己的村莊。我們在今日屬於自由軍的檢查哨停下，那裡空蕩蕩的，只有我們的皮卡，以及一輛無頂卡車，後頭坐著三個持機關槍的戰士。

抵達杰拉代村（Jerada）時，我忍不住驚嘆：「噢，這整座村莊是用石頭蓋的！」當地的羅馬陵墓有數千年歷史，宏偉柱身上方，接著花紋繁複的雕飾柱頂。賈普札維耶地區散布著大量羅馬遺跡，這裡只是其中一處。我環顧四周，想起多數聖戰團體看不見這些歷史古蹟的重要性，只想到劫掠，他們心中的文明僅始於伊斯蘭教。

杰拉代村隸屬於邁阿賴努曼省，名字與阿拉伯文的罌粟（shaqa'iq nu'man）有關，鮮紅色的花朵在羅馬石頭遺跡裡探出頭來，遺跡的大後方是一整片的紅，一路盛放至遠方的拉維漢村（Rawiha）。羅馬墳墓間散落石屋，有如迷你宮殿。同行者告訴我，此地多數石屋被劫掠過。

又過了一個軍事檢查哨後，我們看見一個帶著三個孩子的女人。聽說這裡的人民生活清苦，靠養羊和種橄欖為生。土壤呈紅色，中間不時摻雜大石頭。接著我們抵達埃里哈區（Ariha）的另一頭，靠近政府把阿梅那斯村的磚頭工廠炸個粉碎的地帶。抵達薩加村（Sarja）時，紅土消失，礫漠出現。好幾個軍團在此處設立路障，耀武揚威的宣示自己掌控這一帶，例如疊爾錫伯村（Deir Simbel）隨處可見敘利亞烈士軍領袖賈馬·瑪若夫（Jamal Maarouf）的宣傳。我們在那裡看見一輛坦克通過數個軍事檢查哨，包括努斯拉陣線與自由沙姆人的哨口。

瓦希德是自由軍將領，他依舊相信一旦推翻阿薩德政權後，外國聖戰士就會乖乖回自己的家鄉。我不認同這個說法。他只說：「時間會證明一切。」

「可是他們沒有家鄉，」我說：「他們的信仰就是他們的家。」

我們順利通過檢查哨，完全沒被刁難，因為士兵認得瓦希德；如果想安全走動，唯一的辦法就是請有名的武裝團體成員帶你。前方是一輛載著難民帳篷的卡車，路旁滿是全倒的房屋，不過廢墟之中依舊長著杏仁樹與橄欖樹。

我們抵達拉比亞村（Rabia）。當地羅馬時代的地底墳墓洞穴，如今成為難民的避難所。我們在當地停下，好讓我和女人們見面，了解墓穴生活的情形。羅馬遺跡被橄欖林包圍，不過許多樹木被砍下或炸毀。不少流離失所的人們，靠倒下的樹木當燃料。

有的橄欖樹在轟炸中燒燬，不過墓穴附近依舊倖存幾棵。大約有三十個家庭住在洞穴裡，洞穴大約六、七個，每一個都通往又深又黑的通道，被無數人踏過的骯髒階梯，通往地底墓穴。

一名年約十六的少女，戴著蓋住頭部與胸部的頭巾，坐在洞穴入口。她先前被砲彈擊中，失去雙腳，一隻腳斷在大腿，一隻腳斷在膝蓋，但眼神平靜。她說自己正在教弟弟妹妹畫畫，不過幾乎沒有作畫工具。女孩解釋，自己將需要動多次手術，傷口已經感染，大概會死於敗血症，但她表現得像是事不關己，漠然地看著我們走下母親與兄弟姐妹居住的洞穴，歪著頭繼續在沙上畫線。

我們在洞穴裡見到女孩的家人。母親歐雯．摩斯塔法（Oum Mostafa）是二房，大房另有五個孩子，父親和大房住另一頭的洞穴，全家人來自卡夫魯瑪村（Kafruma）。洞穴裡不見天日，這家人白天和晚上把油裝進一個空藥瓶，插上一根燈芯，接著點燃。這種陽春的油燈會散發刺激性煙霧，而且燒得不太完全。孩子們圍過來，好奇地望著我，跟著我們手上的蠟燭，年紀三歲到十五歲不等。我問他們過似乎永遠不會結束的學校假期時，都在做些什麼。他們的母親告訴我，她先生偷走要給她孩子的救濟金，交給另一個老婆。她手裡抱著一個嬰兒，大大的肚子還懷著另一個，那將是第九胎：她帶著八個孩子住在洞穴，地面汙穢，雨水滲透，大人小孩一天幾乎吃不到一餐。所有的孩子都光著腳，衣不蔽體，小臉蒼白，黏著泥土和鼻涕。他們眼睛是藍色或深藍黑色，皮膚乾裂，缺乏鞋襪保護的腳趾滲出膿血。寒氣之中，他們突出的肚子像是一座座小山丘。

女人排行中間的女兒，因為砲彈擊中她附近的地面，耳朵聾了，不過她照顧著截肢的姐姐。姐姐下樓加入我們時，聽不見的妹妹緊抓著她的手。我突然發現，雖然四處一片黑暗，她們的臉似乎散發著不可思議的美。在如此簡陋的藏身之處，卻有美麗在綻放。

離開時，我向瓦希德告狀，阿布．摩斯塔法（Abu Mostafa）偷妻子的救濟金。他大笑，我卻笑不出來。

其他洞穴的情形也沒好到哪裡去。許多人感覺自己時日無多，像動物一樣挖掘著自己的墳墓，在黑暗的地底通道遺失自我，然而表面上一切正常。一群孩子在洞穴前方挖了一個洞，把那個洞當得分點，在泥巴地上傳著一顆黃球。要不是看到這個景象，很難想像地底下住著人。孩子穿著破破爛爛的衣服，渾身髒兮兮的，餓著肚子睡在讓身上沾染惡臭的地方。我受不了那個景象，那是無邊地獄，不只是無家可歸者走過的煉獄，而是惡魔本人創造出來的詛咒之地。

眾人不發一語回車上，下一站又是有著黑暗裂口的墓穴，十幾家人躲在洞穴之中，正前方有幾棟被夷為平地的房子，所有東西都被摧毀，就好像時光機把人類倒轉回石器時代。

我們在空襲之中，開車經過哈斯村（Hass），天空是耀眼的藍，太陽似乎更火紅了。努斯拉陣線來過這裡，不過又走了。過了哈斯村後，我們抵達哈米迪耶（al-Hamidiya），村子裡除了幾棵長在一起的高聳柏樹，幾乎什麼都沒有。

「好多軍團指揮者與和平運動者被殺或被捕，」瓦希德說，「最優秀的人都死光了。」他以感人口吻，一一述說每一位犧牲者的事跡，念出一長串名字、死亡年齡與起義經歷，我被他記得的大量驚人細節嚇了一跳。瓦希德講出他們每一個人是怎麼死的，遠方柏樹參天，雲朵似乎陷入枝葉之中。我點頭，眼睛盯著路面，耳中滿是天上彈如雨下的聲響。

到了德克拉（Taqla）這座貧窮村莊後，景物有了些許變化。這座村莊的名字源自亞拉姆語，與聖人德克拉（Saint Taqla）有關。此地有著綿延起伏的橄欖山丘與山谷，我們在瓦希德所屬的自由烈士旅（Freedom Martyrs Brigade）營地停下。我實在太好奇，等不及要看他們自製的大砲。那尊砲的材料是政府留下的報廢坦克，以最原始的工具拼湊而成，停放在橄欖林中，黑色砲口對準天空，底座巨輪也來自戰場撿回的殘骸。我們走在那尊大砲旁，我摸了一下黑色圓形砲口，那是死亡的根源。

「比起政府從伊朗那兒得到的軍火，這尊砲算不了什麼。」瓦希德解釋：「我們將戰鬥，別無選擇：只能選擇死亡或戰鬥。自由烈士旅是一群為了保護家園而團結起來的年輕村民，他們是普通人。其他團體則很不一樣，有人提供他們資金與武器。我們的任務是替國家而戰，對抗阿薩德的戰爭，就是衛國之戰。我們不曉得其他團體是什麼人，也不曉得他們怎麼會踩在我們的土地上！」

起義剛開始時，我光是看到坦克，就會害怕到雙手發抖，如今卻撫摸著坦克砲口。有那麼一瞬間，我想到可以寫一部小說，講這尊砲的一生，從最初的零件到最終的成品。這尊砲蟄伏在山丘橄欖林中，享受短暫蜜月，接著就要上戰場。瓦希德他們沒花一分錢，零件來自眾人的捐贈，以及戰場留下的報廢品。他們沒錢，買不起軍火。

「這尊砲射程達十四公里。」瓦希德告訴我：「我們靠Google設定距離，部分零件在這裡製造。我們特別成立武器工坊，但幾乎拿不到材料。我為了革命傾家蕩產。從前我有政府資助的事業，價值五千萬里拉——我放棄了。他們轟炸我們，殺我們，也殺我們的孩子，人民流離失所，我們不得不殺死他們。我們要的是保護自己，不是攻擊他們，我聽見他們的對話，那是他們在飛機裡說的話：他們要殺死我們，一個不留！」

「我不願意見到殺戮成為人們最重要的人生目標，」我說：「那樣不對。」

瓦希德不說話，沒人說半個字，不過我在心底告訴自己：「要記住，一報還一報不一定正確。」

我們在瓦希德家繼續談話，他的妻子邀我們留下吃飯，他們一家還有幾個孩子與老母親。屋子沒水，還被斷電，不過他們端出大餐招待。我們不論去到誰家，主人都會盡一切所能招待。我相當確定，他們端出的大概是家裡唯一剩下的糧食，但他們毫不猶豫，全部放上桌。

我們接受主人的慷慨招待，坐下享用美食。瓦希德延續先前的話題：「等推翻政府後，我們就會放下武器。我在家從不睡覺，我是戰士，前線需要我。然而等戰爭結束後，我們想活得像人；我們要養大孩子，讓他們受教育。你們能相信嗎？一個政府，一個國家，居然轟炸自己的人民？我永遠都想不通這是怎麼一回事！」瓦希德說著說著，怒氣湧了上來，吃不下飯。

「你們看看天花板上的裂縫，一顆大砲直接打到我家旁邊，我的家人沒被擊中，但只差幾公尺。我們的命運完全要看神的旨意，但我們能去哪？我們連喝的水都得用買的！你們相信嗎，我每個月光是幫孩子買水，就要花四千里拉？我開放我家的農田水井給鄉親用……大家一起生，也一起死。

「你們必須明白一件事，」他說下去，「現在每一區都有自己的政府，每個村莊自給自足。整個世道天翻地覆，就好像每個小社區都是一個國家。」

「暴政會導致制度崩壞。」我說。

「我們進入一個奇怪的年代。你們想想伊斯蘭教講的戰利品。伊斯蘭主義者發布聖戰令，讓劫掠成為正義之事，替武裝團體大開方便之門，例如卡弗羅瑪村（Kafrouma）的人開始為了搶劫挑起戰爭，而不是為了革命。一尊砲價值數百萬里拉，要是能搶到，你就贏了。也就是說，人們開戰，只是為了搶戰利品！還有另一件事，我們這個村過去人口五千，現在則有兩萬五千個無家可歸的人擠在這裡。現在不能再跟以前一樣，談什麼一個敘利亞，每件事都變了。」

早上時，薩拉奎布遭受的轟炸沒那麼密集，有時間坐下來，和家中老太太聊聊愛拉的幾個兄弟姐妹。老阿姨坐在自己姐姐旁邊，姐姐掌管著這個大家族。兩人似乎長生不老，眼睛仔細打量著我，我也打量著她們，三人之間有心照不宣的默契，就跟我和愛拉一樣。感覺上，整個家族都是狂熱的說故事者，兩位老太太不希望我那天去邁阿賴努曼，不過我答應她們，回來後可以聊整夜的天，條件是阿姨要告訴我一九四〇年代她年輕時的故事，當時尚未發生軍事政變，敘利亞人正在努力建設現代國家。我想到現在的我們，正處於和當年類似的歷史轉捩點，國家即將再次踏入重大轉型期，一開始生活各方面都會倒退，先退回最初的起始點，才能從一無所有之中重建。

離開鎮上之前，我們先去了位於市集的新聞辦公室，拿幾份公民社會運動刊物，包括一本兒童雜誌和兩份報紙：《黎凡特報》（*Al-Sham, Levant*）與幾天份的《橄欖報》。雖然砲火尚未停歇，那些刊物介紹運動人士希望在自由地區推行的計劃：革命要完全成功將不是易事。我和穆罕默德、馬漢爾希望把那些報紙送到路過的村莊。同行者還有先前和我們一起穿越國境的記者費達，以及當天將擔任嚮導的兩名年輕人。年輕人是邁阿賴努曼市的運動人士，也是「希望微笑」（Basmat Amal, Smile of Hope）的成員。希望微笑是人道救援組織，平日成立急救與醫療中心，執行數個慈善計劃，成員是投身公民事業的革命家。

若要抵達邁阿賴努曼，得先沿著交戰前線開十公里，政府與武裝團體輪流開火。阿薩德的飛機不斷扔下炸彈，一公里外還有狙擊手。當日天空蔚藍晴朗，也就是說戰機將出動轟炸村莊，不過村民也摸熟了一天之中最常見的轟炸時間，就連孩童也認得各式型號的飛彈與砲彈，以及狙擊手的手法。

穆罕默德提醒我：「我們等一下會經過的地方，沿途有好幾名狙擊手。」兩天前，我的同伴才剛親眼看到一個人被射殺，但我們別無他法，要去邁阿賴努曼只有一條路。樹開花了，地上也點綴著粉紅與黃色花瓣。前方的檢查哨屬於北軍陣線（Bayariq al-Shamal, Banners of the North Brigade）。穆罕默德和馬漢爾問我們能否通過時，檢查哨的守軍話中有話：「如果是我，我就不過去——要是你們珍惜生命的話。」他在一塊大石頭上坐下，機關槍擺在大腿上，無奈地看著我們。

所有人頭壓低，穆罕默德以驚人速度往前開。我聽見槍聲，但一動也不動縮著，就連已經安全，大家笑喊：「成功了！我們還活著！」我也沒動。終於抬起頭時，有那麼一瞬間，還以為自己陷入一場噩夢。或許我描寫的滿目瘡痍，已經開始重複，然而我看到的邁阿賴努曼，真的令我嚇一大跳。我們前方是一輛白色皮卡，車身布滿彈痕，但後面載著帶四個女兒的女人。最大的女孩約十歲，四姐妹都戴著頭巾，母親則是全身黑。

放眼望去，四處是歪歪扭扭、完全倒塌的建築物，外表不像一般被轟炸的屋子，鋼鐵和水泥似乎在我們眼前融化成液體，往右彎，往左彎。一棟四層樓建築歪折，屋頂幾乎碰到人行道，像劇院布幕一樣開展，底下蓋著大量屍體。建築物彼此倒在一起，在城市的一片瓦礫中彎頭沉睡。同伴告訴我，邁阿賴努曼已經全毀，這座城市正好位於前線，成為沒有盡頭的轟炸靶子，日日夜夜不曾稍歇。

在那一瞬間，我又聽見一顆炸彈爆開的聲音，就在我們眼前。我們急忙轉彎，駛進巷子，路上滿是轟炸留下的大小坑洞。炸彈的威力讓店鋪震動，金屬塊從空中飛落，震耳欲聾的聲響令人膽戰心驚，一聲又一聲，一聲又一聲。

前方走著一個帶女兒的女人，那幅景象很怪，因為我很少看到走在街上的女性。市場廢墟一片，小男孩在裡頭跑來跑去，一個女人一下子鑽進小巷。我們即將抵達大清真寺（Great Mosque），那是城內的古蹟——至少以前是。清真寺的建築已經被炸毀，宣禮塔被擊中，底下是大量碎石玻璃。據說已經清理過，但又被再度轟炸，政府軍刻意瞄準宣禮塔。

大清真寺可以回溯至公元前的年代，最初是異教徒的寺廟，後來改建為教堂，接著又擴建成大教堂，今日宏偉柱子上，依舊留存裝飾用的雕刻，柱頂有著基督教與一神教出現前的宗教符號。伊斯蘭圖書館也被摧毀，古蘭經及其他書籍散落四處，燒成一團團碎片。

我們下車，走進清真寺庭院，走向嚴重毀損的祈禱室，頭頂又傳來轟炸機聲響，大家連忙尋找藏身處。

「炸彈在這裡落下後，我們發現一座古代市場。」鎮上一個人告訴我：「我們鑽到洞底，發現市場入口，據說可以回溯至基督教之前的年代，有門，還有店鋪遺跡。」

寺內千瘡百孔，垂落的電線纏繞在參差不齊的金屬桿和木屑之中，水泥牆斷成一塊一塊，像可頌麵包內的千層酥皮，一層層整齊堆疊。我拍下無數照片，每張照片都存下標題。一旁的人見我試著估算每顆砲彈帶來的破壞，要我別急，等一下就會告訴我前線的遭遇。

回到街上後，在清真寺前，就在市場入口，一個老人招手要我過去。「來看！來看！」他指著宣禮塔的廢墟，「那就是阿薩德帶來的改革……都不是我們做的……我們只不過要求了一些人民的權利……我們只要求了那樣，有神為證……妳看看……」老人哭了起來，一名年輕人握住老人的手，把他帶開。市場被轟炸時，老人死了三個孩子。

市場牆上寫著：「儘管被封鎖，我們依舊不屈服。」

我們離開市區前，得以望一眼邁阿賴努曼博物館（Maarat al-Numan Museum），那裡以前存放著中東最重要的馬賽克藝術收藏。博物館的前身是十六世紀的鄂圖曼穆拉德．帕沙客棧（Khan Murad Pasha），從伊斯坦堡前往大馬士革的旅客與朝聖者會在此地停留，一九七八年成為市立博物館，一共有四個館，每一館都存放重要考古或特定歷史時期文物，以及兩千四百平方公尺的馬賽克壁畫——沒人知道它們的下落。壯觀的馬賽克壁畫原本長達一千六百平方公尺對外展出，那是敘利亞可回溯至阿卡德時期（Akkadian）的代表性藝術遺產，然而我造訪時，牆上只剩一點碎片。

博物館入口擺放城市詩人麥阿里（Abu al-Ala al-Ma'arri）的雕像——頭部不見蹤影，顯然是塔克菲理軍事團體——指控他人是叛教者的伊斯蘭極端主義者——幹的好事。我請大家等一下，趕緊拍下無頭雕像的照片。據說是落下的砲彈毀了那尊雕像，然而石像上的痕跡看來並非如此。

一個人說：「他們偷了那顆頭，轉賣出去。」其他人則宣稱是榴霰彈炸毀雕像。還有人說，是努斯拉陣線割下雕像頭，理由是詩人是異教徒，另一個怒氣沖沖的人則說：「至少他們砍的是雕像的頭，不像阿薩德砍的是活人的頭！」

「下一階段將十分暴力。」費達警告：「聖戰士的手法是靠砍頭與毀損屍體令人聞風喪膽，那是他們的宣傳手法。」

我們造訪伊德利卜省時，我開始發現傳到世界上其他角落的新聞，令人完全搞不清楚什麼才是真的。聖戰軍事團體開始掌控部分區域，還從普通市民手上強奪行政職位。問題出在從外國進入敘利亞的塔克菲理團體。不管我走到哪，雖然每個人都警告很危險，但他們都立刻出面保護我，以免塔克菲理傷害我，然而，塔克菲理團體已經在脫離阿薩德的地區站穩腳步。一切並非發生在隨機、混亂的狀態之中，而是精心操控，由進入敘利亞的聖戰士一步一步瓜分得到自由的北部；不過，自由軍並未旁觀，許多軍團依舊堅持最初的起義精神，雖然意見的確開始分歧。

博物館門口被柴油桶堵住，一旁寫著斗大的字：邁阿賴烈士軍（Maarat Martyrs Brigade）。軍團把博物館當成總部，柱廊堆著汽油罐與柴油桶，一旁是馬賽克藝術。一隻兔子靜靜坐在拱廊下。只要宣禮塔下再多加一具血淋淋的年輕屍體，這幅奇怪的畫面就能完全呈現出人類的瘋狂。兔子靜靜待在原地，小口嚼著走道縫隙冒出的青草。

軍團指揮官薩拉赫丁（Salaheddine）帶我們四處參觀，他人還算和善，但表情嚴肅，眼神望著遠方。他告訴我，他們拾起陶器與瓦器殘骸，以及碎裂的玻璃工藝品，存放在側翼房間。

這一趟與我們同行的兩名年輕運動者，似乎對這段對話感到不舒服，陷入沉默。武裝反抗行動開始時，他們那群年輕人中，有的傾向於同情努斯拉陣線。我不會跟他們爭辯這件事，但無法否認自己對於這個所謂的軍事「陣線」，擺明了抱持敵意。

毀損的柱身與柱頂散落一地，有的石灰雕刻可以回溯至公元二世紀。還掛在牆上的畫作千瘡百孔，滿是彈痕。阿薩德的軍隊進入邁阿賴努曼時燒掉書籍，毀掉博物館，美到令人屏息的羅馬石棺因為體積過於龐大，沒被破壞或偷走。閱覽室被摧毀：炸彈攻擊開始前，書籍就已經被燒燬，剩下的斷簡殘編布滿沙土。我拂去灰塵看書名：札姆卡沙里（Zamkhashari）的《解謎》（*Uncovering Enigmas*）、阿布杜．拉曼．阿瑪德（Abdul Rahman Al-Ahmad）的《發光天體宇宙軌道》（*The Universal Orbit of the Radiant Astronomical Body*）、數冊《阿拉伯考古年鑑》（*The Archaeological Annals of the Arabs*），以及古波斯哲學家拉齊（Razi）第一百三十八版、東都出版社（Eastern Metropolitan Press）印製的《海洋百科》（*The Encyclopaedia of the Oceans*）與《精華註解》（*Exegesis of Pride*），浩瀚書海盡成灰燼。

「我們忙著打仗，」指揮官表示，「無力保存所有文物。」

我們聽見爆炸聲，聲音非常近。

小偷橫行，博物館庭院內的雕像，許多都不見蹤影，玻璃文物展覽室幾乎整個被搬空。玄武岩墓門依舊留在原處，某間展覽室擺的鎮館之寶是描繪神聖葡萄藤的馬賽克，年代可回溯至公元前兩千年，發現地點是馬札齊亞村（Mazakia）。

我在庭院一棵檸檬樹坐下，頭暈眼花，需要一點時間，才能接受這麼大型的文物破壞，歷史就這樣被無情摧毀。眼前的標語寫著：「阿拉是唯一真神。邁阿賴烈士軍。」

又落下一顆炸彈。

「他們開始隨機攻擊這座城。」指揮官說。

他帶我們到古代客棧拴馬的地方，所有文物全被盜走，只剩院子地上一些四散的羅馬柱頂，以及一塊仍留在牆上的碎片。指揮官走向博物館中庭一輛武裝車，那輛車散發一股燒焦的汽油味。

「這是我們攻打瓦迪代夫（Wadi Deif）時，從一支軍隊手上贏來的戰利品。」指揮官用誠摯語氣表示：「聽著，這位姐妹，我們人在自由軍前線，我們回來時，他們告訴我們，努斯拉陣線砍下麥阿里雕像的頭，理由是雕像是伊斯蘭律法所不允許（haram）的，我知道妳一定會問這件事。」

博物館外，前往市立監獄途中，我們聽見扭曲建築物的廢墟之中，傳來婦孺回聲。在砲彈炸碎的水泥之中，歪歪扭扭的鋼筋之中，在殘骸支離破碎之中，有一棟幾乎全毀的房子，裡頭尚未坍塌的房間中，有人在廢墟裡生活。如果是在書裡讀到這種場景，我不會相信。

男人們忙著撿拾窗邊碎玻璃。「昨天一顆砲彈落在這裡，」他們說：「今天砲彈落在另一頭。」

「我們現在要過去。」指揮官說。

我抬頭望見二樓房間一個小男孩，他正在抽牆壁旁衣櫥內的衣服。那些五顏六色的衣服奇蹟似地乾乾淨淨，沒沾染塵土，一一被拉出衣櫥，有如一條很長的曬衣繩。男孩試著拔出某件襯衫的袖子時，他媽媽在房裡大喊。衣櫥突然倒塌，整面牆也跟著一起倒，男孩拔腿就跑，我尖叫閉眼，發出像在哭嚎的叫聲，那是我唯一能讓腦子不炸開的方法。我睜開雙眼時，以為會看見男孩被牆壓垮的屍體，不過他愣愣地站著原地看著我——半是驚訝，半是好笑！我剛才要不是因為被牆塌下的巨大聲響嚇到閉上了眼，一定會看到男孩用一雙翅膀逃離現場——那是他還活著的唯一解釋。

軍團指揮官薩拉赫丁帶我們前往監獄與市政廳，民眾的資料與檔案顯然都毀於大火之中，辦公室空蕩蕩的，天花板被炸開。指揮官試著解釋發生了什麼事：他們趕跑市政廳的政府軍隊，攻進監獄，但阿薩德的軍隊和文官逃走了，他們抓到幾個阿薩德的士兵，其中兩個加入他們的軍團，十二個被伊斯蘭法庭判處死刑，兩人獲釋回家。

「他們之中，兩個來自拉卡，一個來自地中海區，一個原本住在巴卜（Al-Bab）與德爾祖爾（Deir Ezzor）兩個城市。不過，我們殺了十二個士兵。」薩拉赫丁告訴我那件事，接著又解釋他們是依法行事。

「戰爭本來就是這樣。」我回答。

「這不是戰爭。」他說。

「這是你的人民與巴夏爾．阿薩德之間的戰爭。」我立刻回他。

「難道不是妳的？」他問。

「是的，我也參戰了，不過是以我自己的方式。我有我的筆，我是作家和記者。」

「妳想拿槍嗎？」他笑著問我。

「不想，不過大家曾試著教過我，」我告訴他：「我原本要帶槍保護自己，不過仔細想了想之後，又改變主意，決定什麼都不帶。就算沒槍，光四處走動就已經夠危險，不過我跟大家在一起時不怕：不管到哪，他們都陪著我，盡最大力量保護我。」

我們走進一間骯髒陰濕的狹長地下室。薩拉赫丁性格坦率，起義之前從事建築業，從來沒想過自己會拿起武器，他說自己是被逼的，不過生靈塗炭之中，他依舊想辦法維護法律。他靜靜望著我，似乎心事重重，我感到他一定是個有勇氣的人。

「我們打開監獄時，監獄是空的。」薩拉赫丁帶領大家走過一個昏暗走廊，兩側是牢房，「他們帶走全部的囚犯！」

走道兩側是兩排小小的牢房，牆壁上方寫著：「時間啊，你這個背叛者」、「阿布．羅蒂（Abu Rodi），玫瑰啊——你是我的生命，我的命運，我的選擇」。某間特別髒的牢房裡，牆上刻著一首詩：「你的年代是否辜負我，你是獅子時，豺狼是否會吞噬我？」燒焦的囚犯物品——上衣、褲子、內褲——散落一地，散發出明顯焦味。天花板上沾染黑灰，看起來像是最近才被燻焦。

「我們解放這裡後，他們轟炸此地，燒燬監獄和市政廳。」指揮官說。我停在一間黑灰似乎比較少的牢房，地上衣服破破爛爛，不過有那麼一瞬間，我想像它們是乾淨的；這間牢房的主人，整齊擺好私人物品，不過顯然被翻找過：一隻鞋、割開的床墊、幾根湯匙。一條黑褲旁有幾張紙，有的燒焦，有的燻黑。我撿起那疊紙，試著撢掉黑灰，但它們在我手上碎掉。

每一面牆都刻著「阿拉」兩個字，而不管我們走到哪，地上都有乾涸的血跡，像是塗上一層蠟，被許多隻腳踩過，我永遠擦不完鞋上染到的血，我小心不要踏到——氣味太難聞，散發出屍體腐敗的臭味——但碎玻璃怎麼樣都避不開。我們試著看清四周，但唯一的照明，只有走廊盡頭微弱的燈光。重返日光之下時，太陽照得人睜不開眼，我一個不小心絆倒，鼻子撞進一攤乾掉的血跡，感覺像是吞下一具屍體，但我連忙起身，不想讓別人看到自己的狼狽相，快步跟上大家。

「這幾個人會帶你們到另一頭的前線，」軍團指揮官表示，「自己保重。」

我們朝前線前進，風中飄蕩著一大片樓梯欄杆，有如科幻電影中的場景。樓梯欄杆在空中整整旋轉一圈，接著從一棟廢墟四樓，砸落底下的瓦礫堆，發出震耳欲聾的聲響。水泥建築物四分五裂，像一顆爆開的爛熟水果，看得見二樓臥室，以及三樓廚架上，掛著一整排搖搖欲墜的鍋碗瓢盆，一旁的浴室曬著內衣，布料原本鮮紅有如年輕新娘的嫁衣，如今在灰塵之中褪色。一樓被炸開的地方，看得見一張大床，一旁還有一張小小的兒童木床。孩子的玩具、掛著的睡衣、從金色褪成黑色的繡花床單，人們的起居生活與最私密的一面被翻出來，暴露在世人眼前。先前一顆炸彈把這棟房子恰好炸成兩半，另一半已成瓦礫。

一名同行者告訴我：「這裡被一炸再炸，城市東區全毀。去年秋天那場驚天動地的邁阿賴努曼機場搶奪戰過後，便杳無人煙。我們解放機場後，轟炸就沒停過。我們清理那一帶，把人救出來，但彈如雨下，空襲不止。」

邁阿賴努曼原本人口十二萬，如今有一陣子連個活人也沒有。居民四處逃難，居無定所，有的人最終回來，寧願死在自己家，也不要成為遊民，活活餓死。

另一波空襲又開始了，炸彈落下，我們連忙躲進小巷尋找掩護。一個女人拖著一袋柴火經過，後頭跟著三個也拿著木頭的孩子，以及三個一身黑衣的女子。市內斷水斷電，人們得靠打井水過活。

我們抵達哈姆札・賓・阿布杜・穆塔里清真寺（Hamza bin Abdul Muttalib），整座寺廟已經全毀，圓頂塌在地上。高聳平台上，一切看起來超現實又詭異，後方平原延伸至遠處。我們像在攀岩一樣，踩著碎裂的石頭與水泥塊，朝大清真寺的圓頂爬上去。阿拉（Alaa）告訴大家：「這裡是前線，要小心。」優美雕刻讓已經碎裂的清真寺圓頂依舊美輪美奐，像個精心雕琢的裝飾盤，不過隨行的人不准我們爬到圓頂最上方，因為轟炸隨時可能再度開始。一枚火箭落下，但並未爆炸，大家準備等一下帶回隊上再度利用。

「有時會發生這種事，」其中一人解釋，「他們朝我們發射沒爆炸的火箭，我們再射回去。我們現在離前線只有七百公尺。」

前線是一排柏樹，我們蹲在清真寺圓頂的瓦礫堆上，決定不再前進，匆忙回到地面。一個小男孩突然間跑出來。他在這裡做什麼？我應該大喊嗎？原來那個六歲的小男孩來這裡叫賣柴油，費力地把三個破輪胎堆在推車上，托高一瓶小燃料。我們走過他身旁，大家不發一語回車上，駛達邁阿賴努曼的市鎮廣場，邁阿賴烈士軍的總部在右方。

砲彈聲依舊不斷傳來，不過我們現在離轟炸比較遠。車子駛過滿目瘡痍時，我陷入恍惚，最後車停在希望微笑組織辦公室前。

穆罕默德怒吼：「他們正在攻擊薩拉奎布。」車上收發器傳來消息，「快點上網看看……我們可能得回去。」穆罕默德是我見過對家鄉最忠誠的年輕人，說什麼都不願意離開薩拉奎布。有一次，他因為頭部被重擊，視力受損，我堅持要他離開薩拉奎布，治好眼睛，但他說什麼就是不肯，毫無轉圜餘地。他說他知道事情已經變調，起義已經偏離最初的精神，但他們不會讓自己的鄉親自生自滅。如果要治療穆罕默德的眼睛，唯一的辦法就是出國，但他拒絕接受治療，最後只剩一眼視力。

車還沒停妥，穆罕默德就衝了出去，一路跑進大樓。在裡頭工作的都是當地人，男女老幼都是。一位醫生在一間大型圓頂房間分發藥物，一旁有一名女助手。一群年輕人湧過來打招呼，極度熱情，催我們吃點東西。

一名年輕人拿著幾個裝有麵包的袋子過來。辦公室裡存放著麵包，要是有民眾因為空襲不斷，無法出門，他們就會送麵包過去。麵包由希望微笑組織在極度困難的情況下贊助，不過食物只是組織從事的眾多慈善活動之一，他們一直想辦法協助人們活過轟炸。

「我們碰上麵包危機，」正在值班的醫生表示：「人們正在挨餓，沒麵包吃。現在沒燃料，電力又被切斷，還有水也是問題。大家居然能撐到現在，真是不可思議！過去兩週，離開邁阿賴努曼的難民又回來了。十二萬逃離家園的民眾，大約回來一萬至一萬五千人，許多人受了傷，包括孩子。我們有麻醉藥，還有一棟有三間手術室的戰地醫院。」那是十分簡陋的手術室，設備陽春到只夠取出彈砲碎片與縫合傷口。

很多人睡在希望微笑的辦公室，他們成立搜救團體與救難小組，記錄爆炸地點與死傷人數。他們說，城裡的房子或多或少都被炸到，搶救不了什麼物品，少說有一千棟房子直接化成瓦礫。

幾個年輕人返回總部，他們在哈米迪耶的前線設立搜救聯絡點，搶救傷患。「阿薩德的軍隊一天扔下二十八顆炸彈，」一個人幫我倒了第二杯茶，告訴我：「那種情況維持了一陣子，不過後來砲火稍微和緩了一些，因為他們有兩架飛機被擊落。」他大笑。其他年輕人圍了過來，交頭接耳，小心翼翼地看著我，但神態放鬆有自信，急著分享故事。我問這一區的女性過著什麼樣的生活，還有能否見見她們。我告訴大家，自己平日參與替女性設置特別中心的計劃，他們說自己也很想幫助烈士遺孀。我們一聊就是一個多小時，穆罕默德坐立難安，不停地來回踱步，急著回薩拉奎布。

「他們用飛毛腿飛彈襲擊我們，」一個剛加入對話的人說：「這種手法毫不意外。我們在地面取得勝利，那群懦夫只好躲在遠處攻擊。」

「邁阿賴是前線，跟政府交戰的前線。」另一名二十多歲的年輕人表示：「我們不會離開自己的土地，死也要死在這兒。要是我們有高射砲，阿薩德早就垮台了。」我聽見地方人士無數次講出這句話——反抗軍、運動者、女人、小孩，每一個人都這麼講，無一例外。他們知道自己已經讓地面獲得自由，然而空軍戰機把自由地區炸成平地。

我們談話時，身旁不斷傳來槍聲與爆炸聲，幾個孩子帶我們到另一個房間，外觀看起來像是電腦室。門的對面有一張桌子，上頭堆滿裝著麵包的袋子，房間裡的人嘰嘰喳喳講著話，數十人圍成一圈坐下。

一個年輕人走進來，站著不動看著我，大聲宣布：「努斯拉陣線是最優秀的戰鬥團體。」幾個還是不同意這句話的人咕噥起來，但還是讓他講完。「首先，他們的主要成員是外國人，但也有很多敘利亞人已經加入他們，而且他們武器充足。」

「那最近加入的車臣人呢！」另一個人插嘴，「他們帶了什麼過來？」

「他們是我們的伊斯蘭兄弟，」另一個人回答：「他們打擊異教徒。」我聽進他們說的話，但試圖把對話方向導回婦女與兒童、教育，以及萬一戰事膠著數年該怎麼辦。

「我支持自由沙姆人，」另一個人插進一句話，「因為他們跟別的軍團不一樣，不會偷東西。」

「現在當然不偷，因為他們早就把東西都偷完了，」另一個人反駁，「什麼事都逃不過阿拉的眼睛！」

穆罕默德走到門邊，大聲宣布：「我們得回薩拉奎布了。」他的目光懇求我。

我們正要離開邁阿賴努曼時，砲火猛烈了起來。

「就連天空也背叛我們！」我用全身力量大吼。

回途中，我的腦海裡不停想著穆罕默德的祖宅、諾拉、艾育歇、老太太們，以及她們帶給我的溫暖陪伴。她們一定在擔心我們。

「情況聽起來不妙，」穆罕默德說，「我們必須直接前往砲彈落下的地方，有人被困在瓦礫堆下。」

穆罕默德發瘋似地飛速往前開，大家都感受到他的焦慮，默不作聲。一路上，穆罕默德不停自言自語，其他人也心有同感。抵達薩拉奎布時，我們看見幾棵橄欖樹被炸開，連根拔起，砸在屋牆上。道路被堵住，一台牽引機的碎片散落一地。我們掉頭開往另一條路，眼前的景象很駭人，我們下車，以最快速度狂奔至炸彈落下的地點。

「大家在挖墳，」一個人大喊，「太陽下山之前要埋好他們。」

一棟三層樓的屋子被反覆轟炸後垮下。一個女孩還活著，但失去母親與哥哥，眾人正在搜救她四歲的妹妹。數十名年輕人爬上已經化為瓦礫的建築物殘骸，現場來了一台怪手拖開坍塌的屋頂。

女孩的父親坐在人行道上，滿臉是灰，眼睛死瞪著前方，要不是因為手上的菸，你會以為他是一尊雕像。他臉發白，衣服、頭髮上都是灰。炸彈落下時，他剛好出門，回家時，家只剩下一堆瓦礫。他拖出妻子、兒子的屍體，四歲小女兒至今仍下落不明。

我也一起幫忙尋找小女孩，無視於現場是一大群男人，自己是女人。兩天前，幾個女鄰居提醒過我，空襲時我不該出現在男人堆中，也不該幫忙尋找死者，以免引來不必要的關注。

我感覺自己碰到瓦礫堆中一隻軟綿綿的小手，以及一撮頭髮，尖叫起來。男人們聽見我的聲音，一個不到二十歲的年輕人走過來，額頭上綁著黑頭巾，上頭寫著：「阿拉是唯一真神。」他對朋友大喊：「把這個女的弄出去——女人不該出現在男人在的地方。全能的真主請原諒我們。」我原本會離開，但我注意到這個人不是敘利亞人，我故意挑釁地瞪著他。他的腔調是外國人，我留在原地，繼續狠狠看他，他是那些跑來我們國家的ＩＳＩＳ。如果這個人都能待在這兒，為什麼我不行？就在此時，我的地陪把車開過來，一人跳下車，要我快點上車。

我上車時告訴大家：「他們還沒把她挖出來。」穆罕默德從廢墟裡走出來，手裡拿著一隻玩具塑膠鴨，聲音沙啞：「他們會繼續挖的。」穆罕默德的嘴唇在動，但我聽不見他在說什麼。他拿著塑膠鴨，塑膠鴨發出怪聲，他又壓了一下，玩具嘎嘎叫了起來。

「我的心好痛。我們在碎石底下找她，而我找到這隻鴨子——是她的玩具。」穆罕默德默默陷入自己的世界。

薩拉奎布的轟炸一直沒停過，政府的軍事策略是讓局勢持續動盪。薩拉奎布在黎明前埋好自己的烈士：現在沒電，要是遲了，沒辦法冷藏屍體，屍體會腐爛。烈士公墓原本是一座花園，未來會依舊被當成花園照料，每一座墓前都種了一棵小玫瑰樹。

埋在墓園裡的每一個人，都是薩拉奎布的居民，我第一次來到此地時認識的起義人士阿瑪札·胡笙也葬在這裡，他在塔夫坦納茲機場之役中喪命。我試著在記憶中留存他年輕的容貌。革命剛開始時，我們一聊就是好幾小時，他的生平說明了每一位敘利亞人為革命所做的一切，人人追求尊嚴與自由。說也奇怪，我第一次見到他，就感覺到他已經準備好從容就義。他勇氣過人，有著一顆純真的心，他不怕死的精神令我擔憂，而現在他的墳墓就在我眼前。

「阿瑪札，又見面了。」我輕輕踏在土上，腦海裡清楚聽見他的聲音，以及太多太多跟他一樣為國犧牲的年輕人的聲音。

左邊兩個人正在挖新墳，並肩挖出一個個墓穴，一旁的地上，擺著根部包裹濕布的小樹苗。然而天空無情，不讓死者安歇，墓園遠處又傳來爆炸聲，男人們繼續挖墳。墓園離鎮上有一段路，起義後，大家替烈士蓋了一座新的大型墓園。革命改變了敘利亞人埋葬死者的方式，每個人家中的庭院也成為墓園，公園被改造成公墓。他們把死者埋在樹之間，留下簡單記號。某些地方會挖一條很長的溝渠，一次大量埋葬數十名烈士。有的家庭把房子旁一塊小地方改造成孩子的墓園。城市裡的房子被轟炸時，人們會找最近的空地埋葬死者。

墓地開始與活人並存，如同日常生活的一部分，就跟商店、房屋間的巷弄一樣。一次又一次的屠殺，讓地上滿是躺著敘利亞人屍體的坑洞。

「這座墓園好整齊。」我大聲對著空氣說話，不期望有人搭話。一個挖墓穴的人站在洞裡，忙著把土鏟出去，回了一句：「死的都是正值青壯年的人。」我沒回話。大家在墓園散了一下步，費達拍下一張又一張照片；後來，我注意到在他的照片裡，太陽在我們背後西下。我、穆罕默德和其他人，在墳墓記號之間各自轉身，巨大的太陽在墓碑後方落下，我們的影子交錯在一起。城鎮消失，化為黑色輪廓。我們疲憊到只能拖著腳走路，跌跌撞撞，累不累身體最清楚，無法逞強。

天地不仁，以萬物為芻狗，我們已經死了，腐爛了，對日光、風、土壤來說毫無差別。在這個地方，死亡近在咫尺，很近，很近，比我們呼吸的空氣還近。我想起在薩拉奎布家政計劃合作過的一個女人，她對我低語丈夫死前的事。他們夫婦育有兩個孩子，兩人的關係發生了重大變化。「太多死亡了……死亡帶來巨大的愛。」

「我們在墓園可以放鬆心情，」一個男人鏟出墓穴裡的土：「我們正在擴建墓園，拆下牆壁，我們的男孩可以在大地安眠。」我看著他，感到不可思議。穆罕默德與其他年輕人也神情自若地走在墓園裡，就好像這裡是他們的家。

「這些土，所有的這些土，全來自我們孩子的血肉……」男人的話還沒說完，又傳來震耳欲聾的爆炸聲。我們連忙逃命，跑到一條小路上，一旁的房子被炸毀。夜晚降臨時，空中塵土飛揚。

瓦礫堆中，有的身體被救起，有的支離破碎，更多是變成屍體的人。在那樣的時刻，要從何理解無止境的屠殺帶來的循環？

人民盡一切所能在轟炸中保護自己。攻擊目標顯然是充當自由沙姆人軍團（Ahrar al-Sham Brigades）指揮部的一所學校。我們聚集在爆炸地點時，我聽見兩個民兵試著弄清楚，邁阿賴努曼東方瓦迪代夫（代夫山谷〔Deif Valley〕）發生的戰役，究竟是怎麼回事。

「瓦迪代夫的戰役原本老早就能結束。」兩人搜尋瓦礫時，比較年輕的那個說：「是那些取得金援的軍團在延長戰爭，好從中牟利。」年長的那個民兵不同意那個說法，講起自由軍領袖馬赫・納米（Maher al-Naimi）與敘利亞烈士軍在阿布阿杜胡爾（Abu al-Duhur）空軍基地發生的衝突。年輕人咂咂嘴，往地上吐口水：「我們起義就是為了這種事嗎？讓窮人被占便宜？讓人為了一點小錢而死？現在是誰在付出代價？一樣還是窮人！」他說完後，義憤填膺地爬上小山般的瓦礫堆。

四周又安靜下來，只剩附近房屋傳來的哭喊。

我和同伴開車離開市中心的爆炸地點，朝郊外駛去，盡量遠離市區，最後抵達友人家。屋主圍坐燭光旁，不過我們一打招呼，他們立刻開始準備晚餐。那天我原本還想拜訪地方上幾位女性，尤其是某位想開木製品工作坊的寡婦，但看來是不可能了。這一天實在太漫長，而我們臨時拜訪的這家人，又堅持要我們吃完晚飯才准走。我的接待家庭女主人諾拉，打電話給這家人的室內電話，我感到不可思議。諾拉怎麼知道我人在哪？她說她在擔心我。

我說：「我跟大家一樣，不用特別為我擔心。」

「薩瑪，怎麼會一樣！真主在上，妳比大家寶貴太多！更何況妳是由我們保護。」諾拉的話令我感動到喉嚨像是鯁著東西，那天晚上食不下咽，明白自己承受了太多恩惠。

我要不是因為每天早上和諾拉聊天，原本以為記錄下自己的見聞沒什麼意義，因為歷史不斷重演，同樣的事一再發生。

諾拉是大馬士革人，她是我在薩拉奎布的小家庭核心人物。我實在說不出他們每個人身上散發的陽光與溫暖來自何處，但溫馨感讓我一直想回來。我一開始還想離開法國，在北敘利亞定居，在薩拉奎布或卡夫蘭貝爾（Kafranbel）找房子，然而情勢每況愈下，我感到要是搬家，將給招待我的人帶來負擔——我認識的反抗軍以及他們全部的家人——他們太關心我的安危，想盡一切辦法保護我。永遠溫暖地接待我，他們的盛情逐漸令我感到無法承受，每多待一天，就更是無以回報。

我和諾拉每天早上一起在地下防空洞的台階上喝咖啡，享受一下寧靜時光，聊起我最愛吃的東西。諾拉的先生阿布・易卜拉欣，也就是梅薩拉的哥哥，先前是在保加利亞深造的工程師，目前從事土地管理工作與務農。阿布為了探望妹妹，在首都停留一段時間，和諾拉談起戀愛。阿布和弟弟一樣，最初參加和平抗議活動，但起義後就被關進牢裡，後來才獲釋。儘管遭遇牢獄之災，他永遠助革命一臂之力，援助地方上需要幫忙的家庭，諾拉也一樣。

大馬士革人形容諾拉那樣的人是「完美主義者」，永遠以優雅的風格，把事情打理得漂漂亮亮。她在轟炸期間，依舊會拿著一個托盤，上頭放著玻璃水杯，一旁擺出小點心與鑲金邊的咖啡杯。白天我和男人出門時，她會站在家門口，仰頭對著天空祈禱：「主啊，請保佑她，保佑她的身心。主啊，請讓他們平安歸來。」接著揮手向我們道別。我永遠等著她的祈禱。

不過，諾拉害怕炸彈，一直無法習慣空襲。每次一聽見爆炸聲，就會站在原地發抖，整個人驚慌失措。她緊張的反應讓我每次都得負責保持鎮定，性格沉穩起來。

今天早上，諾拉沒到門邊送我，因為正在空襲。又度過忙碌的一天後，我們要前往開車四十分鐘的卡夫蘭貝爾，去見決定返國在自由區工作的女性運動者拉贊（Razan）。拉贊身材嬌小，三十歲出頭，曾經兩度被關押在阿薩德的監獄，現在從事醫療救援與事件記錄工作，擅長集合眾人的力量。我希望能和她聊一聊學校計劃。

我們抵達鎮上時已是晚上，拉贊與其他人在媒體辦公室等候。他們的辦公室製作的旗幟與海報，全世界都看過。任何想與敘利亞以外的國家溝通的人士，他們永遠敞開大門。然而，如今電話線被切斷，也連不上網路，費了很大的工夫才取得的行動裝置，傳輸量只夠以克難方式向外界傳遞消息。

辦公室位於一間簡陋又荒涼的屋子，運動者與戰士擠在大廳一個老舊的重油暖氣旁，椅子擺在房間角落，每張椅子前有一台電腦。地上一團亂，地方藝術家阿美德·

札亞爾（Ahmed Jallal）的著名畫作堆放在門邊一張破椅子上。另外兩個房間空無一物，不過地上有幾張塑膠毯、幾個可以坐的墊子。我參觀過的伊德利卜小鎮媒體中心，大都長得像那樣：不論是裝潢擺設，或從事日常活動的方式，都相當簡陋。

大家盤腿坐在暖爐旁，試著用暖爐泡茶，在場有我的嚮導穆罕默德與馬漢爾、軍團指揮官瓦希德、我們的記者友人費達、運動領袖拉亞德・費爾斯（Raed Fares）、拉贊、哈默德（Hammoud）與卡列德・艾沙（Khaled al-Eissa）——後來我和這兩個人成為好友——還有我。藝術家札亞爾也加入。一旁還有其他三名運動者，專心用擺在腿上的筆電工作，渾然不覺一旁發生的事，大約待了一小時後離開。

我試著集中精神，實在是太容易覺得，自己好像身處某部工業革命的電影，或是某本歷史小說，眼前的場景乍看之下，有如那類書籍對人民起義的浪漫幻想。我感到絕望，因為外頭的世界不想看見真正發生的事，把我們看成一群無知的野蠻人，把一切當成只不過是宗教極端主義在惹事生非，後果就是全球的政府與民眾，安心讓此地的敵對陣營持續進行危險的野蠻行為。

我發現自己活在兩個世界：一個是我進入敘利亞時的世界，另一個是我離開時的世界。我在全球許多城市演講，一方面試圖解釋敘利亞真正發生的事，一方面也想了解其他人怎麼看我們。我感到自己陷入虛無深淵，沒東西救得了我，唯一的指望是想著回敘利亞。然後我回來了，跟革命義士與平民一起生活，卻被洩氣與憤怒擊中，不明白為什麼我們生而為人，為理想而戰，竟遭受如此大的不公不義。

媒體中心的人等不及與我們交談。費爾斯描述軍隊離開後的混亂情形，解釋大量湧入的軍團與武器，是如何協助努斯拉陣線崛起，他們變得更有組織，裝備、經費、武器樣樣不缺。是誰在資助他們？是誰在供應那些武器？我們不知道。拉贊望了馬漢爾一眼，指出薩拉奎布情形不同。自由沙姆人得到金錢與武器的支援，開始干涉人民的生活。努斯拉陣線當時則尚未深入掌控人民的私生活，然而下一次我再度回敘利亞時，情況將出現變化。

拉亞德是個肩膀寬闊的壯漢，原本是醫學生，後來拋下學業到黎巴嫩工作，二○○五年決定回敘利亞開房仲公司，今日則全心投身革命。在最初起義的日子，他是運動領袖，推出成為革命經典標識的諷刺海報、旗幟與影片，被全球瘋傳。我問他怎麼看伊斯蘭國家（Islamic state）的概念，他坦承有人希望建立伊斯蘭哈里發國（Islamic caliphate），以對抗政府的殘暴行為；努斯拉陣線以及他們對於信仰的虔誠，讓人們感到安心，因為唯一的選項是死亡。依據努斯拉陣線的說法，就算死，死後也能獲得賜福。群眾的心態從蘇菲派（Sufic）轉向薩拉菲派。對我及其他許多人而言，蘇菲主義代表溫和版的伊斯蘭教，薩拉菲主義則是軍事與宗教極端主義，宗教從社會實體變成政治實體。薩拉菲派讓孩子和年輕人在未來執行他們的主義。

「但這很危險！」我說。其他人也同意我的看法。群眾心態上的轉變，很可能導致公民生活被否定，人民的運動變成宗教極端主義，接著宗教又接掌法律與國家，不復可能建立世俗國家。

畫家阿美德表示：「我們開啟革命，現在革命被交到他們手上。」眾人喝茶時，我試著留意周圍傳來的各種轟炸聲。

「這樣的心態轉變，顯示出對於宗教與伊斯蘭主義的無知。」拉亞德對著我說話：「無知是極端主義的根基。」

然而，馬漢爾不同意無知是唯一的理由，指出那個議題與敘利亞社會的形成方式有關，家族與部落紐帶關係也是重要一環，像是本尼什的情形是兩個家族之間的鬥爭，讓努斯拉陣線漁翁得利。塔夫坦納茲被摧毀時，本尼什家族與海什鎮袖手旁觀，導致傷亡慘重。

「我們沒有為了建立公民社會或公民文化而團結一心的文化。」我說：「那就是為什麼不同集團間會爆發宗教爭議，互相敵對，這是極權主義的直接結果。再按這個速度繼續下去，我們將面臨社會全面瓦解。」

拉亞德不是樂觀主義者，但也不悲觀，他說：「我們只能繼續做我們發起的事。」

「革命的公民環節被忽視了。」馬漢爾加上一句。

拉亞德看著我，難過地點頭，提高聲音：「是的，我們犯了錯，但我們怎麼可能不犯錯？我們的任務很龐大，我們要幫助人民，協助難民，而我們的家被空中出現的炸彈毀了。」

我們談話的同時，拉亞德和其他人開始準備晚餐。伊德利卜鄉間家庭的慷慨與好客程度無人能及。大家圍坐在一起，把菜餚擺在地上，接著開動，拿麵包去蘸，中間不時喝口熱茶，話怎麼樣也聊不完。

拉亞德有點在發脾氣，不過其他人繼續聽他發表觀點。「救災工作很難進行，人與人之間有信任危機，彼此猜疑，就連面對緊急救援的工作人員也一樣。我們需要讓事情更透明，民眾才能開始了解這場革命是怎麼一回事。我們需要電台，對卡夫蘭貝爾的民眾發聲，培養愛國心。我們也正在請全國委員會（National Council）與聯盟（Coalition）協助！尤其是如今努斯拉陣線開始干涉麵包與重油的分發，就像他們在阿勒坡與德爾祖爾做的事，後果不堪設想。」敘利亞全國聯盟（National Coalition of Syria）的根據地在國外，目標是成為代表反對阿薩德政權的政治組織，目前已經獲得全球許多國家認可。

我看著同伴互遞盤子，笑談在滿目瘡痍與天降的死亡之中，應該做些什麼，擁擠的房間開始令我感到窒息，不過阿布．馬札德（Abu al-Majd）進來後，氣氛好轉了，每個人都輕鬆起來。

馬札德年約五十五歲，性情溫和，不是政治運動者，也不是媒體專家，而是一個從阿薩德軍隊叛逃的中校，後來成為正義騎士（Fursan al-Haqq Brigade, The Knights of Justice）的指揮者，那是一個與自由軍結盟的團體。馬札德帶了筆電過來，臉上永遠掛著笑容。我研究他清瘦的五官，尋找著軍事將領的氣質，但他看起來一點都不像那類人。在接下來幾個月，我將會發現由具備高度嘲諷精神的人擔任軍事指揮者是怎麼一回事。

馬札德一拐一拐加入我們，坐下打開筆電。我後來聽說，他在上一場戰役受傷，前往土耳其接受治療，最近剛回來。「大家好，」他說：「我來上網，想知道世界上發生了什麼事。」

「你沒去抗議活動？」拉亞德立刻開口問。

馬札德大笑。「我是士兵，去和平抗議活動幹什麼？這不是你在臉書上寫的東西嗎？」臉書對馬札德來講是非常新的東西，他只是在講笑話，不過年紀比較輕的運動者的確會利用臉書。馬札德對我們微笑。「是誰來作客？」拉亞德介紹我們的名字與工作。

一個男人靠了過去，在馬札德耳邊說了一句話，馬札德看著我說：「我們全都是同一個國家的子民，願真主賜福好人長命。歡迎妳，我的姐妹。」

我得知馬札德並未與任何提供金援的團體結盟，不屬於任何極端主義伊斯蘭軍團，不仰賴來自波斯灣富裕商人的資金。依據他的說法，他的軍團山窮水盡。

「我們的軍團有一千九百名戰士，但只有兩百二十人在工作與戰鬥，其他人待在家。我們沒武器，沒內援，沒外援。卡夫蘭貝爾的家庭給了我們一些基本援助，讓我們撐下去。狼不會死，羊也不會死！」顯然光是活著，就讓馬札德感到慶幸。

他仔細看著我。「妳想親眼見識一下戰役嗎？我們在說話的同時，前線正有一場惡戰。」

我回答：「當然。」然而我的同伴大聲抗議。

馬札德大笑。「你們不認為我會用自己和士兵的性命保護她？」

「是啊，你們當然會保護她，」一個人回答，「但炸彈會在前線分開你們，只有天上的主才有辦法同時保護你們兩個人。」所有人笑了起來。

「我們在這裡也可能被炸。」馬札德說。

我請馬札德說出自己的故事，我會記錄下他的戰爭證詞。馬札德闔上筆電。

「妳要寫我的事？」他冷靜問道。

「沒錯，告訴我你的故事。」我催促他。他苦笑了一下點點頭。其他人回去做自己的事，馬札德伸了伸腿，身體靠在牆上。

「我原本在敘利亞軍隊擔任中校，在德爾祖爾機場負責飛機工程，但我在革命的第一個月就加入。二〇一一年六月初，我們擬定計劃，預備拿下機場，但被阿薩德的人發現，逮捕我。雖然他們無法證明我就是起事者，我在馬札（al-Mazza）監獄待了一年。和我一起策劃這件事的將官，有的被判七年徒刑。

「我在監獄的時候，他們刑求我，但我就是不招。他們在我身上用了四天的『幽靈法』（ghost technique），也就是把你的雙手銬起來，接著電擊。」他大笑。他英俊的外表，看起來比較像作家或藝術家。「要是我真的承認，他們永遠不會放我走。我獲釋後，直接回總部，他們讓我復職。我知道穆卡巴拉情報局想要什麼。他們只是想要我交出一架從約旦到敘利亞時被偷的飛機。我騙了他們，他們還以為我會跟開走飛機的叛變飛行員談，說服他回來。

「我沒那麼做。我和一群軍官成立作戰指揮室，開始解放德爾祖爾。我們乘著三艘運軍火的船，跨越幼發拉底河。七月時，我抵達卡夫蘭貝爾，預備解放軍隊檢查哨。妳覺得是那些外國極端主義者解放了我們的村莊嗎？不是。是我們解放它們，它們投靠我們。我們用自己的血和孩子的血解放它們。海什鎮求救時，我們也過去了，但政府軍用戰機轟炸海什。」

一個戰士走進來，不肯坐下，告訴馬札德他得替幾個上前線的戰士送別。

馬札德告訴那位戰士：「告訴這位女士軍團叛變的事。」那位戰士嚇了一跳，呆呆望著指揮官。馬札德又告訴他：「這位姐妹屬於阿拉維派。」

「你為什麼要說出那件事？」我憤怒質問馬札德，不敢相信他就那樣洩漏我的身分，害我身陷險境。我不只不習慣別人談論我的宗教，我也以為他會顧及教派間的衝突，替我保密。

然而馬札德卻興奮回答：「這樣這個孩子就知道，大家都是同一國的國民。」他做出解釋，但我依舊火冒三丈。

附近一個人冷笑，搖了搖頭。「我們才不是同一國的，她的存在改變不了什麼！」剛來的戰士站出來說話：「我們隊上叛變政府軍的人，來自各種教派：有德魯茲派（Druze）、有基督徒，也有阿拉維派。他們現在依舊和我們站在同一陣線作戰，但曾經有過問題，有的人懼怕他們。」

「努斯拉陣線要的是伊斯蘭哈里發國，」馬札德插話，「這在敘利亞是不可能的，非常困難。這是一場屬於全體敘利亞人的革命。」他對著我說話，接著站了起來。「我們完全得靠自己，」他說：「這個世界遺棄了我們，真主黨（Hizbullah）又和阿薩德聯合起來打我們。我們不曉得將來會發生什麼事。」

戰士開門，一絲冷風灌了進來。

「你們要去哪裡？」我問。

年輕人的身影已經半消失在門後，但又折回來回答：「我們要去解放一個有十一名士兵、一輛坦克車的檢查哨。」

馬札德轉身跟著年輕人離開。他向我道別，但沒握手，只簡單地把手擺在胸前，「我們會再見面的，如果我們活下來的話，一切看主的旨意。」

我也站了起來，其他人與他道別：「一路上小心，主會保佑你們。」

「馬札德是我們最優秀的軍官，」拉亞德在兩人離開後告訴我：「不是所有人都像他那樣。有的政府軍投奔我們的時候，帶來了軍方過往的腐敗。卡夫蘭貝爾一共有四個旅、三十個軍團、十個資深將領，但不是所有的武裝團體都由軍方的人組成，有的是平民。軍人出身的人比較守紀律，但不一定誠實——順道說一句，平民也不一定老實。有的軍人想走阿薩德軍隊的老路，又想貪汙腐敗，壓榨人民，但我們不容許他們那麼做，至少目前還壓得住他們。我們的維安軍也一樣，他們在投奔我們之前，有的在國家維安機構做事，也帶來往日那套掌控與欺負人民的做法。我們現在有革命軍議會，試圖組織自己，但人民不高興，因為他們再也不相信任何人，開始對我們失去信心。」

拉亞德被打斷，阿美德說自己要先走，得去見未婚妻。大家一聽到他要去見未婚妻，開始鬧他，開他玩笑。我和拉亞德等大家靜下後，才開始討論學校計劃。儘管困難重重，當時我依舊懷抱希望，還以為我們能靠手邊資源完成革命。

我此次返國的最後一天，是個晴朗的二月天。我看著車窗外綠色平原連接至覆滿濃密橄欖林的高地。我感到焦慮，每次我離開敘利亞時，流亡的感覺都最強烈。這一次我要從另一個非官方的過境點離開。穆罕默德與一個叫阿布度拉的年輕人，和我一起在車上等候。幾個月前，我在雷伊漢勒一間醫院，第一次見到阿布度拉，後來我第三度返國時，將與他有更多交集。

一群土耳其士兵正在巡邏，走來走去，百無聊賴地看著另一頭正在接近邊境的幾群敘利亞人。幾個敘利亞人坐在樹下，望著邊境柵欄對面，其他人則晃來晃去，像是在模仿巡邏士兵的動作，還有人直接在土耳其士兵面前停下。位於國境的羊圈口兩頭，馬路上停著各色車輛，有人全家站著等，身上背著幾樣他們在人世間的財產。邊境兩頭的橄欖林裡，不時傳出槍響。

在戰場上受傷後終身殘廢的阿布度拉，一直在說笑。他在擔心自己的未婚妻，說不想讓她還沒結婚就淪為寡婦。「我與死亡共存，」他解釋，「我的腿受傷了，但依舊是戰士。我不想停止對抗阿薩德，但也不想讓我的女孩成為受害者。」

孩子們穿梭於車陣之中，叫賣著手上的東西。那群五至十五歲的小販，兜售著各種你想得到的東西：瓦斯點火器、麵包、太陽眼鏡、冰果汁、汽水、咖啡和茶。人們會在早上抵達這裡，一直等到晚上，等著被偷偷送過國境。付不起蛇頭費的人會等到夜幕低垂，試圖自行偷溜過國境，但人蛇集團會生氣，不想損失任何收入，也因此會舉報這些身無分文的難民。

有一次，蛇頭害一個老人和他的兒子被送回來，老人無計可施，只能在國境旁待了幾晚，直到嚴寒天氣害他病倒。老人是空襲受害者，炸彈夷平他的房子，最後他被送進一間土耳其醫院——最終是因為那個原因，才得以進入土耳其。

待在敘利亞的最後兩天讓我精疲力竭：真正讓我疲憊不堪的，不是拜訪賈普札維耶女性的旅途，也不是終日躲避空襲，而是最後四十八小時發生的事。我和瓦希德待在艾因拉勞村，和一群戰士見了面。軍團指揮官曼恩（Maan）和表弟摩斯塔法（Mostafa）招待我們。摩斯塔法是律師與運動者，待在村裡從事救濟、發展與媒體活動。我們在一棟屋子見面，屋內有兩個小房間，中間隔著院子，男人待一邊，女人待一邊。我們在此作客的時候，附近的鄉間正遭到轟炸，不過我們不擔心，因為隔壁的貝隆村（Baylon）似乎才是目標。

我是在見到曼恩與摩斯塔法時，決定了自己參與的女性計劃的某個面向。這次我二度返回敘利亞時，開始擬定和伊德利卜省鄉間女性一起工作的計劃——這一塊很難做。情況之所以困難，不是因為當地女性面臨特殊情況，而是整個敘利亞鄉間普遍有同樣的問題。過去數十年，除了經濟衰退，還出現社會與文化上的問題，女性第一個為戰爭付出代價。抱持極端主義的軍事團體——那些敘利亞社會的外人——他們開始滲透敘利亞後，試圖強迫人民遵守非常不一樣的生活方式，女性面臨的局勢愈來愈危險。

我特別和摩斯塔法討論，如何才能替公民建立永續中心，尤其是替女性與兒童服務的團體，希望透過教育與培養謀生能力，對抗開始極端化的社會。每一個新的女性中心都可能成為自力更生的機構。

「如果政府不停止轟炸自由區，我們就辦不到。」他開始講我聽過無數次的話：「我們把阿薩德趕出地面，但他又在空中回擊。」

摩斯塔法擔任軍團指揮官的表哥曼恩，身邊帶著十名戰士，其中兩人來自蘇韋達（Suwayda）。蘇韋達是西南方的德魯茲派城市，靠近約旦邊境。戰士們自豪自己的隊上有德魯茲派，也有阿拉維派。一名德魯茲戰士表示，他不想殺任何人，不過他是叛變軍官，現在只站在真理那一方。然而，不是我見過的每一個軍團都是這樣的組合，只有幾個軍團允許宗教上的少數派加入自己。

摩斯塔法的太太端出食物，但沒一起坐下。開始吃飯時，我也得離開現場，到院子另一頭和女人同桌，吃完飯再回男人的房間。習俗不允許男人與女人一起吃飯。我幫女主人準備食物時，得知她原本是法律系學生，但戰爭開始後學業中斷。我們一起擬出拜訪村莊女性的行程表。

群樹正在開花，我走上屋外高地，兩個小房間看起來像是兩棟分開的小房子。天空晴朗，爆炸聲遠在天邊，地平線上沒有戰火的煙霧，屋內戰士討論著軍團間的分裂情形。高地另一頭，一個女人正在用一條厚毯子包好孩子，搖起小小的藍色嬰兒床。高地的後方是一座岩石山，中間點綴幾棵橄欖樹。高地的更後方，橄欖林之間，三三兩兩立著幾棟完整無缺的石屋。屋內戰士的談話聲愈來愈大。

摩斯塔法走到屋外，遞給我一杯茶。「我們的國家真美，別擔心，我們會重建的。」摩斯塔法說完後，留下我繼續沉思。

摩斯塔法的話令我陷入沉默。我有時會突然無語，甚至一連幾天不跟任何人說話。就像現在，我的舌頭動不了。

我聽著背後屋內的男人高談闊論，他們的聲音穿越牆壁與窗戶，一直在談努斯拉陣線，以及努斯拉用來廣播自殺行動與屠殺行為的媒體網「白塔」(al-Manara al-Bayda, The White Minaret)。

曼恩指出：「不要搞錯了，這個龐大的金錢網絡，那些跑來敘利亞的聖戰士，不是意外出現的。那種東西不會憑空冒出！我們會缺錢、缺武器，絕非偶然，也絕非意外。」最後他補了一句：「但我們不會絕望。」

男人們突然壓低聲音，我知道他們是在講我的事，因為曼恩立刻大聲問我：「薩瑪小姐，妳需要什麼嗎？」

我努力擠出話回答：「什麼都不需要，謝謝。」

我回到男人的房間，他們的話題轉到運送燃料，以及轟炸中水電被切斷的村莊再次有電。一名戰士批評，許多學校停止上課，變成難民收容所，然而更多學校變成軍事基地。瓦希德聽了之後，催促他們快點想想其他辦法。我們作客的時候，更多戰士湧入摩斯塔法的屋子，原本在場的人有的先行離開，因為沒地方坐了。眾人談論著全國委員會、聯盟、官方反對黨，以及買票的事。一切情勢都對掌控財源的人有利。

我坐在角落默默聆聽。這群戰士介於十七歲至五十歲之間，有的受過大學教育，有的連讀寫都有困難。他們全都拋下人生的一切，專心戰鬥，為了革命的公民目標在奮鬥。他們正在努力讓獲得自由的地區不會遭受進一步的破壞。一名來自札哈納茲的戰士解釋，他家鄉的情況，沒比賈普札維耶好到哪裡去，也就是先前我見到羅馬遺跡的地方。一個大問題在於相關區域已經出現分歧，要是事情持續像現在這樣，各地將更加分裂。

我提出：「來源不明的金援會導致腐敗。」眾人同意我的看法，但也提到金援永遠會決定忠誠度。整體而言，很多人假裝沒注意到這個問題。

「革命就是那樣。」我說。

曼恩說：「然而現在的重大問題，在於軍事團體與公民團體之間不再有信任，連一絲也沒有。」

我再度走到屋外抽菸，屋內的對話激昂起來。三個持槍的人經過高地下方，天空相當近的地方出現兩架飛機，不過似乎萬事正常。

一名老人出現在我身旁，告訴我：「昨天他們用米格機轟炸我們家。」接著又問：「親愛的，妳是哪一家的女兒？」

「大叔，我不是這裡人。」我一連講了兩次：「我不是這裡人。」

老人步下山坡，走向幾個持槍的人，問飛機是否預備扔下炸彈。

一個人回答：「不會的，我攔截到無線電頻率，聽到他們要去阿勒坡。」

貝隆村傳來一聲爆炸巨響，當晚聽說死了十三人。

老人不滿地看著三名戰士，嘴裡嘖嘖作響：「你們說空襲不會炸我們……對，不會炸我們……哼，你們以為不會炸？」老人氣憤地喃喃自語，踢著地面：「我們的房子沒了，孩子的媽不見了，孩子不見了，每樣東西都不見了，噢，主啊。」老人對天高舉雙手，大吼：「噢，主啊！」說完後，頭也不回地走下山丘。

每次碰上轟炸，我總感到魂不附體。我看著老人離去的背影，一陣虛無感令我無法動彈。

我和穆罕默德走向國境，留下阿布度拉在車上。走著走著，我想起老人。前方有許多像他那樣的年長人士在排隊，等待跨越國境的機會出現。我試著回想炸彈落下前被釋放的熱氣球長什麼樣子。熱氣球放出時會在高溫下爆炸，發出刺眼的閃爍光線與輻射，防堵火箭射出時可能遭受的攻擊。但我一直沒找出那些氣球是怎麼一回事，也不太認識不同類型的火箭與炸彈。

一群孩子拉扯我蓋到腳踝的黑罩袍，要我買東西。一個孩子走向後方的女人，試著以同樣的方式引起她的注意。那孩子看起來像個憤怒被迫獨自生存的小毛賊，我別過頭，因為光是看起來有可能向他買東西，就會引來其他數十個孩子。在空襲從不停止、被人遺棄的村莊，這樣的男孩會在街上一下子成群冒出來。他們在路邊兜售汽油和重油，在廢墟之中鑽來鑽去，尋找著任何能變賣的東西，還會在軍營旁徘徊，等候加入戰場的機會，平時則睡在橄欖樹下。到處都是這樣的男孩，就好像他們突然間被拋棄，從來不是任何人的孩子。他們是等待機會的孩子，等著哪天好運臨頭被帶走，被扔到更歡迎他們的世界。

我和穆罕默德走過排隊人潮，一直走到離國界另一頭土耳其士兵駐紮處不遠的地方，各種國籍的人從那裡偷偷穿越邊境。據說土耳其人最近還因為邊境的轟炸，加強監視逃出敘利亞的難民。即將帶我偷渡到另一頭的貝都因人，待在山丘頂等我，好觀察底下土耳其士兵的動靜。

我問穆罕默德：「我們為什麼不躲在樹叢裡？這一趟旅程會花很多時間嗎？」

穆罕默德要我別擔心，那些士兵一向只朝天空開槍。「我知道，但他們讓這些戰士跨越邊境，進入敘利亞，是很奇怪的事。」我說。

我看見遠方的蛇頭朝著我們走下山丘，一路上順便察看橄欖林中的情形。他點了個頭，要我跨越國界。我嚇壞了。離鄉背井的那一刻愈來愈近，我開始顫抖，再過去穆罕默德就無法陪我了。天空依舊蔚藍，陽光依舊耀眼，然而一股刺骨寒意令我清醒過來。

我身上只帶著小背包。雖然只打包幾件衣服，但諾拉塞給我一堆很重的禮物——她織給我的羊毛圍巾、要送給我女兒的小珠包。另外，家族其他女人也匆忙準備了任何能當作禮物的東西。我拿出自己的衣服，丟棄路上，留下大家的禮物，再次背起背包。

我離穆罕默德愈來愈遠，害怕自己離開後，他就會死。每當我和其他人道別，都害怕是最後一次相見。穆罕默德留在原地，蛇頭過來接應我，比手勢要我快點離開。這次的蛇頭瘦得像一根拐杖，嘴裡有一顆金牙，一邊走在前頭，一邊劈里啪啦講個不停，害我不得不跑起來。一個土耳其士兵大喊一聲，我僵住不敢動。蛇頭停下腳步，低下頭，要我跟上，帶我在山腳下繞來繞去，我看到一群人偷偷摸摸越過邊境。那些人大都是貧窮的年輕男性，裡頭有一個全身黑衣的女人。蛇頭比手勢要我跟上，我跟在他後頭，盡量以最快速度爬上山坡，中途還摔了一跤。

我請求他：「麻煩你，請幫我拿背包。」蛇頭看起來一副我在找麻煩的樣子，站在原地不肯動。

「要多少錢，我都給你。」我說。他瞄了邊境一眼，我順著他的視線看下去。穆罕默德和阿布度拉站在山腳望著我們，遠方的他們看起來像兩棵楊樹。如果他們知道這個人有多粗魯，一定會好好揍他一頓。蛇頭不情願地走向我，拿起我的背包，抱怨個不停，說自己有夠倒楣。我沒力氣動，直到看見逃難的群眾開始湧上山，突然間蛇頭不見了，我開始小跑步，腳踝痛到不行，一定是扭傷了。我一拐一拐抵達山頂，下山前，先轉身揮手。

這裡是土耳其，敘利亞在眾人後方。我再次轉身，大聲承諾：「我會再回來的。」

第三度穿越邊界
The Third Crossing

二〇一三年七月至八月

我再度踏上返國的旅程。在我候機前往安塔基亞時，被機場裡的大批戰士嚇了一跳，那些人八成也是要前往敘利亞。我第一次留意到他們開始像親政府的沙比哈民兵，一路上心情有如千斤重，直到目睹意外驚喜：反抗軍戰士梅薩拉，以及他兩個女兒愛拉與露哈，居然跑來接機。他們成為我故事的一部分——不是精靈與仙子的那種，而是魔法水晶球裡逃難的故事。兩個女孩在過去一年變得又高又瘦，不過愛拉就像每次看到我的時候一樣，依舊親了我好幾下，還不停擁抱我。愛拉現在八歲，頭髮鬈鬈的，塗著五顏六色的指甲油。

從機場到她們雷伊漢勒新家的五十分鐘車程中，愛拉詳細告訴我，她們一家人是如何穿越邊境，抵達土耳其。她們在早上逃走，只帶了幾件衣服，走過邊境附近一片泥濘的玉米田，蛇頭幫忙抱愛拉最小的弟弟。愛拉說自己很害怕，尖叫衝進父親懷中。愛拉一叫，憲兵隊便發現了他們的蹤影，一家人被迫躲在充當兩國國界的灌溉渠，渾身是汙泥，上岸時像個泥娃娃。

愛拉大笑捧住我的臉，告訴我這則故事。我們同是天涯淪落人，如今已相識一年，在這段期間彼此共同成長。自從二〇一二年八月，我們一同在她家地下室躲空襲，和其他婦孺縮在一起，就成為友誼堅定的朋友。我的背包裡放著要給她的禮物，我對她眨眨眼，暗示有好東西正等著她。她開心大笑，繼續說一家人是如何逃難。

「接著我們狂跑，累死人了，只能拚命跑，地上是爛泥巴，耳邊一直傳來子彈的聲音，蛇頭老是亂吼，要我們快一點！」

那天，愛拉一家躲在泥濘的灌溉溝渠旁，一直躲到太陽下山，接著在黑夜中靜靜走著。他們沒用手電筒，以免招來危險，戰士卻能堂而皇之在大白天通過邊境。雖然愛拉一家人可以從好幾個關口逃跑，但那天那一帶被看管得特別嚴格，情勢太危險，不得不讓幾個走私大麻的人先出發。兩個女人把大麻藏在衣服下，偷偷帶出國，愛拉一家人則躲在玉米田的鐵絲網後。半夜時，憲兵隊逮捕女人，開始監視全區。愛拉講故事時，我想像她們得保持安靜，附近水溝沙沙作響的蘆葦揚起的灰塵，不曉得會不會害她們咳嗽。不過愛拉說，自己緊緊閉住呼吸，差點窒息。她用手摀住嘴巴，不讓自己有再度尖叫的機會。

十二歲的姐姐露哈講了接下來的故事：「我們躲了好幾個小時後，來了阿特瑪走私村的人。他們帶我們越過灌溉河流——那很不容易。我看著他們吃力地慢慢踏過泥巴，我很害怕。五個蛇頭幫我父親帶我們一家人過去。水很深，很危險，還得壓下想尖叫的衝動。蛇頭沿著河堤前進，在漆黑的夜裡，努力不讓我們淹死。我們背著帆布包，媽媽感覺落在很後面的地方：她累了，走得非常慢。後來我們不小心跌倒，泡在泥水裡，但接著能再次走在路上真是太棒了。」露哈大笑。「真的，真是太棒了。先前坦克經過好幾次，幫我們把路壓平。我們全都好開心，坦克給了我們一條平整的路，我們可以離開敘利亞，逃到另一頭。」

露哈一路上一直留意父親的反應，先前妹妹尖叫，暴露了一家人的行蹤，父親發了很大一頓脾氣，不過後來我們抵達他們的新家後，露哈的弟弟瑪默德和塔拉說自己完全不怕。

雖然弟弟妹妹都號稱不怕，愛拉卻小聲說：「妳知道的，我到現在都還很怕，我發誓。」

愛拉皮膚發黃，眼睛失去往日機智的光彩，取而代之的是一股憂傷。露哈看起來比實際年齡大，母親瑪納變得好安靜，說話幾乎聽不見聲音，瘦成皮包骨。她始終保持冷靜，但自從被迫離開家鄉薩拉奎布後，眼底的憂鬱便揮之不去。

愛拉一家人的情況比其他許多難民好上許多，不像其他離開家鄉的敘利亞人，大都被迫住在難民營或露宿街頭。他們還負擔得起在安塔基亞租房子，而且有能力送孩子上學，但也依舊面臨許多挑戰：除了得學習新語言之外，家裡比從前窮太多，梅薩拉拚了命賺錢才能養活一家人，他們同樣離鄉背井。

我在雷伊漢勒和愛拉一家人團聚一段時間後，是時候前往邊境了，薩拉奎布的年輕人會接應我。上次護送我出境的阿布度拉，以及他的弟弟阿里（Ali）在等我。阿布度拉因為受傷瘸了一條腿，弟弟則是眼睛中彈。想到要和老友重逢，我就興奮起來，好像要跟家人團聚一樣。每次和他們道別，都感到今生今世不可能再相見，而每次返國，又覺得自己將一輩子和他們生活在一起。

這一次，我們會一起穿越邊境：我、阿布度拉、梅薩拉、阿里，以及一個沒見過面的年輕人。這次不同的地方在於，他們決定從阿特瑪越過國界。在戰火中失去身分證明文件的敘利亞人，大都走那條路。我以前沒試過，因為先前我的朋友沒有內應，無法確保我順利入境，不過現在有人幫忙，所以我們打算冒險一試。阿特瑪周圍的邊境地帶，像一個被拆成幾塊的舞台。要過難民檢查哨的話，得通過一個土耳其人特別設立的站點，目的是防堵敘利亞難民逃到他們的國家。我們在悶熱的高溫之中，前往第一個安檢地點，兩個小房間內塞滿邊境官員。同伴要我通過安檢時，假扮成他們其中一人的姐姐，匿名比較安全。

當時是七月中旬，晴朗天空上連一絲白雲也沒有，夏日烈焰烤得人難受，沙塵也令人無法呼吸。此外，我穿著長袍，戴著頭罩，外加一副大太陽眼鏡，遮住整張臉，連我都認不出自己。雖然這身打扮很悶熱，但為了保平安，不得不這麼做。我不是太擔心令人熱昏頭的太陽，因為這次不用爬任何山，不用在憲兵製造的槍林彈雨中奔跑，也不必爬過鐵絲網。

我們抵達國界時，另一頭來了一整排帶著孩子的女人——人們大量進出國界，有的要到阿特瑪，有的要到土耳其，有的要去其他地方。我看見一個不到二十歲的女人挺著大肚子，懷裡抱一個嬰兒，手裡還牽著一個小男孩。小男孩戴著一副很大的太陽眼鏡，沒有頭髮，整顆頭布滿被火紋身的痕跡，皮膚是紅腫突出的疤痕，像是一段段腸子，一張臉有如燒壞的塑膠面具，皺在一起，脖子上一條又一條的傷疤，一直連接到肩胛骨。雖然看起來不滿八歲，卻像一具風乾的人類屍體，躲在媽媽緊握著他的手之後。

幾個女人超越那對母子，接著來了一個切除右手、右腳的年輕人，他像一隻兔子一路跳過去。後頭跟著其他兩名年輕男子，用一樣的方式蹦蹦跳跳，比誰跑得快，衝向一個有遮蔭的小台子。大家都往那個方向擠，希望能在令人窒息的空氣之中涼快一下，然而不可能休息——正午是最熱的時候，天空呈深藍色——而且人那麼多，有逃避炸彈的難民、走私犯、靠著幫人偷渡發財的蛇頭、年輕的好戰分子，還有一群又一群的阿拉伯與外國戰士。

現場就連要看到自己的腳踩在哪，都不可能，擁擠的人潮帶著我們往前走，腦袋變得不必要，每個人都成了機器人。光是想到可以從一個擁擠的地方，移動到下一個地方，便足以讓人欣喜若狂。就連道路兩側的遼闊平原上，都似乎擠滿了枯黃樹木。我像一個剛出生的嬰兒，瞪大眼睛看著眼前的一切。

通過第二個檢查哨時，一名土耳其公務員登記我們的名字，我們通關，坐上接應的車子。我一個人坐前座，幾個年輕人擠在後座。他們之所以堅持這樣的座位安排，或許是為了禮遇我，也或者他們跟我有相同想法，依舊相信我們只有彼此，必須保護彼此，依舊傻傻地認為，自己將能完成爭取自由與尊嚴的目標。我在想，或許在他們眼中，我代表一個概念，而他們在我眼中也是一個概念。對我而言，他們象徵著自由、平等、民主的敘利亞；然而革命已經變質，依舊相信著這樣的理念，就像是試圖抓住風一樣。儘管如此，在那一刻，在炙熱陽光下，他們擠在小小的後座，盡自己所能讓我感到舒適。我感動到哽咽，在腦中用自己最喜歡的一句話提醒自己：「人生太短，沒時間難過。」我朝兩個缺了手腳的年輕人揮了揮手。

阿布度拉、梅薩拉、穆罕默德、阿里，以及其他很多人，大家嘴巴利得很，不管什麼事都能嘲諷一番，包括嘲弄自己。我從他們身上學到這種習慣：狠狠用反諷精神嘲弄死亡。這種精神似乎同時既勇敢又混亂，然而，狠狠踢死亡一腳，是他們唯一能對抗下去的方法。

回敘利亞的路上，男人批評起戴黑頭巾的ＩＳＩＳ，以及極端伊斯蘭軍團的所作所為。車上的人嘲弄非政府組織（NGO）的代表在意時尚，也嘲諷邊境到處是訓練工作坊，最近有數不清的專家、訓練人員、記者在這裡記錄事件。

「然而，誰來理會正在死去的人——被殺死、炸死、活活餓死的人？」阿里問。

我們進入阿特瑪難民營。同行的人告訴我，目前那裡的難民大都來自哈馬。我們駛過大量流離失所的人們，他們帶著家當，站在刺眼陽光下。帳篷與帳篷間的骯髒水溝傳來惡臭，上頭布滿蒼蠅與各種蟲子。道路兩旁冒出小攤子，形成臨時市場，有的賣食物，有的修鞋，有的可以填充汽油桶或煤油燈。所謂的攤子，只是幾塊石頭上立著的棚子。雖然難民營有一個大型發電機，但晚上不足以供電。另外還有一個大儲水槽，但沒分水給大家。儘管如此，散落在空地上的帳篷，裡頭乾乾淨淨，有的難民甚至開始在一旁種起花草，不過，只有四周橄欖樹能幫帳篷抵擋一下日曬雨淋。

我們走在難民營裡：放眼望去，皆是赤貧如洗、枯瘦身軀與衣不蔽體。孩子們光著腳在烈日下嬉戲。所有女人都遮著頭，有的戴著同時蓋住臉與頭髮的喜瑪爾長頭巾。我跟一個女人聊了一下，問年輕女孩是否真的被嫁給老男人，她說這種事經常發生。戰爭帶來的窮困，讓許多家庭開始替女兒指定親事，用這種法子吃飯，有的女孩十四、五歲就被嫁出去。

我問能不能和某個女孩聊聊。運動人士給了我那個女孩的名字，她結婚一個月就離婚，接著又嫁給大自己四十歲的約旦人，這段婚姻只維持三個月。我試著請女人讓我見這個女孩時，她先生把我趕出他們的帳篷。

我們前往下一站之前，得等幾個即將護送我們到薩拉奎布的人士。那些人遲到了，因為薩拉奎布再度被轟炸，必須等空襲停止才能出發，鎮上死了四人。我們坐在一棵巨大橄欖樹下的難民營等他們抵達，一架直升機盤旋而過，在遠方不同地點投下四枚桶裝炸彈（barrel bomb）。所謂的桶裝炸彈，基本上是塞進炸藥、爆裂物與鐵條的水桶、垃圾桶或普通重油罐，四處造成死亡與破壞。爆炸聲傳來，我的腦海裡滿是先前那個缺了手腳、四處蹦蹦跳跳的二十歲青年影像。我看見他用心碎眼神偷瞄女孩子，他喪失勇氣的樣子也令我心碎。勇敢的阿布度拉洪亮的聲音打破我的沉思，開起剛才的轟炸玩笑。

他說：「我發誓所有的房子都領到炸彈了，但我們還在等我們的。」大夥笑了起來，點起香菸。阿布度拉又說：「米格機等著我們死的時候，可能也點起了菸。這對桶裝炸彈來講是好事，它們需要威力強大一點的助力！」阿布度拉咧嘴而笑：「我們埋葬朋友時認不出他們，他們都面目全非。有的躲過米格機空襲，但兩天後依舊被炸得四分五裂。不曉得哪種死法比較痛快？」

阿布度拉不再笑，臉抽動了一下。

「有一次，一架米格機轟炸色納亞（al-Senaá），我們死了三十個人。我人在那，沒死，每次都躲過一劫。我倒要瞧瞧，這樣長久的等待會帶來什麼。」他又大笑了一聲。

我們後方是ISIS的軍事基地——一個分成數區、橄欖林中占地遼闊的平房建築物，防守森嚴，禁止靠近，其他軍團也沒人知道裡頭是什麼樣子。幾輛運動休旅車和卡車進進出出，上頭全罩著卡其布。這次我回國，ISIS已經明顯在這一區活動，該組織幾個月前開始出現在敘利亞北方。我們朝薩拉奎布前進時，只被攔下一次，就是ISIS的檢查哨，守衛是五個黑皮膚的戰士，來自西非的茅利塔尼亞伊斯蘭共和國（Mauritania）與伊拉克，身上裹著黑袍與頭巾。他們搜我們的身，其他人告知自己所屬的軍團後，才心不甘情不願地放我們走。這些外國人憑什麼占據我們的土地？我對於他們攔下我們、還要我們表明身分，感到怒不可遏。我們人在自己的國家！

我們從阿特瑪開往阿卡拉巴特（Akrabat），中途路過卡村（Qah）難民營，近日難民營布滿整個邊境。據說走私用的馬匹數量增加，自由沙姆人的軍事部隊控制著巴布．阿哈瓦邊境檢查哨（the Bab al-Hawa crossing）。我們經過難民營，放眼望去都是烈日下的孩子，尤其是巴布．阿哈瓦的市場似乎由孩子經營。這一帶由法魯克旅當家，他們與自由軍結盟，和自由沙姆人沒有關聯。

邁阿賴瑪斯林（Maarat Masreen）的店鋪綿延半公里，停滿軍車的大片地方堆著垃圾，有新吉普車，還有大台荒原路華（Land Rover），車主多半是ＩＳＩＳ戰士。那些車沒有車牌，革命帶來有利可圖的龐大黑市，不少商人荷包滿滿。對他們來講，仗最好永遠打不完。

石蠟油與重油裝進了桶子與塑膠罐，擺在路旁出售，就跟阿特瑪難民營一樣。差別在於，這裡的桶子比較大，還有賣的人是孩童，見不到大人。我們又被一個ＩＳＩＳ檢查哨攔下時，車上同伴要彼此小心。目前是齋戒月，絕不能被聞到車上有菸味，萬一ＩＳＩＳ以破戒為由逮捕我們，沒人曉得他們會幹出什麼事，我們可能被處以鞭刑，甚至被殺。車上的人告訴ＩＳＩＳ戰士，我是他們其中一人的姐姐，得陪弟弟去治病。我沒正眼看那些人，但每次經過ＩＳＩＳ檢查哨，胸中皆湧出一股不得不壓抑的怒意，忍不住咳嗽起來。

我們抵達薩拉奎布郊外，一輛救護車停在我們旁邊，車上載著情況危急的傷患。救護人員告訴我們，在我們講話的當下，薩拉奎布正遭到轟炸，建議我們不要現在過去，接著就急忙開走。

大夥站著聊天。我凝視大地，右方是一片向日葵田，一路延伸到地平線，一朵朵黃色圓盤低著頭，太陽正在西下。前方一片塵土飛揚，遠方傳來救護車與傷患尖叫的聲音。突然間，道路的另一頭，麥田之中出現牽引機的聲音，上頭正在犁田的男人無視於爆炸聲。我們看著他收集稻草，在路邊焚燒。

「我們要去鎮上的爆炸現場。妳要跟我們一起去，還是回家？」同行的一名年輕人問。

「我跟你們去。」我回答。我們朝薩拉奎布前進，煙霧瀰漫的大火等著我們。

我們駛過鎮上，滿目瘡痍的景象比我前兩次返國還糟，受損面積也更大，不過每條街情況不同。砲火最密集的地區杳無人煙，大部分的建築物全毀。其他街區遭受的砲火攻擊，比較沒那麼大，街上還看得見幾個男人與小孩，不過人數也不多。市場中央雖然砲火猛烈，還是有幾家攤子賣著食物。混亂中，生活還是要繼續下去。

隔天早上，我不顧諾拉勸阻，依舊走進庭院。我覺得她們過度小心，堅持大家一定得待在關著的門後，遠離我很喜歡的院子。要是發生什麼事，其實一下子就能躲進屋內。

諾拉在屋內大喊：「別跑到外頭，待在院子會被流彈擊中！」

有人在敲門，一個全家被諾拉收留的女人進到屋內，直奔庭院而來。每當有陌生人來訪看到我或問起我，諾拉都會緊張兮兮，不希望別人傳播我的閒話，以免我出事。諾拉急忙灌下咖啡，走過來插在我和女人之間。諾拉的先生阿布．易卜拉欣在樓上陪著老太太，聽著收發兩用的隨身收音機。他們用的無線電收發器或對講機，傳輸範圍大約可達八十公里。各家靠這種工具判斷飛機所在地，彼此通訊，協助戰士與軍團一臂之力，不過這種東西不好取得，只有幾個人有。阿布告訴我們，沙明村剛遭空襲，飛機顯然正在進行任意轟炸，一步步摧毀北方省分。除了空襲之外，還得到極端分子的武力協助，感覺整個社會正在經歷一場變遷，先是破壞一切，接著重建。

我急著出門工作。前往卡夫蘭貝爾之前，得先和幾個女性談談她們的小型創業。上一次我造訪時，艾育歇帶著我，但這次梅薩拉不准我和他姐姐在沒人帶武器保護時單獨行動。他說：「如今傭兵比反抗軍多，妳很容易就被綁架。」梅薩拉清楚知道，我是不同教派的外地人，傭兵和聖戰士要綁的話，第一個就會綁我。像我這樣的女人獨自外出之所以危險，原因不是革命，也不是反抗軍。

突然間，一陣天搖地動，街區的最遠處冒出一朵沙塵雲，一顆砲彈剛落下。我呆站在原地，直到諾拉尖叫要我立刻進屋，我神智恍惚地跟在後頭。一秒後，沒出現飛機聲響，收發器也沒廣播消息，因此知道是大砲在轟炸。

外頭太陽高掛。轟炸已經停歇，但孩子依舊仰望著天空。諾拉在小花園種的一盆蕨類植物，覆蓋著砂土以及窗玻璃碎片。我撫去那盆嬌弱植物上的碎屑，澆下一點水，去除一點煙霧與灰塵氣味。在瘋狂的殺戮之中，一個人要鐵石心腸才活得下去。

阿布．易卜拉欣露面。

我問他：「為什麼這次聽起來不像轟炸聲？」

阿布回答：「主是我們唯一的保護者。主是我們唯一的保護者。」接著告訴我，目前天上沒有飛機蹤影，可以出門了。

「至於飛彈的話，只有主才知道它們什麼時候冒出來。」他指著天空說。

諾拉和家中寄住的人繼續做每天該做的事，計劃當天要吃什麼。大家幾分鐘後就忘了轟炸的事，再次談起市場上買得到哪些蔬菜與肉類，猜測今天會不會發麵包，也或者隔天才發，還談到不曉得買不買得到發電機需要的重油。水很珍貴，她們商量怎麼樣分配才能洗衣服，以及這樣下去全家人還能撐多久。採收季節已經過去，資源一點一滴耗盡，電力不穩，就無法儲存新鮮食物，此外還要擔心樓上兩位老太太該怎麼辦，她們隨時都需要孝順、不辭辛勞的艾育歇照顧。

穆罕默德在前門等我，準備出發去見我的女士們，我們將在蒙塔哈（Montaha）家中聚會。蒙塔哈是我的女性事業主要助手，工作十分賣力，永遠忙個不停。她的父親在革命爆發前，就在主持慈善事業。蒙塔哈沒結婚，選擇從事社會運動，用自己的生命幫助人們。

蒙塔哈和妹妹迪雅（Diaa）同住。我們前往她們位於市中心的家，途中經過幾批前往薩拉奎布鄉間地帶躲避空襲的人。雖然建築物密集的區域外圍，也遭受過幾次火箭攻擊，但依舊是比較可能躲過死亡的地方。市中心是最常被瞄準的區域，我們抵達時，果然又聽說剛才有兩枚炸彈落在蒙塔哈的房子附近，其中一枚炸開她的臥室天花板。

儘管如此，蒙塔哈家中擠滿大約十五名女人，一半是烈士遺孀，她們之中還有牙醫與藥劑師。在場的女性全都十分年輕，沒有任何人超過二十八歲，但每個人都生了四、五個孩子。我們預備稍後還要再度拜訪的其中一位，丈夫在照顧傷患時被炸死，留下她和七個孩子。多數女人只能待在家裡，尤其她們又大都是寡婦，更是寸步難行。我們的計劃主軸是在家製作手工藝品與食品，除了受限於女人必須待在家裡的地方傳統，也是因為局勢混亂，地方上不時出現武裝衝突與綁架事件。

我和蒙塔哈一起替每一位女士設計了創業計劃，主要與編織、縫紉、零售有關。其中一項成果是開設製作食物與甜食的小型工作坊，我們稱之為「雜貨店」。七名女性帶著女兒在這間店一起工作，養活自己。我等不及要聽聽她們的營業狀況，看看怎麼樣能夠拓展相關計劃。

我們聊得正起勁，穆罕默德打電話過來提醒，蒙塔哈的家位於市中心，特別危險，要我們暫緩那天的討論。但我知道，要是現在停下來，永遠不會有談完的那一天，因為轟炸永不停歇。我告訴穆罕默德：「等我該做的事做完後，我再打電話給你。」穆罕默德是個不怕麻煩的人，然而我知道他內心深處充滿沮喪與憤怒，也因此永遠處於焦慮之中。

我逐一和在場的女性細聊。很多人告訴我，她們的主要收入來自自由沙姆人運動所主持的「伊薩慈善協會」（Al Ihsan Charity Association），軍團付薪水給烈士遺孀。自由沙姆人除了把持烘焙工廠，還從事慈善活動、醫院與學校的營運，他們的成員已經滲透至社群每一個角落，因為他們是敘利亞人，而且來自地方上的城鎮與村莊。

自由沙姆人不只是武裝部隊，還是一支傳教力量，滲透到伊德利卜省鄉村地區的各社會層面。我上次返國跟著艾育歇在鎮上四處走動時，發現在自由沙姆人軍團的主持之下，與數個伊斯蘭軍團結盟的伊斯蘭局（Sharia Authority），已經成為事實上的司法單位。此外，據說自由沙姆人開始強迫女性戴面紗，計劃成立伊斯蘭哈里發國，指派外國教士為顧問與部長。一名女人抱怨自己的孩子沒獲得完善教育，只來了一個教孩子背誦古蘭經的沙烏地阿拉伯聖戰士。

然而整體而言，女人們坦承，要是沒有這個自由沙姆人運作的伊薩慈善協會，她們生活不下去，也因此不管被要求做什麼，她們都會去做，以求保住收入來源。在場其中一人的丈夫是自由沙姆人運動的戰士，一個月可以領兩百美元。自由沙姆人運動把拉卡讓給ＩＳＩＳ之前，先洗劫了一間銀行，取得資金。這年頭只有財務獨立才能確保忠貞。

ＩＳＩＳ戰士在敘利亞人之中，一般不受歡迎，到了最近才開始滲透進地方社群，至少在伊德利卜省鄉間勢力不大。

我問起地方上的清真寺，大家說他們的教士是一個跟著努斯拉陣線的阿布．奎達馬（Abu Qodama）來到這裡的約旦人。當時ＩＳＩＳ與努斯拉陣線一直在邊境擴展勢力，後來將掌控薩拉奎布，並與自由沙姆人和自由軍爆發戰爭，之後又離開薩拉奎布，讓自由沙姆人掌權一段時間。

ＩＳＩＳ與努斯拉陣線之間，最初相處融洽——ＩＳＩＳ的策略是一開始先與所有伊斯蘭軍事團體為善——但雙方關係日益惡化，ＩＳＩＳ過沒多久便全面向努斯拉陣線宣戰。兩個陣營的主要不同之處在於，ＩＳＩＳ執行伊斯蘭律法時，更為極端暴力，採取殺戮與塔克菲（takfir）手法，也就是宣判他人為異教徒。此外，ＩＳＩＳ還成立無國界的大型伊斯蘭國家，不論人數、武力、財源或媒體曝光率，都勝過努斯拉陣線。努斯拉陣線的教義相較之下比較不極端，沒要求事事遵守伊斯蘭律法，不過兩個團體的意識形態沒有太大差別：兩者皆認為，政府的所有體系都要採取伊斯蘭法，而且對於女性地位抱持的強烈態度愈來愈明顯。

我在一、兩個小時內，匆忙在蒙塔哈的住處辦完女性計劃的事，出發到下一個地點前，可以休息幾分鐘。我打算接下來拜訪幾位女性的家，了解她們的計劃進度。飛彈聲聽起來很近，守護天使穆罕默德正在外頭等我。屋外前方一個小報亭旁，站著一個毀容的小孩。他的旁邊站著其他數十個睜大眼睛、等著看外人（也就是我）的小孩。報亭女老闆接近全盲，架上空蕩蕩的，什麼都沒賣，只有幾條劣質巧克力、洋芋片和幾顆氣球。我低下頭，視線落到報亭左側椅子上一個小女孩的臉。女孩年約七歲，沒有手也沒有腳。我愣在原地盯著她看，腦血管在抽動，覺得自己快支持不住，但天上讓大地震動，孩子們跑進報亭，穆罕默德大喊著要我趕緊上車。

我覺得自己的頭要裂開了，螞蟻從頭裡鑽出來，一路爬到脊椎底部。這裡的人是真的與死亡為伍，那不是一句譬喻說法，而是現實生活。大議題不是他們關切的事，他們沒興趣了解軍事或政治情勢，因為他們連思索的餘裕都沒有，下一秒能苟活就不錯了。他們關心的是拿不拿得到麵粉做麵包，咖啡是稀罕物品，有辦法取得茶或糖嗎？早上有沒有水洗臉？一頓飯有辦法餵好幾張嘴嗎？他們之中有任何人可能活到壽終正寢嗎？

現在是齋戒月，這裡的居民希望一天之中能吃東西的時間來臨前，家人的頭還沒斷，父親不需要從大砲或桶裝炸彈造成的廢墟中拖出孩子的屍體。此地日日被轟炸兩年半之後，最明顯的改變是人們養成了與天空的新關係，三句不離天空。每個人出門前，一定先仰望天空，或是先爬到屋頂研究天空，看看下一次炸彈會從藍空哪個方向過來。

我不曉得自己為什麼要在不斷重複的慘劇之中尋找意義，開始感到血流成河並無意義。我得讓自己溺死於血海之中，才能逃進虛空嗎？我應該不斷回來，才能在自己與死亡的戰爭之中求仁得仁嗎？

我和穆罕默德回到家，諾拉正在等我們。她鬆了一大口氣，連親我好幾下。「感謝主，妳平安歸來。」她的先生阿布坐在無線電接收器旁。

「飛機離開了，朝塔夫坦納茲的方向去。」他說。

我們全都深吸了一口氣，不用問的問題卡在喉嚨。

「我們生，其他人就會死。」我說。

穆罕默德去巡視被轟炸的地方，留我們在家。這家人的男女老幼湧出房間，圍住兩個老祖母，幾個人開始為晚上的活動做準備。我們準備煮一頓大餐，等著今日的禁食時間結束。誰來煮飯？誰負責去看燒焦的農田？我和諾拉收起她的針線活，她正在做幾件衣服。諾拉是裁縫高手，我正建議她開一間工作坊，教女孩子縫衣服時，無線電突然傳來尖銳聲響，嚇了我們一大跳。

「薩拉奎布的人民，薩拉奎布的鬥士……一架裝載著桶裝炸彈的飛機，正朝著薩拉奎布與塔夫坦納茲而來。」

我們聽見無線電的劈啪雜音時當場愣住，光是桶裝炸彈幾個字，就足以讓所有人動彈不得。桶裝炸彈是瓦礫堆下最不可能有生還者的炸彈，也因此聽到消息後，每個人呆若木雞。諾拉開始尖叫，我托住額頭，無線電持續發出刺耳聲響。爐子上正在煮馬鈴薯——我衝出去關瓦斯，以免所有人被燒死。家裡兩個老太太驚慌地看著我們。

收發器傳來戰士聲音：「我看見了，飛行高度六公里，我們沒辦法射下飛機。」

我們聽見反抗軍發射機關槍的聲音，他們試圖對抗戰機，保衛薩拉奎布。收發器傳來的轟隆聲響愈來愈大。飛彈投下前，很難分辨究竟是米格轟炸機，還是直升機。一陣巨大爆炸聲過後，收發器傳來劈里啪啦的情報：「真主至大（Allahu akbar）！桶裝炸彈在半空就爆炸，真主至大！」

躲過這場千鈞一髮的劫難，值得小小慶賀一番，但我們立刻又分頭進行手上的工作。男人到街上，女人準備食物，我跟著艾育歇到庭院觀察天上情勢。

二〇一三年七月二十日是另一個我一輩子都不會忘記的日期。那是我掉進無意義虛無的那一天，怎麼可能忘得掉？

那天，我們人在薩拉奎布的媒體中心。中心分成兩部分，一間房間擺放電氣設備與充電裝置，一間房間有網路與通訊設備。我待在第二個房間，因為戰士一般不會進去。此外，那裡已經成為接待訪問記者與其他媒體人士的貴賓室，有需要的人都能利用那裡的技術服務上網。運動人士在好幾個鄉鎮，都成立了類似的媒體中心，傳遞敘利亞人民的消息給外界。

我寄發電子郵件，寫下女性計劃要點，四周擺放記錄敘利亞整體女性與個人情形的文件。突然間，我感到精疲力竭，整個人被掏空。我試著走出房間，到廁所洗把臉，整個人像在飄浮。阿薩德的空襲永遠沒有停止的一天，我們像野生動物一樣逃個不停，更別提聖戰團體開始干涉人民的私生活，四處散布災難。

那天，通訊室裡進進出出的人特別多，氣氛有點不自在，全因為有我這個女人在場。我告訴大家，自己會待到當天預定拜訪第一位女性的時間，室內鬧烘烘的，每個人都有很多事要做。在場的男性很年輕，大都不超過三十歲，其中一人是北敘利亞兒童雜誌《詹圖與詹圖娜》（*Zaytoun and Zaytouna*）編輯。另一人是薩拉奎布新聞網站攝影師，還有一個人負責錄製影片並寄至各大媒體。有時戰士也會過來，有的屬於薩拉奎布烈士軍（Saraqeb Martyrs），軍事總部距離媒體辦公室大約只有兩百公尺。當時是齋戒月，要到宣禮員宣布當地日落時間後才能進食。

我們聽見一聲爆炸巨響，好幾塊爆開的窗玻璃飛散開來，所有人奪門而出。一顆子母彈落在隔壁房間牆上，窗戶變成一個大洞，天空與地面正在燃燒。有人大吼著要大家快離開，但又有人說飛機還在空中盤旋，現在出去會被子母彈與桶裝炸彈砸個正著。我六神無主，也不能去地下室，子母彈會在地上散落持續爆炸的小炸彈。現場還有波蘭記者馬辛・蘇德（Marcin Suder）、一名英國記者與兩名敘利亞記者，馬辛一下子衝到街上拍天空照。

「我跟你走！」我喊著，連忙把筆記塞進包裡。

我和穆罕默德、馬漢爾、馬辛一起上車，一路上避開幾條巷子，以免不小心觸發子母彈。剛才落在媒體辦公室的飛彈，讓地面與附近區域燒成一片焦黑。房屋被三枚連續發射的桶裝炸彈擊中，年輕人忙著了解傷亡情形。建築物已完全變形，只剩瓦礫和人們拖出的焦屍，每一樣東西模糊成同一種顏色，我拍下現場情形。

「去醫院，他們需要你們。」一個年輕人大喊。

車子一發動，一顆子母彈落在對街，燃起熊熊大火。我們試著掉頭離開轟炸區，穆罕默德的對講機傳來醫院被子母彈攻擊的消息，一枚火箭炸毀隔壁一棟屋子。我們前往醫院，路上只有其他倉皇逃難的民眾，幾家人試圖逃出薩拉奎布，頭上依舊不停傳來飛機聲響。

我說：「我覺得我們像被困住的老鼠，巴夏爾・阿薩德殺我們，只是為了好玩。」大家沒有接話，但政府的戰機與飛彈攻擊我們的城鎮時，那是我想得出最接近事實的描述。醫院位於薩拉奎布出鎮的地方，一旁就是公路，也因此永遠是轟炸對象。

我們在醫院看到一群灰頭土臉的民眾，一個人倒在染血的椅子上。人們在大樓裡進進出出，撞來撞去，個個驚惶失措。我們同伴的一個朋友在這裡當醫生，他走出來，帶我們到一旁的房間，三十歲的他是憤怒的薩拉奎布本地人。

「其他醫生都逃了，外頭還有候診的人。我能怎麼辦？藥不夠，人們正在死去，家屬氣炸了，我能怎麼辦？」

有人重重敲門，吼著要醫生出去。一名年輕人受傷了，他們把他帶進病房。藥物、設備、電力、水，基本上所有東西都缺。那個年輕人在尖叫，我走到另一間病房，兩張床上各躺著一具女屍，我走向她們。

一名護士告訴我：「今天的桶裝炸彈害死了她們。」

「我能看看她們嗎？」我問。

他看起來嚇了一跳，但回答：「好，妳看吧。」

我靠得更近一些，掀起第一具屍體臉上蓋著的布。我猜她大約三十七、八歲，要不是因為臉上有血，看起來只像是睡著了一樣。我把布蓋回去，凝視著窗外，接著在另一具女屍旁坐下。天空傳來飛機的嗡嗡回聲。

「妳在這幹什麼？」另一名年輕人吼我，我這才發現，自己坐在兩個死人之間，撫摸著其中一具屍體。我冷靜起身，感覺我不是我自己。我還能好好站著，只是因為我被包裹在一陣疏離之中。我回去找同伴，病房裡有更多死傷者。

我們認識的醫生還在暴跳如雷：「我要怎麼治療他們!?我手上什麼也沒有！他們在這裡只是等死。噢，主啊！噢，主啊！」他一直說個不停。

醫院大門外，一個人抱著兒子的屍體不停啜泣：「讚美主（alhamdu lilah），讚美主，噢，主啊，噢，主啊！」人們慌亂地闖進醫院，不斷地狂吼尖叫，隔壁建築物著火了。

我走向停在醫院大門旁的一輛白色貨車，車子後頭躺著三具屍體，一個母親和兩個孩子被包裹在破爛床單裡。第一個死的永遠是窮人。女人的腳從破布裡露出來，腳上皮膚乾裂。男孩的褐色頭髮染著一大片血。我後來聽說，雖然這家人不住市中心，雖然先前桶裝炸彈半空就爆炸，炸藥依舊落在他們身上，奪走了性命。他們是被流彈害死，車上血跡斑斑。

附近人行道上坐著一個男人，茫然地瞪著醫院入口，眼神無法聚焦。這種景象四處可見：駭人的屠殺現場或家人屍體旁，總坐著一個呆望著虛空的人。

我走向那輛貨車，「願神憐憫。」

男人看著我。

「願主賜妳平安。」男人回我一句話，接著再度陷入沉默。幾個年輕人過來把三具屍體抬進醫院，我閃到一旁，以免擋路。小女孩被抬起時，先露出辮子，再來是臉，年齡大概還不到四歲。她穿著塑膠拖鞋，但腳上找不到任何腳趾，只看得見血管與一大攤血。我跟上幾名年輕人，用布蓋住小女孩變形的雙腳，試著塞好。我的手指沾滿了血。

我們看著對面揚起的炸彈煙霧，一個男人扯著喉嚨：「那是第六顆落下的桶裝炸彈。」同一架直升機在市中心扔下第七顆，盤旋了一圈，接著又丟下一顆。煙霧瀰漫，我們什麼都看不見。

「這是地獄！」我狂吼，繞圈走來走去，眼前只看得見塵土，轟隆隆的聲響震著耳膜。

「我們帶妳回家，」穆罕默德怒氣沖沖，「妳待在這兒太危險。」

「但家裡一樣可能被炸！」我停下原地繞圈的腳步。

我們朝車子走去，醫生在後頭大吼：「我寧願回到米格機與化學攻擊的日子。跟這些摧毀一切的桶裝炸彈比起來，它們還算仁慈。什麼都逃不了桶裝炸彈。」

跟我們一起坐在車裡的一名反抗軍說：「他們想在這裡打開一個缺口，奪取磚造廠。」剛才他從頭到尾都安靜地坐在車裡，和另一名年輕人擠在後座，「這次轟炸一炸就是一星期，從沒停過。女士，妳得離開這裡。」

我一個字也無法回答，我不想討論。車子停在阿布・易卜拉欣屋前，我再也壓抑不住憤怒。

「你們什麼時候回來？」我問大家。

「我們去看看能幫傷亡者做些什麼。妳在的時候，大家特別緊張。妳待在這兒，我們會再用阿布・易卜拉欣的對講機跟妳聯絡。」

我一直想搬來薩拉奎布，但日子一天天過去，返國顯然是痴人說夢。我流亡法國，但還沒開始學法文，因為我下定決心搬回敘利亞，在北方定居。在此刻之前，巴黎對我來講只是個過境點。

那天晚上，我和諾拉、艾育歐、老太太們待在屋裡。她們依舊守在稍早之前的地方，諾拉也仍在驚惶失措。大家沒下樓待在防空洞——去了也沒用。老太太們跟平常一樣安靜，諾拉站起來祈禱，艾育歐和我互望一眼。我起身到廚房泡了一杯咖啡，梅薩拉衝進來。

「快點！快走！我們要離開薩拉奎布！」他對著我們大喊。

我和其他女眷被帶到阿布・易卜拉欣在瑪許拉非亞村（al-Mashrafiyah）的一座清真寺成立的避難所，往西北開車大約要一小時。我很生氣，因為我返國的目的是當目擊者，躲在遠方的清真寺就什麼都看不到了。同樣的場景一再上演，每個事件都跟前一個一模一樣：這是一場與死亡的對抗，而我們這一方完全無望。在這樣的情況下，一切的抵抗，只意味著待在原地，眼睜睜看著死亡發生，然後聽見消息傳出去。手無寸鐵的人民面對大砲、火箭、桶裝炸彈時，究竟能做些什麼？他們無力保護自己。戰士的武器也派不上用場，死的大都是平民。

我們前往臨時避難所，大量家庭也正在湧出薩拉奎布。收發器傳來消息，一名戰士拆掉落在某家的桶裝炸彈，成功阻止爆炸，但我們的右側鄰居，依舊有好幾棟房子被夷為平地。

我們開上的高速公路，經常遭受猛烈的砲火攻擊，路上坑坑洞洞，不得不一路蛇行，前方是某間車行的廢墟。

無線電收發器傳來叫喊：「醫生在哪裡？我們需要有人動手術，來了很多急診病患。」接著是另一人的聲音：「薩拉奎布的民眾，薩拉奎布的民眾，請注意，一架飛機正在靠近，一架飛機正在靠近。」

我看著車窗外，人們帶著幾樣家當，像遊魂一樣走在路邊，絕望的臉孔看著地上。我們經過幾家人身旁，每家人在車子經過時湧了過來，一個持槍男人停下我們，站在車前，問我們去哪裡，然後才放我們走。

「昨天開始有槍手綁架女人。」我們繼續開車，阿布．易布拉欣說：「他們通常不綁女人，而且那個女人還是地方村子的人，但依舊被帶走，丈夫的屍體被丟棄在路上，他們搶走了那個人的車和妻子！我們得小心，現在傭兵與小偷四處橫行。」

我們在一棟屋頂坍塌的建築物附近停留了一下，一架起重機正在現場搜救。屋內五人死亡，還在找剩下的一個小女孩。兩名逃過一劫的家屬看著廢墟，一人站在起重機前觀看機器工作，一人坐在人行道上。聽說那個人是三個孩子的父親，孩子和母親死在一起，另一個是他們的叔叔。

對街的地方，孩子們正在蒐集爆炸留下的廢鐵，等著變賣。桶裝炸彈裡的鐵條通常最多三十公分左右。一個年約十三歲的孩子，爬上巨大瓦礫堆，想找尋更多鐵條，但大人們叫他下來。那孩子衣衫襤褸，黑色眼珠，頭髮上都是灰，顯然不只一次在瓦礫堆裡費力尋找鐵條，大概是想賣了之後買麵包。

坐在人行道上的男人點燃一根菸，看著起重機，抹去睫毛上的沙礫。他的女兒還埋在那堆瓦礫之中，但大家告訴他，孩子不可能逃過這一劫——願主賜給他忍受痛苦的力量。

我們抵達位於瑪許拉非亞村的清真寺，那將是我們的避難所。地方居民是貝都因人，清真寺十分寬敞，用床單隔成幾區。我們將在此地停留一段時間，或許得待上幾天。在我們之前，已經有許多家庭在這裡避難過，留下毯子、塑膠布、簡易廚房用具，我們自己帶了一些飲料、麵包、起司和水。此地沒水沒電，但也沒有炸彈。

我們剛打掃好，家族兩位老太太，就在梅薩拉與蘇哈伯（Suhaib）的攙扶下到了。蘇哈伯是這家的外甥，原本在歐洲讀書，後來返鄉協助反抗軍，在媒體中心負責電台廣播及其他技術性工作。梅薩拉他們來了，這是我回薩拉奎布的機會，這次我下定決心一起走。

「我來這裡不是為了躲避發生的事！你們得讓我跟著你們。」我堅持。出乎我意料，他們答應了。

老太太們在年輕人的協助下，被扛下車。流離失所之中，某種東西讓心情沉重，但讓身體輕飄飄的。兒孫把長者安排在安全的地方，接著趕赴自己的死亡，和父母交換角色。老祖母氣急敗壞，不願離開自己的家，老阿姨則沉默以對。艾育歇眼眶含淚告訴我，她也不想離家，變成難民，寧願有尊嚴的死去。逃難令人失去尊嚴，最好死在自己家，然而男人完全聽不進女人的想法，女眷都留在清真寺，我則跟著梅薩拉與蘇哈伯回到媒體中心。

我們在五點左右回到薩拉奎布，民眾正在逃離家園。大約有十七枚桶裝炸彈落在鎮上，毀的全是小老百姓的家與市場。我們不曉得究竟落下多少火箭砲與子母彈，不過抵達辦公室時，年輕人說他們很快就會找出答案。梅薩拉與蘇哈伯讓我留在中心。我第一次返回敘利亞時，媒體中心原本位於市集，現在搬到鎮上的另一處。波蘭記者馬辛・蘇德正在等我，另外還有一名英國記者，以及兩位年輕的敘利亞記者，其中一人斷了一條腿，上次看到他的時候，原本還好好的。馬辛在一個房間處理先前拍的照片，另一個房間的人則在討論今天的轟炸毀了多少家庭。有的受害者少了手腳，大家從瓦礫堆中，挖出一名年輕女孩殘缺的屍體。

待在革命現場不需要觀察或分析能力；你不需要知道每一天將如何結束。你只需要鎮定的神經，以及每一分鐘都弄清楚自己身處何方，快速找到最安全的出口，盡量遠離轟炸現場——其實這是不可能的——還有確保醫生與急救人員就在附近，另外還要有運動者記錄阿薩德的戰機與飛彈造成的最新傷亡人數。你必須關注網路，祈禱網路不會被切斷。網路要是斷線，這片小地方就會與世隔絕，獨自面對全面屠殺。此外，你還得留心最小、最小的細節，以及最重要的是，看見殘缺不全的屍塊與倒塌房屋時，你必須撐住，不能倒下，連一秒鐘都不能忘記，要是你也倒下，身邊每一個人會更麻煩。

你得走向小小的手指，從瓦礫堆中撿起它們。你得拉出另一個孩子的屍體，她的衣服因為尿液還是溫的。接著你要走向下一個地方，繼續尋找更多受害者。你得忘掉受害者的臉，事後才有辦法書寫他們，才能說出他們的故事，向外界述說當他們看著天上降下桶裝炸彈雨與致命禮物，眼睛有多麼明亮。你有沒有分析現場事故的能力根本沒差，你沒時間想，為什麼平民的房子要被炸個粉碎——是為了減少民眾對於反抗軍的支持度？——也沒時間想，為什麼脫離政府掌控的自由區人道救援計劃，也成為攻擊目標。是因為政府瞄準了軍事補給線？在地面上，那一切都不重要。重要的是天上降下桶裝炸彈與子母彈，用恐懼包圍你的時候，你得神氣地挺直了身體。天上再度爆炸亮光四起時，我腦中想的就是這些事。

三顆桶裝炸彈接連落下，子母彈也來湊熱鬧。我們衝下辦公大樓的樓梯，馬辛與英國記者扛著斷腿的年輕人，我們站在大樓入口，旁邊站著一群不認識的年輕人。我們不曉得要去哪裡，直升機依舊在頭上盤旋。外頭開始天黑，附近顯然又落下一顆子母彈。陌生人邀我們一起走，但我拒絕。我告訴馬辛，最好還是回大樓，因為我不認識那群人，而我被警告過，已經發生多起綁架案。跟那群人走不會有好事，而且我們真的需要躲到地下防空洞。陌生人不放我們走，說防空洞也躲不了桶裝炸彈。

馬辛說，自己要到屋頂拍直升機照片，也就是說其他人得扛著傷者回樓上。我說自己先到樓上等他，馬辛訝異地看著我，因為他在那個當下要拍下飛機是瘋狂之舉，太多人都死於流彈。最後我們兩個人都上二樓，接著又爬上屋頂。那是我生平第一次以那麼近的距離看軍機，感覺很詭異、很嚇人。

天空一片紅光，夜晚尚未降臨。光線在遠方閃爍時，房屋剪影映在空中，近處是爆炸還殘留的火光。黃昏的天空，暗紅色線條中，盤旋著一架直升機。房子安靜到詭異。有那麼一瞬間，一切看起來像一幅畫，唯一會動的是一群人聚集在前三顆桶裝炸彈造成的破壞前方。飛機正在靠近。

我告訴馬辛：「我們得馬上下去。」他緊緊抓著我，把我拉向樓梯，我重心一個不穩，爆炸聲迫使我們蹲在門邊。又來一顆炸彈，再來第三顆。

死亡發生的前一刻，身體會化成數百萬不顧一切想觸摸到東西的感官，身體的唯一目標，是依附在另一個能證明自己還活著的東西上頭。那是直覺式的反應，介於精神錯亂與生物本能之間，強烈抵抗被奪走性命的威脅。我的手指胡亂在半空抓取，想抓到活物，眼睛一時之間什麼都看不到，只見到一片光影。馬辛和英國記者突然出現在我面前，我們撞在一起，又一聲爆炸巨響過後，再度分開，四周一片死寂。我們拔腿狂奔，沒人想死。勇氣不重要，我們只是驚惶失措想逃過死亡的凡夫俗子。我們逃出媒體中心，跑到街上，一直跑，一直跑，直到轟炸停止。

穆罕默德的車停在我們前方，先前他往返於轟炸現場，協助傷者，記錄情況。車上另一名年輕人解釋，他們要到快出鎮的一座麵包坊，拿取食物分給各家人。我們上車，離開被攻擊的區域。薩拉奎布的幾個地區，聽得見防空機關槍的聲響，也就是說偵測到飛機；接著爆炸聲在附近傳開，我們加快車速。路旁的人們正在奔跑，從右方車窗看出去，煙霧四起，火焰亂竄，但我們沒停車，所有人都不說話。外頭一片漆黑，我們抵達市鎮邊緣時，停在麵包坊前。那間麵包坊基本上是一個有水泥屋頂的大空間，一群戰士與運動人士圍住那個地方，主要是年輕人，也有幾個人年紀比較大。轟炸再度開始，但我們全都坐下，分享自己帶來的食物。

麵包坊的戰士來自薩拉奎布反抗陣線（Saraqeb Rebel Front），隸屬於自由軍。在場有一名老人與老人的家人，之後其他家庭也陸續進來。現場一把機關槍正對著我。我們吃東西時，我得伸手和大家一起拿東西，令我感到不安。有可能不把這些年輕人和死亡聯想在一起嗎？他們拿著麵包蘸橄欖油，一臉疲憊。在休息時間，大家靜靜吃東西，他們的饑餓、勞累與精疲力竭一覽無遺，接著那個聲音又出現了，那個依舊在我耳邊回響的聲音——又一顆飛彈的聲音，以及天搖地動。

我吃不下，抽起菸；我長年抽菸，已經講了好幾年，總有一天不再摧殘自己的肺，但找不到任何立刻戒菸的理由，尤其是現在，我凝視著香菸，細細品嘗。在爆炸之中，在如此詭異的一棟建築物之中，在機關槍與周圍隨時會死的戰士之中，一根菸，再加上一杯熱茶，是人生中最棒的享受。我擔心著諾拉、艾育歆、老太太們，雖然我知道她們人在清真寺避難所，很安全。阿美德（Ahmed）打破我的沉思。

「怎麼了，女士？妳怕機關槍？」

穆罕默德責怪阿美德沒禮貌，看了他一眼。不過我回答：「對啊，我怕。你看，我都在發抖了。」我們大笑。

阿美德是薩拉奎布二十九歲的戰士，手上紋著一朵大馬士革玫瑰，原本是商學院學生，已經服完兵役，大笑時露出牙齒，臉頰鼓起，高高胖胖的，盤腿對他來講有點吃力。他朝天上高舉雙手。

「噢，主啊！我在二〇一一年一月服完兵役，」他告訴我：「還來不及慶祝退伍，革命就爆發了。我們跟其他每個人一樣，跑去抗議，我們舉行的是和平抗議，我們只要求改革。真的，我發誓。」他微笑，接著又說：「但他們殺害我們，逮捕我們，燒掉我們在薩拉奎布的家。我們沒有武器，只是輪流看守自己的家園。我們有一把槍——三個朋友一起保護女人和小孩，以免被沙比哈與祕密警察抓走。他們殺了我們一個朋友，我們剩兩個人，之後我就加入烈士阿薩德新月軍（Martyr Asaad Hilal Brigade）。」

「你為什麼想武裝自己？」我問。

這次他沒笑，也不再吃東西，反倒點起一根菸。

「一名沙比哈對我們開槍，我們的人也開槍回擊。我們決定保護自己，因為他們開始一看到人就殺。我們組成治安團體，保護自己的城鎮，有十五到二十人，對方則在薩拉奎布各地成立五個軍隊與特務檢查哨。」

每個人都在聽阿美德講話，幾乎所有人都停下，不再吃東西。轟炸漸漸停止，寂靜之中只有阿美德的聲音。

「我加入軍團時，不想殺任何人。每次我們碰上衝突，大家都小心翼翼，不把自己的槍瞄準身體致命部位。我們全都同意，把槍瞄準腳就好，但事情開始有了變化。妳知道的……他們轟炸我們，逮捕我們，殺死我們的孩子，事情一發不可收拾。他們很殘忍，我們不再在乎自己的子彈瞄準哪裡。我現在和父母、弟弟一起住，為了在我眼前被殺的朋友，我永遠不會停止對抗巴夏爾・阿薩德。」

我問他怎麼看待導致革命偏離正軌的宗教極端主義軍團。

「我不是很懂妳的意思，現在有很多團體。ISIS與努斯拉陣線很不同，非常不同。」阿美德回答。

「不過努斯拉陣線由最優秀的人士組成，他們不偷、不殺，保護人民。」另一人說。

「才沒這回事！」另一名戰士插話。

「我沒要誣衊努斯拉陣線。」阿美德打斷剛才插嘴的兩名年輕人。「他們並未傷害任何人，ISIS則同時汙辱了伊斯蘭教與敘利亞，他們是跟我們沒有任何關係的外人，所有的穆斯林都有權決定如何詮釋自己的宗教律法，就連女人該不該戴頭巾也一樣。」

我沒有回應阿美德最後一句話，不想捲入那一類的爭論，但他等著我說點什麼。

「老實講，我是在努斯拉陣線解放許多區域後，才開始尊敬他們。」阿美德又自行說下去。

「但他們的政治目的又該怎麼說？」我問。

「這個我不知道！」阿美德回答：「但我可以告訴妳一件事，如今我們處於混亂、骯髒的階段，每件事都很髒。不管是政府、聖戰士軍團、情報局、警察、反抗軍，整個世界都一樣，我們現在陷入骯髒之中。戰士有兩種，一種拋家棄子，放下自己的生計，為了自己的信念，在敘利亞戰鬥。然而領導他們的人，跟祕密情報組織有關，把自己賣給政府和其他人。沒錯，某些軍團的領導階級已經被滲透。」

阿美德每個月可以從軍團那兒領到一千五百里拉的微薄薪水。依據他的說法，那點錢只夠他買菸。他說自己想結婚，因為戰爭八成會持續很長一段時間。

「那妳呢，女士？主帶妳來這兒，是為了懲罰妳嗎？」阿美德開玩笑，但我沒笑，只問了他打仗時的感受，臉上一直保持著嚴肅表情，他回答時也莊重起來。

「打仗時，我們不是人，是動物。要不就殺人，要不就被殺。」他挖苦地笑了起來，「問題在於，只有部分遜尼派支持反抗軍，所有的阿拉維派則支持阿薩德。憑什麼我們所有的遜尼派都要死，少數派則能活？如果他們跟我們一樣是敘利亞人，為什麼他們完全不出聲？我發誓，我完全不懂這是怎麼回事。

「我是戰士，但我來自良好家庭，受過教育，討厭殺戮。我想結婚，也想生小孩——那就是為什麼我要戰鬥，只為了讓自己活下去。但我知道革命被滲透了，我們已被敵人包圍。

「我有時覺得自己像過河卒子，但又能怎樣？我明白自己會被擺在哪裡由他人決定。我只知道，自己永遠不會停止對抗巴夏爾・阿薩德。我知道這完全是瘋了，我們是在赴死，但難道該不捍衛自己就直接死？

「我去過土耳其兩次，我走在那裡的街上，感覺很怪，沒有轟炸！沒有飛機！沒有殺人的飛彈。妳知道還有什麼嗎？我感到疏離，因為那裡什麼都有，這裡只有死亡與正在死去的人！」阿美德安靜下來。

四周靜了下來，我問：「老大，給我一根菸好嗎？」阿美德剛才一股腦把話說出來，情緒十分激動，這下笑了。

「一切都不值得，」他說：「我們全都會死，也許這一分鐘就會死。」他幫我點菸，笑了起來。

「妳要不要寫阿布・奈瑟（Abu Nasser）的事？」阿美德指著一個瘦弱的年輕人，那個人一臉蒼白，眼神焦慮，我先前沒留意到他。他坐得離大家有點遠，似乎對周遭的事漠不關心。我得知阿布生於一九九一年，曾三度試圖通過學士學位的畢業考，但都沒過。他似乎很害羞，不願意講話，只用眼角瞄我。

「阿布・奈瑟，別害羞，」我說，「你就像我的小弟弟。」

「女士，我發誓，妳比我親姐姐還親。」他小聲回答，開始講自己的故事。「我拿起武器，發起自己的聖戰，那是我為了主所盡的力。我加入和自由沙姆人有關的哈森．賓．泰比特軍團（Hassan bin Thabit Battalion）。我戒了菸，跟著他們到前線。我們在阿勒坡停留了幾個月，接著移師到阿札茲（Azaz）的梅納戈（Menagh）空軍基地。他們給我一把步槍，我這輩子沒發射過任何一顆子彈，除了有一次為死在面前的朋友報仇。」

我要他多講點自己所屬的軍團。

「他們是一個獨立團體——有很多自治團體。我們在空軍基地待了三個月，從來不曾出擊，但政府軍攻擊我們，處決我們的人，開槍射他們的頭。接著我們的指揮官居然是騙子，在一場戰役中拋棄我們，然後就消失了。我氣壞了——他本該是我們的領袖！怎麼可以就這樣跑了？他甚至帶走我的槍，那是別人送我的禮物。我發現他犯下吸毒、抽菸，以及各式各樣的其他罪惡。

「因此我加入阿布．塔拉德（Abu Tarad），他是薩拉奎布革命軍（Saraqeb Revolutionaries Brigade）的指揮官，我在他們那裡待了四個月，但我買不起新步槍——一把那樣的槍，價格超過十三萬里拉。」

阿布．奈瑟說自己想繼續戰鬥，不過也想完成學業。他研究過各種樂器，還能拉小提琴與彈奏烏德琴（oud）。

阿美德笑著插了一句：「他的烏德琴彈得有夠好。」

然而阿布搖頭，堅持道：「我真的沒辦法彈了。」

「別說謊！」阿美德回嘴。

「我向主發誓，我愛烏德琴，但已經不會彈了，我也不曉得為什麼！我以前以為自己是在對抗殺穆斯林的異教徒，現在我在對抗不公不義。如果阿薩德垮台，我還活著，我會去美國學音樂，我哥住在那。以前我害怕自己死的時候不是烈士，因為我想上天堂，但我發現領袖說的話與做的事互相衝突，他們在騙人……」阿布的外表看起來比實際年齡大，焦慮不安又鬱悶，他挺直身體，聲音充滿絕望。「現在我根本不去想結婚的事，我隨時可能死，怎麼能結婚？妳也看到了，我們活在永不停歇的轟炸之中，而且我可以告訴妳，局勢正在惡化。在阿勒坡，如果我們抓到有人喝酒，他們會在眾目睽睽之下鞭打那個人，他們是聖戰軍團，他們鞭打、焚燒與屠殺人民。」

「這些人是誰？」我問。

「那不重要。」阿布總結：「但我見過他們大開殺戒，因為對方是阿拉維派。此外，他們還鞭打不遵守伊斯蘭律法的人。」

時間是早上六點，我人在媒體中心，飛機早早飛到空中轟炸薩拉奎布。轟炸者毫不掩飾自己的行蹤，我們也能輕易從錯不了的聲音認出他們。透過面對軍團總部的窗戶，我看到一名年輕戰士。休旅車行李箱上，擺著十四．五毫米機關槍。他在後頭就定位，瞄準天上飛機。我認識那名戰士，對他揮手，也開始盯著天上的動靜。他很快就專心進入另一個世界，開火時身體和機關槍融為一體。

接著我聽見無線電傳來嘁嘁嚓嚓聲響：「大夥兒，飛機走了，神賜予你們力量，繼續提高警覺。」媒體中心的人向我解釋，機關槍嚇阻了前來空襲的飛機。

我回到窗邊，年輕人還在相同位置，觀察著天上情勢，但已點起一根菸。他聽著另一隻手握著的收發器，神色放鬆了一秒鐘。

辦公室裡有一大群人，包括一個來自大馬士革的法學博士。他離開首都，跟大家一起奮鬥，幫忙處理媒體中心的科技與軟體。他很瘦，脾氣剛烈熱情，但也很焦慮。他會待上幾天，持續工作不休息，然後再離開——其他幾個來來去去的運動者也是那樣。他指著我：「就跟妳一樣！」

梅薩拉家的外甥蘇哈伯也在媒體中心。他是勇敢的戰士，雖然一條腿在戰役中瘸了，卻拒絕離開薩拉奎布，矢言至死方休，口頭禪是：「我們要不就贏，要不就死。」我常與他爭辯，尤其是在長途旅程、他開車載我們到山裡拜訪村莊女性的時候。我擔心他冒太多險，花太多時間在前線，然而他有一顆真摯的心，比誰都還要勇敢。

數學老師亞罕（Ayham）也在。我回敘利亞時，他依舊在教孩子。他和哥哥一起住，哥哥是幾群學生的督學，平日養鴿子。亞罕告訴我，他目前不打算走，不過後來還是很快就離開這一帶。幾個月後，我聽說他死於空襲。媒體中心裡，還有永遠在旅程中陪著我的穆罕默德、馬漢爾、記者馬辛．蘇德、幾個自由沙姆人團體的成員，以及一群媒體專業人士。他們在兩個小小的房間裡，依舊夢想著革命能夠持續下去。

「很快就會發生奇蹟。」其中一人說。

兩名年輕人在房間裡頭，談起伊斯蘭軍團是如何開始搶奪戰利品——戰利品制度帶來了劫掠與弊端，竊賊橫行。自由軍的軍團則反對這種事，認為那是搶劫。

編輯與發行《詹圖與詹圖娜》的年輕人說：「然而最終伊斯蘭主義者贏了。」

這間媒體中心的報導，不一定都十分專業，但大家都在學。有時就連救難人員也得打仗，每個人的職責大風吹，記錄事件與拍照的任務，被交給與通訊、戰鬥或人道救援有關的工作人員。

辦公室是各種活動的中心，但大樓本身看起來沒人在管理與維護。我有點看不下去，請數學老師亞罕，以及幫過我的十六歲少年貝迪（Badee），一起打掃房間。他們一開始有點不自在，但最後還是動手幫忙。

傍晚時，飛機又出現。我們跳起來，跑到窗邊看機關槍。先前的年輕人依舊坐在原地，瞄準機關槍，連開好幾槍。我用手摀住耳朵，離開窗邊，但三名年輕人跑到機關槍旁，看著天空，好像在看紙飛機一樣。戰況一如往常，幾分鐘內就結束了。門打了開來，沙哈（Shaher）露面。年輕的沙哈沉默寡言，但性格友善，活力充沛，是隸屬於自由軍的薩拉奎布革命軍的一員。

「河床上有兩具死屍，」他說：「請過來幫我們辨識身分，埋了他們。」

「我也去。」我說。我蓋住自己的頭，他欲言又止地看了我一眼，但最後沒說什麼，所以我便跟過去。

烈日當空，鎮上另一頭傳來轟炸聲。我們把車停在公路上，柏樹遮蔭著路面，右方是一個深河谷，河床是乾的，兩具屍體躺在上頭，已經腐爛到辨識不出身分。

四周一股惡臭，大夥不准我再向前，不過我瞄到屍體的衣服顏色——其中一具屍體上是破爛紅衣，另一具屍體則是黑衣。頭顱不見了，不過其中一顆落在不遠處，密密麻麻的蒼蠅在上頭形成一朵烏雲。

沙哈一直還算開朗，但這下子心情沉到谷底。沒人認出死者是誰，大家決定就地掩埋。男人爬下河谷，但不准我靠近。柏樹細瘦，綠意蒼白，四周只有遠方傳來的飛機轟炸聲。男人戴上口罩，開始挖土。有那麼一瞬間，我感到自己將受不了一切死亡，暈倒在地。

我看著對面的沙哈。沙哈是土生土長的敘利亞人，毫不猶豫地拿起武器，保衛自己的故鄉。然而除了沙哈這樣的人，敘利亞現在還有外國戰士，他們比較像傭兵，打著宗教的名義，砍下人民的頭，重寫律法，還在檢查哨攔下我們，就好像他們占據了我們的國家。就在幾天前的瑪許拉非亞村，我注意到大量的ISIS戰士聚集在轟炸地點，公然在群眾之中揮舞著武器。他們並未融入其他每一個人，一眼就能看出他們是外國人。他們的皮膚有點接近藍棕色，不同於敘利亞人的褐色。有一次在檢查哨，站在我們車前的人，有三個茅利塔尼亞人、一個葉門人、一個沙烏地阿拉伯人、一個埃及人。混亂之中，反抗軍奮力保護情勢逐漸不利的革命，他們兩面作戰，除了反抗阿薩德政權，還得反抗開始讓生活像地獄的聖戰團體。

我靠著一棵柏樹坐下，望著四周，喃喃自語：「我如何能寫下這樣的滿地瘡痍？」

空氣中的惡臭令人無法忍受。後方一個年輕人聽見我作嘔的聲音，溫和地靠過來，「女士，真的，妳不需要見到這些。」他說：「我們回去吧。」

我的目光開始呆滯，沙哈和年輕人向我走來，比手勢要我回去。我吃力地起身，屍臭味卡在喉嚨，腦中滿是斷頭景象——兇手與受害者，沒名字的人，荒謬的混亂局勢，赤地千里。

「我不認為那兩具屍體是我們的人。」回程的路上，同車的沙哈說：「搞不好是政府的走狗！」

「你怎麼知道？」一個人說：「反正不管他們是誰，願主賜他們安息。」

另一個人插嘴：「我才不要。要是他們是阿薩德的人，願主『不』賜他們安息！讓他們的屍體爛在地獄！」

一切結束時，什麼都不會留下。在那個瞬間，我體會到我真的把自己帶到死亡之地，所見一切似乎都令人無法忍受。我太軟弱，受不了無情殺戮，罪惡每一秒鐘都在複製，不斷增長，不斷擴散，直到吞噬整個國家。我感到無力再做先前一直在做的事，一切不再有意義。我的頭像是有整窩螞蟻在鑽，轟炸的聲音很遠，兩具死屍上嗡嗡響的蒼蠅也很遠，瓦礫堆下小女孩的臉更遠。我在死亡的甜蜜召喚之中遊蕩。

沙哈的聲音，打破我的白日噩夢，宣布我們又回到媒體辦公室。那天晚上，薩拉奎布的地方議會在那裡開會，討論麵包危機。薩拉奎布的麵包供應在前一天被切斷。伊斯蘭局興起後，議會開始失去影響力，此外還有缺乏資金以及鎮民倒戈相向的問題。最關鍵的是，伊斯蘭局與伊斯蘭法庭由伊斯蘭軍團保護，靠武力以及以主之名，執行他們的律法。

我讓大家去開會，和穆罕默德一起坐下，討論拜訪女性的行程。我們必須開設識字課程，決定成立女性中心的地點，此外還得追蹤各種小型計劃的進度，然而我腦子是空的，機械式記下穆罕默德的話。一名年輕人加入我們，告訴我外國戰士正在拿錢請各家作媒，讓他們娶到烈士遺孀。許多家庭拒絕這個機會，但有的人同意了。我以前聽過這種事，事實上是前一天才聽說。我們拜訪了一位美麗的年輕女子，她是烈士遺孀，告訴我一個葉門戰士向她求婚，她想接受，因為她有三個孩子要養。除了和自由沙姆人運動有牽連的伊薩慈善協會，她沒有其他收入來源。不過她也說，自己其實不想這麼做。我們同意協助她安排小型計劃，她可以在家販售清潔用品，以及女性衛生用品。她知道做這種小生意賺的錢不足以生活，但至少可以不必嫁給外國聖戰士。（後來聽說她的確想辦法自給自足，並未結婚）。

辦公室裡的一個人，正忙著把天花板風扇改裝成發電機，反抗軍主持的區域被政府斷電。其他兩名年輕人，正在收聽地方青年成立的廣播電台所發布的新聞。從這些年輕人身上，看得出獲得自由的地區正在形成一個獨立國家，然而永不停歇的轟炸，加上宗教極端主義軍團興起，許多新興跡象跟著銷聲匿跡。不過，在這兩個被遺忘的小房間裡，革命依舊如火如荼地進行。這裡的人參與了一場獨特的公民社會自治政府計劃，顯然有能力自治，然而有人不希望他們的民主革命成功，他們自己也清楚意識到這件事。

「現在發生的種種事情，目的是要把這場民主革命變成一場宗教戰爭。」在北敘利亞一間報社工作的二十一歲青年說：「這些塔克菲理穆斯林……他們不知道自己在幹什麼，但他們的領袖知道。」他往地上吐口水，他兩個哥哥都死於轟炸。

穆罕默德和我按照計劃，拜訪女性的家，我們前往蒙塔哈位於媒體中心附近的家，天上再次出現飛機，但媒體中心的機關槍趕跑了它：中心用的是十四．五毫米的俄國DShK重機槍，又稱「德什卡」(Dushka)。幾個孩子在小巷圍成一圈，開始嬉戲，但我心神不寧，沒跟著笑，頭頂若隱若現的飛機，隨時能把這些孩子炸成碎片。兩個母親帶著沮喪面容站在門裡。一個扛著一袋洋蔥的男人走出巷子，一個持槍戰士出現在前頭另一條巷子。這就是人生。

牆壁，臉孔，每一樣東西都沾滿太多塵土，我隨時得用袖子擦一下臉，擔心自己很快就會喪失神智。這樣的環境底下，人怎麼可能不發瘋？

隔天早上醒來時，我感到疲憊。我想念愛拉和她的睡前故事，不過想到她現在人不在敘利亞，平平安安，我也感到無比寬心。除了想念我的小說書者，我也開始覺得身上有點黏膩，已經連續兩天穿同一件衣服睡覺，今天還要穿同一件。我晚上沒換上睡衣，擔心要是半夜空襲，得到外頭避難，這樣會在眾人面前不得體。此外，我睡前一定把黑長袍擺身邊。不過，蚊子和令人窒息的熱氣，已經令我一連幾晚難以入眠，剛要睡著又醒來。

轟炸停止了，我想去見一起合作的蒙塔哈和她妹妹迪雅，接著去迪雅成立的臨時學校，接著還要追蹤各種計劃的進度。穆罕默德告訴我，首先我們得查看薩拉奎布市場附近的避難所，我們計劃把那裡改造成女性中心。那個避難所的位置並不理想，但可以出借，鎮民願意免費讓我們使用，所以是好的開始。雖然轟炸通常把火力集中在市場，目的似乎是為了殺死最大量的人民，空襲一小時前停了，穆罕默德和我覺得現在過去應該還算安全。不過，我開始列出我想拜訪的卡夫蘭貝爾與薩拉奎布烈士遺孀姓名時，穆罕默德提醒我，想見她們不容易，需要幾天才能去那麼多地方。儘管如此，我仍盡可能快地拜訪最多人，接著快點到卡夫蘭貝爾見女性運動者拉贊，還要參觀難民兒童的學校計劃。

市場靜悄悄的，沒什麼人在賣東西。幾間店開著，但大部分的店鋪門口都被炸毀，剩餘的門板在微風中飄蕩。店家開始首度在窗戶前堆沙包，市場看起來像戰場前線。我們駛進通往中心的小巷。儘管有轟炸、殺戮與圍攻，我仍感到一絲快樂。這裡的人想辦法和平常一樣繼續過日子，男女老幼似乎鐵了心要活下去，然而隨身收發器又發出刺耳消息。

「有直升機！」無線電收發器發出干擾雜音，接著又陸續傳出說話聲：「你們這些白痴，你們人在哪？沒人看到嗎？媽的，怎麼沒人發出警告!?」

我緊抓著收發器，穆罕默德繼續開車。

「機關槍就定位！」收發器傳出的聲音大喊：「直升機正在薩拉奎布上空！」

我們聽見直升機螺旋槳拍打的聲音，周圍揚起一陣塵土。穆罕默德放慢車速，搖上車窗，我摀住耳朵開始尖叫，想聽見自己還活著，人類的尖叫聲如同動物的長嚎。又一陣震耳欲聾的聲響，又一陣塵土飛揚。視線逐漸明朗時，我看見一個男人抱著受傷的孩子狂奔，一邊跑，一邊哭嚎。我聽不清他在吼些什麼，因為我耳裡的嗡嗡聲變成一片刺耳的痛，我再也搞不清楚周遭發生了什麼事。就在此時，我聽見一個令人嚇破膽的聲音。我想不起那像什麼聲音，但覺得耳膜快被震破，頭痛到不行。車子在搖晃，我身體的每一個細胞，似乎都跟著搖晃的地面在顫抖，接著一切在眼前化為空白。穆罕默德試著放慢車速，緩緩駛過出市場的小巷。我們停下，一陣白煙落在車頂，滑落過側邊車窗，煙霧瀰漫，到處是金屬碎片。我身體一縮，聽見東西劃過車頂，一塊東西砸碎穆罕默德的車窗，接著又有一塊東西飛進我這邊的窗子，離我的脖子只有幾公分。兩三分鐘過後，我才睜開眼——我還以為自己死了，生前最後的時刻在眼前閃過。然而死前那一刻，我並未想著生命，也沒想著任何崇高念頭。我以為自己下一秒就會死，腦海中只有驚慌，不曉得炸彈會從哪裡炸過來，擊中身體哪個地方。

穆罕默德和我當時並不知道，那個第三顆桶裝炸彈，那顆直升機盤旋過後投進市場的炸彈，直接落在我們上方，沒等接觸地面才爆炸，而是在空中就炸開。我們怎麼會如此幸運，逃過死劫？反抗軍取得一些防空武器，可以攻擊六公里內的飛機，先前成功擊落數架飛機，也因此，這次的直升機被迫以更高的高度飛行。我們能死裡逃生，原因是阿薩德的直升機不得不飛得比平常高。此外，桶裝炸彈是殘忍武器，用原始材料手工製成，在高空擲下。引信必須裝在上頭，而且從飛機丟下前就得點燃，那顆炸彈的引信長度不夠精確，沒讓炸彈落地才爆炸。那天下午我們還活著，原因包括桶裝炸彈落地所需時間，以及不精確的引信長度，造成炸彈在半空就開始燃燒。

我們加速衝到蒙塔哈的家。穆罕默德放我下車，正準備離開，我請他待會來接我，我要一起去察看今天的桶裝炸彈造成的災情。

「幹嘛？好讓妳跟我一起死？」他微笑揮手，把車開走。

我走進蒙塔哈的房子，空中依舊煙霧瀰漫，一群女人正在等我，包括烈士遺孀、鄰居和大家的孩子。那間大房子和往常一樣，大家忙得團團轉。左邊的牆被炸開，我詢問發生什麼事，大家把裝著各種食物的盤子擺在地上，笑著聊轟炸的故事。一名胸前抱著孩子的杏眼女子是烈士遺孀，想開一家編織店。另一個女人是對文學有興趣的單身醫生。一個帶著兩名孩子的女人想要一台縫紉機。我告訴大家自己的故事時，感到一陣荒謬詭異，一顆桶裝炸彈剛剛被扔到我頭上，而我現在又突然回到日常生活。

我的腦子一片空白，嘴唇還在發抖。大家圍住我，一個女人握住我的手，一個人開始背誦古蘭經。我不知道自己的眼神是否看起來像發瘋，也不知道自己的臉是否嚇到一片慘白，但我真的非常感激自己還活著。我想知道在場的女人是怎麼辦到的，她們怎麼有辦法有力氣撐下去。她們依舊美麗、乾淨、食物美味。窮雖窮，孩子顯然被好好照顧，一個女人還帶來幾件自己做的衣服。

蒙塔哈的妹妹迪雅成立了一間臨時學校，告訴我建立讓孩子在家自學的女性網絡的重要性：我們不能冒險讓孩子聚集在傳統的學校建築。要是炸彈炸在學校，死傷會比在其他地方學習慘重許多。社區已經開始成立這類地方上發起的私塾，能上多少課，要看轟炸的密集程度而定。雖然沒有固定的上課日，至少孩子還能接受到一點教育。

我們把文件攤開，擺在面前，做起筆記，研究女性案例。雖然我無法專心，腦子也依舊一團漿糊，但是我知道自己不能停下。在這群堅強女性面前，我感到羞愧。外頭不斷傳來飛機與救護車聲響，孩子依舊在吵吵鬧鬧，傳來傳去的食物碟子叮噹作響。

突然間，大家對工作失去興趣，開聊起來，就好像一下子又有了說話欲望。一個二十歲的女孩說，她反對伊斯蘭軍團正在做的事，講他們某天如何砍下一個士兵的頭，插在杆子上，帶到薩拉奎布市場上遊行。

「沒錯，但妳知道那個人做了什麼事嗎？」另一個女人加上一句，「他開了一輛坦克，大家要他投降，不想向他開槍；他們原本沒要殺他。我堂弟在現場，他看到事情的經過。那個人居然向大家開砲，想把所有人都殺了。他殺了兩個人，接著一個人反過來殺了他，大家氣瘋了。」

「我們反阿薩德的目的，不是為了讓我們的孩子目睹這種野蠻行為。」另一個女人說：「可恥，太可恥了。他們有什麼必要把頭顱展示在每一個人面前？我們想向伊斯蘭法庭遞交請願書，但我們現在不行自己這麼做了，妳們知道的。」

「不能這樣。」另一個女人同意：「我們不想用這種野蠻方式帶大孩子！」

「我敢肯定，接下來一定會更離譜。」一個女人低聲說。

孩子到處跑來跑去，撞進我們懷中。

「但我們該怎麼辦？」一個年輕女人回答：「我不能讓我的兒子因為看了那種東西，長大變成殺人魔王與怪物。」

我寫下我對每個女人的背景觀察，對她們堅決的求生意志依舊感到驚奇，我感覺幾乎能用手指碰觸與深呼吸到她們的樂觀氣息。她們沒別條路，只能選擇留下，而我則有機會離開這個地獄，到國外生活。

飛機轟隆隆的響聲再度出現，一名烈士的年輕女兒尖叫：「這次是米格機！」

我們聽見震耳欲聾的爆炸聲。

「還有這次是子母彈。」一個女人說。

我們立刻收起文件，匆忙尋找避難所。蒙塔哈要我留下，但我知道穆罕默德在外頭的轟炸之中等我，我衝出去找他的車時慌亂無比。

到家時，阿布．易卜拉欣、諾拉、艾育歇，早已躲到防空洞等我，一家人已經從瑪許拉非亞村的清真寺避難所回來。諾拉在發脾氣。艾育歇想上樓陪一下兩位老太太，我跟著她上去，然後我們端了一盤食物，走到通往防空洞的樓梯，安靜地吃起東西。炸彈再度不停地落下；想在此處的每場死亡慶典休息時間做點什麼，感覺根本是瘋了，但我的腦子依舊在計算，還剩多少時間能完成此地的女性工作，還想著迪雅可以在轟炸之中教孩子讀書的方法，雖然轟炸的猛烈程度可能讓一切化為烏有。

那天晚上，我和穆罕默德、蒙塔哈拜訪一個女人的家，那位女士想開一間美髮美容沙龍。我很訝異，沒想到現在還有人有心思打扮自己。點子的主人法狄亞（Fadia）有著深色皮膚、身材苗條、不超過二十五歲，有三個孩子。沒人知道她先生出了什麼事。美容院將開在她家，因為跟其他計劃差不多，鄉下社區的傳統不允許女人拋頭露面，一定要有丈夫或男性親戚陪伴才能出門。革命爆發前，經濟情況比較好，多數女性不需要工作，現在不一樣了。那天稍早，薩拉奎布的女醫生告訴我，鎮上很多女人都有大學學歷，但傳統習俗的影響依舊深入人心。宗教不是唯一的問題，女人還害怕人們議論。

接下來幾天，我們造訪女性時，由於轟炸的緣故，我和穆罕默德時不時就得中途停下，也因此我們遇到很多人，大部分是中產階級。自從爆發革命後，他們的經濟狀況每況愈下。大家人很和善，每當我造訪他們的家，他們願意談起教派戰爭，指出自己既不參與，也不認同。他們說不希望身邊有極端主義軍團，但那由不得他們，他們感到無力。我從眾人極力與教派主義撇清關係的樣子，知道他們曉得我的身分。我和他們在一起時，不覺得自己的生命有危險，然而接下來發生的事，讓我不得不永遠離開薩拉奎布。

我瞥見媒體中心門底下出現腳影時，還以為是來修電纜或衛星網路裝置的人。雖然他們的動作安靜到令人起疑，但我自覺安全，因為這棟建築物大門上樓的鐵門鎖著。我沒去管那些影子，一點也不怕，完全不擔心，十分鎮定。全身骨頭和頭在痛，耳朵嗡嗡作響，不管做什麼都覺得全身很重。我關上房門，打開窗戶，回想前一晚的景象。

前一天又是充滿挑戰的二十四小時。晚間的空襲地點離得夠遠，我們幾個人在媒體中心待到快清晨。我、穆罕默德和馬漢爾身邊，還有記者馬辛．蘇德、十六歲的貝迪，以及前左翼人士阿布．哈森（Abu Hassan）。四名行動主義者也在上網工作。半夜過後，媒體中心收到求助電話，幾個人得趕去醫院，我跟著去。馬辛也去了，拿起相機仔細照下轟炸的每一個細節：血跡、路旁燒燬的房屋、傷者、行人的臉、等待的人、天空的顏色、樹木。

我們在一個受傷孩子的病房外停下腳步，當時我還算鎮定。小男孩大概還不到四歲，骨瘦如柴，看起來好像剛睡醒。他很漂亮，沒在哭，安安靜靜坐著看天花板，眼睛眨也不眨。他身上除了胸前一個很深的小洞，沒有明顯傷口，那是榴霰彈留下的痕跡。子母彈的榴霰彈會穿進身體，接著裂開，從體內取走被害者性命。醫生告訴我們，他將替小男孩開胸，取出彈片。

我看著小男孩，不曉得為什麼，開始喘氣，自言自語：「天啊，天啊……」我得離開病房，無法理解為什麼世界上要有那麼多苦難。像隻小鳥般被遺棄的孩子安安靜靜，不抱怨，默默受苦，大眼睛充滿對世界的希望。小男孩沒注意到周遭發生的事，接著我發現自己站在一大塊血跡之中，突然驚覺自己站在一具屍體上，尖叫著移開腳步。

馬辛拍下小男孩的照片，我在醫院各病房走來走去。醫院十分破舊，缺乏各式醫療器材，雖然時間已經接近凌晨一點半，傷患依舊川流不息。我回到小男孩的病房，他依舊盯著天花板看，不過現在眼睛流出眼淚，醫生正在做切胸手術的準備。我們離開。我慢慢走著，馬辛一路安慰我，馬漢爾則走在前頭。

「一切都會沒事的。」馬辛冷靜地用英文告訴我：「他會活下來。」

回到辦公室的路途很漫長，我們數度停步，前方炸彈像雨點落下。馬辛繼續拍下一切，眼睛完全不眨，身體一點也不抖，不停地拍照，就好像落在我們頭頂的炸彈不算什麼。

我們那麼晚還去醫院，實在很不湊巧。子母彈的轟炸之中，竟是我最後一次見到馬辛，我沒料到自己成為他被綁架的證人。

隔天早上十點，我靠在窗戶上沉思，突然咆哮聲四起，接著是槍聲和亂糟糟的聲響。我檢查了一下自己那間辦公室的門，門是關著的，我緊緊閉住呼吸。咆哮聲，槍聲，接著有人用力敲我的門，更多發子彈被發射。馬漢爾在講話，試著找出闖入者想要什麼。我的耳朵嗡嗡作響，不曉得天上是否正在落下炸彈或火箭，但我知道現在辦公室裡有拿著武器的男人，先前我在門底下看到的影子是他們的。他們當時一定是在準備這次的行動。

馬漢爾對我大吼：「薩瑪，電腦！電腦拿來！」

我披上長袍和面紗，抓著電腦，微微打開門。馬漢爾站在門外，臉上流著血，他擋住一個男人，不讓那個人闖進我的房間。門只開了一條小縫，外頭的人不太能看到我。馬漢爾立刻關上門，我回到原本坐著的地方。一兩分鐘過後，我打開門，無法呆坐一旁，什麼都不做。陌生人依舊在我門前，馬漢爾站在原地，臉上都是血。事後馬漢爾告訴我，那個人用槍托打他的臉，我還以為我們會死。

一個念頭占據我的腦海：他們是ＩＳＩＳ戰士，可能是發現我的身分，所以來綁架我。也或者他們要殺掉我們全部的人，因為他們最近在圍剿革命人士，或捕，或殺，跟阿薩德政權沒兩樣。ＩＳＩＳ的攻擊目標是世俗公民運動者，以及像我這樣的媒體人士。就算不管我的職業，我來自阿拉維派家族，也是他們視為異教徒的教派。凡是被他們宣稱為背教或叛教，就會被殺。

馬漢爾的臉血流如注，我的眼睛緩緩睜開又閉上，他流了太多血，我以為他要死了。

「你還好嗎？」我問。

我差點忘記蒙面槍手還在外頭，直到他恐嚇我：「妳，快點進去！」他用槍指著我的臉，我心臟怦怦跳，但穩住自己直視他。

「很抱歉，不好意思。」我冷靜說著，關上門，坐回床上，無法不想到馬漢爾隨時可能倒下，接著槍手會打開門，對著我的頭開槍，也或者我會被綁架，消失在黑夜。我靜靜坐著，嘴唇在發抖。

那個蒙面的武裝民兵不是敘利亞人，他是那些外國戰士，眼睛是棕色的。我一直想著他看我的樣子，他的眼睛不像那些傳統敘述中的兇手。他是一個英俊的年輕人，臉頰粉嫩，眼睛閃閃發亮——但那是一個殺手，年紀大概還不到二十歲。我在發抖，無法在房內多待一秒。我打開門，他們已經走了，整起事件不到十分鐘就結束了。

我後來聽說，當時來了九個蒙面持槍歹徒，他們用銳利塑料繩綁起穆罕默德，也就是祕密警察和沙比哈用來捆綁被拘留人士，以及他們隨便愛綁誰就綁誰的那種。那種綁人的工具像手銬，緊緊銬住手腕，陷進肉裡。只要一動，就會受皮肉之苦。哈森還有貝迪也被綁住，他們全都被槍托毆打。辦公室一切設備全被搶走，闖入者什麼都沒留，就連設備轉接線也拿走。他們還偷走文件與檔案——能拿的都拿了。他們在幾分鐘內，就有條不紊清空整個中心，但大家最震驚的是他們還帶走馬辛。他們除了在光天化日之下搶劫，還有計劃地綁架外國記者，要求贖金。

事情尚未結束。馬漢爾和幾個人跑出去追歹徒的車，但車子已經不見蹤影。他們試圖向伊斯蘭法庭申訴這件事，但徒勞無功。馬漢爾在伊斯蘭法庭承諾受理這起綁架案之前，不肯清理傷口，但伊斯蘭法庭要求我們證明的確是ISIS綁架馬辛。

我們在阿布·易卜拉欣家待了一下後，又返回市中心，跟自由軍的武裝部隊商談，他們的總部就在媒體辦公室旁。他們請自己的指揮官阿布·迪亞柏（Abu Diab）過來了解情形，我們和一群戰士與鎮民坐下，我和大家談論的時候，確信那群蒙面歹徒一定有內應，某個熟悉我們辦公室、來過的人。歹徒是在發現居然還有女人在之後，才開始匆忙行事。另外，他們一定是在擔心，槍聲會引來就在附近的軍團戰士。儘管如此，當時沒人能阻止他們。

這起行動的目的顯然是要嚇唬世俗公民運動者，因為接下來發生多起類似事件，世俗運動者被綁架，接著被殺害，似乎是刻意被鎖定的目標。情勢一團混亂，綁架外國記者的事件層出不窮，有的是為了要求贖金，有的是為了防止他們公布正在發生的真相。

我們很沮喪，馬辛是非常優秀的人，相貌英俊，臉上有酒窩，永遠樂觀向上、鎮定又勇敢。雖然發生空襲時，永遠忙著拍照，也永遠不會忘記先下車替我開門。他在中心主持攝影訓練課程，大家又活過一次轟炸時，他會拍拍大家的背，鼓勵大家。他跟我講起自己參與運動的經歷時，臉上永遠帶著溫和的微笑。

「我支持你們人民的目標，」他說，「我懂你們的訴求，但恐怕在這裡不容易做到，情勢很複雜。」

馬辛失蹤了，還有雖然我們盡量保密，以免槍手回頭找上我，但這下子我跟媒體辦公室的運動人士待在一起的消息傳了出去。為了保命，一定得離開薩拉奎布。雖然卡夫蘭貝爾的朋友一聽到消息，立刻來接我，但我希望在薩拉奎布多留幾天，確認自已離開後，認識與關心的人不會出事。此外，我還想協助年輕朋友在伊斯蘭法庭面前作證這次的事件，我沒考量到在伊斯蘭法庭眼中，光是我在現場就是一種罪。

我回到大合院。

諾拉一見到我就呼天搶地，「噢，我的天，要是他們綁走妳，我該怎麼辦！」她捧著自己的臉，接著又抱住我。

艾育歇也讓我感受到溫暖人情，她正要去買肉和蔬菜，但半路折回來，陪著我在屋裡講了好一陣子的話。

「革命發生前，男人會買回我們需要的每一樣東西，」她說：「妳認為革命讓女性被邊緣化嗎？我不這麼認為。革命爆發後，我們自己買東西，外出時不需要男人陪伴。外國的塔克菲理武裝團體現在掌控了人民的生活，問題在於我們想要過日子，而他們不給女人空間生存。我們的男人得同時對抗多方人馬：巴夏爾．阿薩德、武裝的極端分子、綁匪與傭兵。他們沒辦法同時顧到這麼多危險——此外，我們女人也在工作。如果事情再繼續這樣發展下去，將是災難一場，這個國家再也回不去了。」

艾育歇的家族已經算是相當富裕，然而要湊齊一天的食物，依舊得耗費不可思議的力氣。在轟炸之中苟延殘喘，面對食物缺乏，物價奇高，加上沒水沒電，生活變成活生生的地獄。這個家族的女人確保家人能獲得日常所需，打理食物、衛生，以及孩子與男人活下去所需的一切事物。現在很少有商店還做生意，大部分的人一天只吃一餐──就連那餐也吃不到什麼。少數幾個幸運兒有土地，可以自己種東西。

那週稍早，我和穆罕默德、蒙塔哈拜訪薩拉奎布女性的雜貨店計劃（Grocery Store project），她們烹飪與包裝商品，接著以合理價格出售，財務有辦法獨立。我們在晚上造訪，在「開齋飯」（iftar）之後──也就是齋戒月期間，每日禁食結束後的第一餐。我們坐在院子裡，那家的母親在中間，一旁圍繞她七個女兒與三個其他家人。光線漸漸暗下，但院子裡依舊充滿鮮豔顏色，萬紫千紅，四周擺著各式花盆，中間是一棵橄欖樹。跟房子被炸彈蹂躪的殘破外觀比起來，這個平和的景象有點超現實。大家在寬敞的廚房裡忙碌著，有冰箱、爐子、擺滿玻璃容器的架子，容器裡裝著各色食物甜點。雜貨店計劃需要大冰箱儲存食物，防止腐敗，還需要發電機讓冰箱能用。我們坐著坐著，儘管有燭光，四周仍昏暗起來。

「我們只在一定時間使用發電機，因為重油貴到不行。」那家的兒子告訴我。他負責送貨到人們家裡。「我們靠製作手工食品賺錢，但這樣的情況叫我們怎麼繼續做生意？」

這一次，艾育歇沒帶上我就去市場了，其他人求我待在家裡，整個家族開始溺愛我。全家都聚在一起，開始替接下來幾天安排計劃。一方面，轟炸永遠不停歇。另一方面，社會正在面臨深遠改變。這裡的人要如何活下去？

家族的外甥蘇哈伯是受過教育、討人喜歡的年輕人。「我們怎麼有辦法繼續住在這裡？」他問：「這裡的情勢似乎讓一切變得不可能。我們腦袋裡唯一能想的事，就是取得最基本的生活必需品。土地燒焦，貿易中斷，年輕人得打仗，殉難成為烈士後才返家。我們大概還能再忍耐這種局勢一年，但撐不了好幾年。我們回到過去的黑暗時代。要是伊斯蘭法庭繼續這樣下去，要是聖戰軍事團體繼續靠它們的外國戰士壓迫我們，這個國家的統治者會變成軍事與宗教上的極端主義者。伊斯蘭這個宗教應該散播繁榮而不是貧窮。」

那天稍晚，我聽見大家在談ＩＳＩＳ的事，想到那群人不曉得會對馬辛做出什麼事。

「他們不會殺了他，對吧？」我問。

「不會，他們會為了錢留著他。」一個人說：「然而現在的問題在於，他們不承認是自己綁走他。」

當時ＩＳＩＳ的綁架行動與殺害運動人士的行為，尚未如我離開敘利亞後那麼殘暴。馬辛被帶走的時候，綁架主要是為了要求贖金，隨機擄人，外國記者尤其危險。後來則成為製造恐懼的策略，綁人後撕票，還公布斬首影片。

其他人告訴我，伊斯蘭法庭的一個成員，一個叫阿布・巴拉（Abu al-Baraa）的人，也是努斯拉陣線的人。那個人告訴馬漢爾，他想連根拔除全國所有世俗主義者，甚至說要砍下他們的頭。我試著專心聽每個人說話，然而巴拉威脅運動人士的話在我腦中徘徊不去。女人們切菜準備晚餐，在俯視院子的廚房，以及我們圍著收發器的房間之間，走來走去。她們重複那個人說的話，顯然被那些話動搖。

我們準備晚餐時，我得知那天大家在伊斯蘭法庭，還看到阿布・阿卡拉瑪（Abu Akrama）。阿卡拉瑪是努斯拉陣線的領導人物，也是薩拉奎布治安委員會（Saraqeb security committee）的成員，扮演的角色有點像安全閥，可以紓解團體的緊張情勢。他年約四十，身材福態，人很聰明，聲音柔軟低沉，平日穿著一般人的衣服，沒穿蓋達組織（al-Qaeda）愛穿的那種伊斯蘭服飾。阿卡拉瑪剛來薩拉奎布時，大家誤以為他是南方霍蘭（Houran）一帶的人，但他其實是巴勒斯坦約旦人，待過阿富汗、伊拉克、巴基斯坦，後來才到敘利亞。雖然他很低調，不太談自己，但人們逐漸知道他受過機械工程訓練，能說英文、法文與阿富汗語。據說他來到黎凡特是為了反抗暴君與什葉派（Shiite），他輕蔑地稱那些人為「拒絕派」（Rawafid，譯註：拒絕接受教義與伊斯蘭正統領導之人）。

「如果他們繼續允許全世界的傭兵進入敘利亞，我們怎麼可能生存下去？」做完家事的艾育歇走過來問。

家族一個女人大聲說：「還有你們，你們這些薩拉奎布的男人，為什麼把我們的城鎮交到外國人手上？」

然而我的腦中只有一個念頭：如果我不管到哪裡都無法單獨行動，就連只是走到屋外幾公尺的地方，都需要有人保護，怎麼可能繼續待在這裡？我要依照原定計劃留下來嗎？要是真的留下，怎麼可能不變成這群好人的負擔？我只會讓他們的日子更難過。

「女人明天會來這裡見妳，這樣對妳來說比較安全。」穆罕默德說。

我看著他，又看著諾拉，諾拉坐在地上剪地毯鬚。穆罕默德知道我心裡在想什麼。「我發誓，我們不擔心一般人會對妳做什麼。」諾拉悲傷地看著我，「我們擔心的是傭兵和歹徒……那些土匪和壞蛋。」我沒講話，暗中決定是時候前往卡夫蘭貝爾，這樣對大家都好，也比較安心。這家人待我有如親人，而我住在這兒，已經對他們的性命造成威脅。

卡夫蘭貝爾的媒體中心已經改頭換面，如今位於一棟大房子，有好幾個房間，使用者包括阿拉伯與外國記者，以及被穆卡巴拉情報局追殺、不得不離開政府掌控區域的運動者，以及到北方參加革命的人士。房子俯視一條大道，先前顯然被政府軍占據過，從這個地方彈痕累累的樣子就看得出來。此外，廚房裡有小洞，狙擊手就是從那裡瞄準被害者。軍隊走了以後，屋主把房子捐給反抗軍，反抗軍清理了一下，但受損痕跡依舊存在。

寬敞的屋頂露台俯視著橄欖林，我和同伴在那裡聚會，他們告訴我在馬辛被綁後，他們多擔心我留在薩拉奎布，要我在離開敘利亞前，都和他們待在一起。他們還提到自己成立計劃，訓練年輕人在伊德利卜省營運廣播電台。

「我們的目標是提供辯論與討論的公共園地，以負責、透明的方式，討論我們遇到的問題。」拉亞德・費爾斯說。他認為新興的民主政體一定得有這樣的園地。

媒體中心一切的工作繞著拉亞德打轉，他不斷提到自己對於未來抱持的展望。他尚未失去信心，認為不管革命多麼偏離當初的軌道，就算敘利亞已經成為代理人戰爭的戰場，國際勢力在這裡廝殺，革命終究會成功。拉亞德常讓人覺得他好像永遠不會累，我試著感染他身上的活力。

卡列德・艾沙跟著拉亞德一起工作——先前我遇過這個人。另外還有一個叫阿布杜拉（Abdullah）的年輕人，以及三十歲出頭、負責地下室無線電廣播的工程師奧薩瑪（Osama）。除了他們幾個人，還有全心全意投入工作的哈默德，以及一群年輕人。那群年輕人原本在這一帶進行和平抗議，全都主持過示威活動。我的女性運動朋友拉贊也在這兒。我得知畫家阿美德・札亞爾也依舊偶爾來訪，他跟以前一樣冷靜與緘默，就跟我第一次見到他的時候一樣。

阿布杜拉笑著說：「我們會死，也或者革命會成功。或是我們會死，革命也失敗了。」現年二十歲的他，過去三年把人生都投入革命之中。

現在是齋戒月，快到可以進食的時間，每個人開始忙著準備食物。拉亞德做了綠色沙拉，他說自己通常會冒著在前線遇到轟炸的危險，跑到邁阿賴努曼買蔬菜，當地農產品比較便宜，品質也比較好。大家說說笑笑，拉贊一直進出廚房。在卡夫蘭貝爾，我們可以盤腿坐在戶外露台，凝視著橄欖樹。大家準備餐點時，又來了幾個人，包括四個深度參與公民社會行動主義的敘利亞人，其中一人是易卜拉欣・亞索（Ibrahim al-Aseel），他自願提供反抗軍管理訓練，包括指導大家經營小型事業，訓練大家提供心理支援，還開設培養技能與增加人力的人力資源工作坊。這位勇敢又認真負責的年輕人，走遍鄉下省分，指導媒體人員與地方運動人士。

我們聊天時，我頭靠在露台柱子上。有那麼一瞬間，我想著過去是否有政府的士兵，也是這樣把頭靠在那裡，接著是否子彈射穿他的額頭。年輕人開始遞水杯給大家，打破今天的禁食。

收發器突然傳來聲音：「市場上方出現直升機，兄弟們，廣場出現直升機。」空襲警報與通知晚禱者禁食時間結束的宣布，同一時間出現。大家面面相覷。

「來吧，每一個人快點吃。願主接受我們的齋戒。」

我跟著身邊的年輕人拿盤子夾食物。哈默德正準備和大家一起坐下，轟炸就開始了。我們拋下晚餐，我衝進屋內，躲在一根柱子後尖叫，其他人也各自找地方，身旁幾乎完全沒有掩護——這次來的是直升機，也就是說扔下的會是桶裝炸彈。接著我們聽見直升機飛過的聲音，我從樓梯上哈默德的後方跑過，衝上屋頂，想看直升機往哪個方向去，幾個人跟在我後頭。直升機在附近扔下桶裝炸彈，一陣煙霧瀰漫。

哈默德看著我們，大吼：「快下來！」拉亞德在屋頂上又待了一下，接著跑到鎮上，幾個人尾隨在後，想記錄剛才發生的事，就跟薩拉奎布的人一樣。另外他們還會幫助傷者。眾人回到樓下。

一名戰士在露台坐下，收發器擺在腿上。「好了，今天的炸彈配額收到了，」他說：「這種事每天都在發生——我們正準備結束禁食，或是剛開始吃東西，他們就來轟炸。」

其餘的人圍在晚餐旁，但只抽菸，沒人去碰食物。

「自從齋戒月開始後，他們就故意等到晚禱再轟炸，有時是空襲，有時是火箭砲。我聽到他們在無線電上的通訊。」四十一歲的戰士阿布．瑪莫德（Abu Mahmoud）說。

「你是怎麼聽到他們說話？」我問他。

「我用這隻耳朵聽的。」他露出挖苦的笑容。

「他們說什麼？」

「我聽見他們說，禁食時間結束了，他們準備好要餵我們美味的桶裝炸彈大餐，然後開始大笑。」我不敢置信地望著他。

「我發誓，女士，是真的。他們扔下桶裝炸彈時，我們能接收到他們對彼此說的話。他們其中一人用力扔下桶裝炸彈時，對朋友說：『快點，餵狗的時間到了！』」

「他們扔下炸彈時，真的是那樣講話嗎？」我問。

「不是每次，有時是那樣。我比較倒楣，得聽他們講話，那是我負責的任務。」

忿忿不平的瑪莫德是負責攔截駕駛員對話的戰士，皮膚黝黑，一雙藍眼睛，面容沮喪。他說自己在沙烏地阿拉伯的營造業工作六年，後來回敘利亞，買了一輛車，當起司機，還在卡夫蘭貝爾蓋了一棟房子。和平抗議開始時，他決定辭去駕駛工作，把精力投入革命公民活動。然而阿薩德的軍隊在二〇一一年七月四日進入卡夫蘭貝爾，他工作的本質變了，開始拿槍瞄準支持政府的告密者。

早期的時候，他只有一把陽春的俄國步槍，和同伴一起對抗政府軍隊。他說那是一把無用的武器，因此換成狙擊步槍，跟著正義騎士一起對抗阿薩德的軍隊時，不會被認出來（我想起自己先前在媒體中心碰過正義騎士的指揮者：親切和藹的阿布・馬札德）。瑪莫德解釋，阿薩德的飛機開始轟炸時，他拋下狙擊步槍，換成十二・七毫米重機槍，現在負責操作防空武器，雖然他的武器也發揮不了什麼作用。他抬頭仰望天空，一眼依舊留意著收發器，我問他戰爭結束後要做什麼，他苦笑了一下，點點頭。

「我會回去當司機，拋下這一切。」他指著自己的步槍，聲音充滿不屑與憂傷。

「我不想拿著武器，」他說下去，「這是死亡的工具，我想活著。哈菲茲．阿薩德（Hafez al-Assad）的政權殺了我父親，他被關在帕邁拉（Palmyra）的監獄，囚禁他十一年。他們也把我拘留在政治安全局（Political Security）分部，准將對我說：『你不要跟你父親一樣，遺棄自己的孩子。』妳知道的，我成長的時候沒爸爸。政府搶走我爸爸，奪走我的公民權，但我依舊沒反抗。然而我們和平抗議時，他們開始殺害我們。我不想要伊斯蘭政權，我想要一個民主的公民國家……」

瑪莫德說話時，年輕人回來了，告訴我們剛才轟炸時發生哪些事，炸彈落在哪裡，傷者姓名等等。

「重點是今天沒人失去性命，吃東西吧。」拉亞德說。

大家一起吃飯時，我抓住機會觀察每個人。訪客依舊來來去去，幾個二十歲出頭的大學生跑來，協助拉贊推廣「卡拉馬巴士計劃」（Karama Bus project），那有點像是難民的行動學校，暫時代替學校，孩子在轟炸之中也能接受教育。正在成長的一整個世代，面臨著失學危機，他們不會讀寫，而且有人三番兩次招募兒童上戰場；ＩＳＩＳ已經成功在拉卡找到童兵，民兵努斯拉陣線也一直在招募孩童。

參與卡拉馬巴士計劃的年輕人之中，有一個叫哈森（Hassan）的經濟系學生。約瑟夫（Youssef）、艾札特（Ezzat）、菲拉斯（Firas）則念英國文學。幾個年輕人又累，壓力又大，雖然大家主要在聊當晚的空襲，他們也告訴我，自己如何在卡夫蘭貝爾三間學校，以及附近的兩個村莊展開計劃，包括替逃離家鄉的難民兒童放映電影，以及組織運動與音樂活動。我發現敘利亞革命的短暫歷史中，卡夫蘭貝爾值得大力讚揚。自由軍的隊伍依舊治理著城鎮，極端主義的聖戰軍團和軍旅尚未擴散到此處。

接下來兩天，我們將跟著卡拉馬巴士團隊，前往附近的鄉下農村學校。年輕人像蜜蜂一樣，在蜂窩裡忙進忙出，忙著拿替孩子放電影所需的設備。看到他們在轟炸之中還這麼努力過正常生活，對我來說意義重大。這些年輕人先前沒有參與公民社會運動的經驗，必須從無到有，想出各種抵抗方式。那一天，我觀察他們一整晚，感動到哽咽，咀嚼著食物時一個字也說不出來。黑皮膚的哈森愛諷刺。艾札特溫文爾雅，但內心充滿憤怒。菲拉斯說話的聲音輕柔到幾乎聽不見。綽號「鱷魚」的阿布度拉（Abdullah）活力充沛，容貌英俊，看起來就像維多利亞時代肖像畫裡的騎士。

我看著他們、認識他們的同時，也開始發現自己。我還以為自己能夠拔除自己擁有的根：家族的根、與親朋好友的關係、我的宗教與職業身分、我的國家概念——那些所有的根，依舊是我的一部分，從未被摧毀。我試著拔掉那些根，把自己還剩下的部分重新種在新的土壤裡，永遠忠實於自己一生對於真相與自由的追求。在那個安靜的一刻，當我咀嚼著食物，看著這些勇敢、活力充沛的年輕人時，我突然明白了自己的選擇，我的選擇開成一朵花。

隔天我下廚，大家談起可以替卡夫蘭貝爾的婦孺與鄰近村莊做些什麼。他們讚美我準備的菜，就好像收到什麼大禮一樣，眼中充滿感激之情。我留意到他們迫切需要感受到自從兩年前上街遊行抗議後，至少自己抱持的部分革命理念成功了。他們不願意相信正在發生的事是一場教派戰爭，我的存在，一個阿拉維派女人居然處在他們之中，對他們來說是自己有所成就的證明。不過，除了幾天後的一次開玩笑，他們從不提我的背景。那天跟平常一樣，我們一聽到日落的喚拜聲，飛機便又來轟炸，拉亞德哼起歌名叫〈我們要來屠殺你們了〉（We're Coming to Slaughter You）的歌，另一個年輕人也哼起〈第四軍團〉（The Fourth Brigade），接著眾人大笑，用自己改編的歌詞，認真唱起這兩首歌。第一首歌講努斯拉陣線出現在本尼什鎮，一個小小孩威脅殺掉阿拉維派人士，回應的〈第四軍團〉則唱出一個阿拉維派小孩，惹人厭地美化發生在遜尼派反抗軍地區的屠殺。孩子在這些可怕的歌謠裡，被拿來當成仇恨的工具。卡夫蘭貝爾的人們一邊唱，一邊嘲諷地笑著，有如在抹去歌中的死亡意涵。

「獨裁者，勝利是我們的。」我告訴自己：「或許不會持久，或許之後我們會死，但現在這個時刻，我們擊敗了你。你可能會贏，因為你是罪犯，我們是逝去的敘利亞之子，但當下這個時刻我們擊敗了你。」然而這種勝利感只持續了一下子，轉眼即逝，轟炸很快又開始，眾人陷入一陣死寂。

轟炸平息後，我們喝了幾杯茶，接著前往學校。地方電力被切斷，但遠方天空閃爍著亮光。我們朝轟炸的反方向前進，後方的邁阿賴努曼正在受難。我們一行人有拉贊、菲拉斯、艾札特、哈森和我。另外還有一個叫侯森（Hossam）的年輕人，他在媒體中心工作，我待在卡夫蘭貝爾的日子，是他開車載我四處跑。

天空無雲，我們經過橄欖樹與無花果樹林時，上方掛著滿月。這一秒發生在這片鄉村地區的事，似乎比較接近小說，不像現實。我讓自己沉浸於周遭的寧靜之中，那樣的安靜時刻有如魔法——暫時沒有死亡的恐懼。然而這個開心小泡泡，很快就被遠方的飛彈戳破，證實了我的懷疑。我懷疑自己不斷回到這片土地，是因為一心求死。其實也不是真心想死，而是希望掙脫死亡的束縛，接著戰勝。那就是為什麼我現在想笑，想深吸一口氣，開窗把頭伸到外面，脖子露在夜晚的涼風之中。

「我們到了。」艾札特宣布。

學校位於達拉卡比拉村（al-Dar al-Kabira）山丘上，從卡夫蘭貝爾開車只要十分鐘。乍看之下，整棟建築物就跟周圍的村莊一樣，似乎隱沒在全然的黑暗之中，但天花板上掛著忽明忽暗的燈泡，學校目前充當無家可歸者的家庭避難所。一個男人走過來迎接我們，另一個人不屑地看了我們一眼後走開。一旁的圍欄邊，站著一群蓄鬍的年輕人，等著看我們要做什麼。

團隊開始裝設燈光、螢幕、放映機與音響設備：我們準備好放電影了。一群孩子衝出校舍加入我們。黑暗中，我看不清動來動去的小臉，不過女孩會避開男孩，令我感到奇怪。喧嘩尖叫，笑聲愈來愈大，接著孩子們的母親也出來了。

幾個媽媽過來跟我講話，好奇怎麼有陌生人在這裡。其中一個媽媽帶著三個孩子住在此地，她在邁阿賴努曼的房子已經化為廢墟。另一個女人先是離開阿勒坡，搬去和海什鎮幾個親戚住，但接著親戚被殺害，現在她帶著五個孩子待在這兒。幾個孩子興奮地圍著母親蹦蹦跳跳。

突然間，一個十歲女孩站到眾人面前唱起歌，聲音清澈嘹亮。女孩牽著雙胞胎妹妹的手，自從碰上轟炸以後妹妹就一直緘默不語，但女孩試著讓妹妹一起唱。兩個女孩瘦到皮包骨。來自邁阿賴努曼的女人解釋，兩個孩子如今是孤兒。一個六十多歲的女人打斷她的話，小聲對我說：「妳難道看不出人們正在發生什麼？我們還得像這樣生活多久？」我渾身僵硬。

每當我拜訪卡夫蘭貝爾周圍的村莊居民，以及住在市鎮中心的人時，一直聽到那樣的言論。有的人相信革命是好事，卻不參與。他們在經歷了挨餓、圍城、轟炸，眼睜睜看著自己的孩子死去後，正在失去希望。老女人抓住我的手腕，再度靠了過來。「我在轟炸之中失去三個孩子和房子。」她說：「我家老四正在戰鬥，我和六個孫子還有她們住在這裡……」她指著三個年輕女人，「她們是我的媳婦。」

電影放映機啟動，閃爍的光線掃過群眾。卡拉馬巴士團隊對著一群孩子講話，孩子們乖乖排成幾排坐好。節目開始了，我走過去和小朋友坐在一起。那是一部具有教育意義、資訊豐富的有趣影片，放完之後還有小朋友討論時間。大人上前分享知識，幾個地方居民也出來加入討論。這裡沒有電話，也沒有電，因此晚上沒有太多事可做。

那群留鬍子的年輕人依舊在附近旁觀，遠遠地看著一切。卡拉馬巴士的團員告訴我，有些人看不慣他們做的工作，尤其不認同放電影。那些人認為畫畫課，以及卡拉馬巴士教孩子的其他幾種科目，都屬於褻瀆神明的罪行，不過站在圍欄旁的那群人，只是默默在一旁觀看，並未試圖破壞任何活動。

「他們是什麼人？」我朝著那群人的方向點了個頭。

「努斯拉陣線，還有ＩＳＩＳ的支持者……以及其他各種基本教義派的人。」有人回答我。

我不懂怎麼會發生這種奇怪的事，也不懂為什麼農村省分會變成這樣。如果這種情況持續下去，所有形式的公民生活將消失。不過，許多人正在反抗。大自然永遠在改變，一路演進，通往未來，而不是回到過去，而且許多人懼怕聖戰士軍團以及他們建立伊斯蘭國的目標。

下一部影片放映到一半時，我們聽見大爆炸，天空閃爍著光線，亮了起來。我瞥見孩子眼中的恐懼，一枚火箭飛過我們頭頂，朝隔壁村莊而去。一枚飛彈落在我們附近，但沒人尖叫。母親們緊緊抱好孩子，狂奔起來。

工作人員開始喊指令，其中一人拿起擴音器問大家：「我們說飛機開始轟炸或飛彈落下時，要怎麼做？我們該怎麼做？我們說安全措施是什麼？」

雖然工作人員先前已經教過孩子，碰上這樣的情形，應該要怎麼做才對——以免他們驚慌亂跑時傷到彼此——然而沒人在聽指令。他們可能彼此踐踏，比較小的孩子可能被踩死。群眾常常因為這樣，擋住彼此的去路。

「關掉放映機！你們的亮光會引來轟炸機。」一個男人大吼。有人關掉機器，一個女人走向我們。

「嘿，親愛的，」她對我說：「你們以為自己是在做什麼？你們想教育孩子，想幫助他們度過這些災難……聽著，他們想要有東西吃，想要該死的阿薩德停止轟炸。去吧，阻止他轟炸，我們就會沒事。阿薩德，願主不會保佑你，我詛咒你和你的罪犯家族！」「阿姨，我發誓，如果能阻止他，我們會盡力。」我回答：「這是我們唯一能做的事。」

團隊開始收拾發電機與其他設備，黑暗逐漸回到這一區，大人小孩紛紛離去，雖然我們能見到他們從校舍窗戶探出頭來。

「如果他們像剛才那樣聚集在這裡，然後飛彈落下，噢，主啊，會死好多人！」拉贊說。

「真要如此，那是天意，是主降下的天譴與旨意。」在一旁監視今晚活動的大鬍子年輕人厲聲說。

四周一片寂靜，天空暗下，連一絲光線也沒有。我們回到車上。

隔天，我跟著卡拉馬巴士計劃，前往卡夫蘭貝爾郊區另一間學校，這次順利完成電影放映與講解時間。學校裡大約住著十五個家庭，有七十幾個二到十三歲的孩子。大部分來參加活動的都是女孩，她們興高采烈。男孩則比較拘謹，說自己是男人，這種事不適合他們。我邀請一個九歲男孩加入。

「什麼！妳把我當小孩嗎？」他憤憤不平：「不久後，我就會離開這裡，加入努斯拉陣線。我知道怎麼開槍。」

男孩的姐姐笑，「騙人，他根本不曉得怎麼開槍。」

姐姐是個可愛的十歲孩子，弟弟大吼，要姐姐閉嘴，男人面前沒她講話的份。他不是唯一有這種想法的九歲男孩。聽說有一名戰士，把自己十二歲的姪子綁在家門外的電線桿上，因為他試著逃家，加入努斯拉陣線，想要戰鬥。家人把他帶回家時，他詛咒家人，罵髒話，宣布他們是一群異端，要與他們斷絕關係。

我感到氣餒。因為不管所有的心理、發展、文化與經濟計劃立意多麼良好，也不管大夥兒多努力支持難民學校與流離失所的民眾，面對每日恐怖的重大悲劇時，他們都無能為力。這些孩子幾乎連飯都吃不上，四處流浪，光是卡拉馬巴士團隊每隔幾天試著給他們一點教育，根本不夠。這場人類災禍實在太龐大了，相關努力只是杯水車薪。

辦公室裡其他人正在等我們，他們靠電池燈光照明。我們回去後，拉亞德打開發電器。侯森也在，輕手輕腳幫大家倒茶。侯森是個極度溫文爾雅的人，不管做什麼事都溫柔敦厚。他載著我在鎮上跑的時候，告訴我他擁有阿拉伯文學的大學文憑，夢想在大學教書，但學校沒選他，指派了官員的女兒，儘管對方懶散，甚至連裝出工作勤奮的樣子都不肯。侯森在二〇一二年七月服兵役時逃兵，離開大馬士革，從拉塔基亞山區跑到伊德利卜鄉間，參與了卡夫蘭貝爾第一個檢查哨的解放，不過一星期後就放下武器，回到公民運動。他對自由軍與軍事團體所做的事，印象不佳，說他們偷拐搶騙，自己無法與殺戮暴行為伍。

侯森和我遇到的許多年輕人一樣，因為經濟情勢不佳，貪汙腐敗橫行，找不到工作。一天在車上，侯森氣憤地告訴我自己的故事。當時我們路過卡夫蘭貝爾周圍的村莊，目睹轟炸帶來的破壞——倒下的樹木、碎裂的古蹟、失去房子的群眾在野地徘徊，臉被太陽曬傷，孩子們睡在樹下，幾塊大石頭間燒著火。眼前的景象看起來像黑暗時代——好像時光突然倒流。

侯森在政府軍隊服兵役時，隸屬於第四裝甲師（4th Armoured Division）。掌管工程部的上校命令他炸毀一輛銀色薩巴（Saba），他問原因，得到的答案是上校為了打擊恐怖分子，買了那輛車。侯森解釋，上校上過俄國專家的爆破訓練課程。

「上校上完課之後，親自訓練我們，我跟著他飛到塔拉豪爾（Tal Rahal），那個地區整個被反抗軍包圍。軍隊指揮官給我們一些土製炸彈，我還以為我們要在戰區引爆，我是真的相信武裝恐怖分子的故事。」

侯森悲傷搖頭。「上校告訴我，車子已經準備就緒，只剩裝雷管。裝上之後，發動那輛車的人就會被炸死。」侯森停下不講話，擦了擦額頭，不舒服的高溫令他汗如雨下。我們駛過一望無際的平原，大量樹木東倒西歪。

「那天晚上，上校半夜把我叫醒，」侯森說：「他告訴我，會有兩個人陪我去裝雷管，於是我跟著他們出發。他們保持沉默，一語不發，也不回答我的問題。我擔心要進入戰區，但我在服兵役，不能不遵守命令。

「我在路上發現他們是空軍情報局的人，接下來又嚇我一大跳的是，我們的車居然停在大馬士革的卡邦廣場（Qaboon Square），而不是戰區。我們直接駛入廣場，另外還有兩輛早我們一步抵達的車。帶我來的人說，詹彌爾．哈桑少將（Jamil Hassan）要求我們搭兩輛車回去；他們兩個人開一輛車，我自己搭另一輛車回去。

「整件事的發展，真的令我很吃驚，我嚇壞了。只能拖延時間，破壞雷管，接著又用錯誤方式裝上，讓雷管無法引爆——要是正確安裝，我就得替在擠滿人潮的廣場上引爆三十五公斤的炸藥負責。

「我用錯誤方式裝好之後，鬆了一口氣，任務完成了，大家分頭離開，一早我就逃離軍隊。相信我，我是真的以為有恐怖分子，我一心一意想保衛自己的國家，但發生的事讓我了解真相。阿薩德的人才是恐怖分子。」

那天晚上，我們一起坐在露台上唱歌喝茶，結束疲憊的一天。我對著對面的侯森微笑。一陣輕柔舒服的微風從橄欖林吹來，我想起自己先前和另一名年輕人的對話。我在媒體辦公室附近的一間店碰到那個人，他說自己是尚未加入軍事反抗的大學生。

「我們活在兩種占領之下：阿薩德的占領，以及隨之而來的聖戰士塔克菲理的占領。大家累了。」他說。

我在另一間店，以第一手經驗得知民眾是如何開始懼怕媒體。我拿出 iPad 拍照時，店老闆對著我大喊：「嘿，小姐，妳照片拍到的任何東西，政府都會跑來轟炸。我已經死了兩個孩子，這裡這堆瓦礫……以前是我家。拜託妳走吧，願主保佑妳。」

「打擾了，大叔。」我道歉後離去。

那天晚上侯森先回家，只剩拉亞德、拉贊、哈森、艾札特、哈默德、奧薩瑪和我。他們準備隔天早上在卡夫蘭貝爾的牆上塗鴉。他們在市區牆壁畫上諷刺漫畫，接著拍照和全世界分享，以手邊最有力的工具，讓外界明白他們遭遇的苦難。我和奧薩瑪籌劃了製作電台節目的訓練課程。我沒有電台工作經驗，不過我在黎巴嫩接受過電視和電台廣播訓練，二〇〇五至二〇〇六年間，在敘利亞國家電視台製作與播出過節目，同一時間還擔任電視評論員。

拉亞德答應告訴我卡夫蘭貝爾的故事，講革命是怎麼開始的，以及影響範圍，但要等那天大家走了之後。我提醒他，我和拉贊得在半夜前到她家，那樣比較安全——雖然那種做法像是在坐牢，附近地區的女性與外地人都活得像被囚禁一樣，自從傳出綁架、搶劫、謀殺的故事，就連土生土長的地方女性，現在都不能獨自外出。

「要不要來點咖啡？」我提議：「我們還有很多事要討論。」

「悉聽尊便。」拉亞德回答。

拉亞德不太需要提示，就完全懂我要什麼。他聰明機智，完全知道自己是這裡的團隊與這一帶其他中心的領導者。我不曉得他意識到這件事是好是壞，不過或許以後情況會明朗。目前為止，我的經驗是革命需要拉亞德這樣的地方領袖。

「好了，我們開始吧，你講，我寫。」我說。

我們盤腿坐在室內鋪著長墊的塑膠地毯上，小口喝著咖啡。拉亞德正要講故事，兩個二十幾歲的人走進來問：「女士，一切還好嗎？這裡沒發生綁架案，也沒發生任何事，妳很安全。」其中一人要我安心。

我謝過他，但沒問他是誰，我現在已經習慣年輕人確認我一切安好。馬辛被綁架後，我感受得到，眾人覺得自己手中有珍貴物品得保護，有責任保護所有來支持他們的人，很擔心我也遭遇不測。不過，年輕人並未一起坐下，有一陣子陷入尷尬的沉默。拉亞德替他們解圍，講起卡夫蘭貝爾的革命故事，我寫下他所說的話。

「抗議最初發生在二〇一一年二月，」他說，「有兩個團體開始在卡夫蘭貝爾的牆上，寫下反政府的口號。三月時，我們開始小心翼翼見面，一起商量對策。當時我們並未聯絡敘利亞其他團體，雙方完全是祕密私下往來，我們想發起地方上反抗阿薩德的革命。

「大家說好三月二十五日那天，在卡夫蘭貝爾舉行第一次示威活動，然而那次的活動流產了，太多人害怕站出來抗議。此外，阿拉伯復興社會黨（Ba'ath Party）的地方分部成員為了進一步制止活動，立刻準備在同一天召開支持政府的大會——對他們的政黨領袖阿薩德忠貞不二。他們的行動，只促使我們在接下來的星期五上街。我們現場大約有兩、三百個人，聲勢浩大，然而一半的抗議者都是想了解情形的臥底密探。敘利亞到處都有政府的眼線，卡夫蘭貝爾也跟其他都市、鄉鎮、村莊一樣。

「我們錄下示威活動，在網路上分享影片，但接著地方上幾個有勢力的家族來見我們，堅持要我們停止抗議，因此我們接下來的那星期沒上街。此外，他們還組成『人民委員會』（popular committee）監視大家，站在清真寺門口，防堵任何示威抗議活動。儘管如此，我們依舊在四月十五日再度上街，布條上寫著『卡夫蘭貝爾』和日期。我們舉起抗議政府的旗幟，以及寫上『唯有主、敘利亞與自由』等標語的牌子。

「四月十七日那天是獨立日與假日，我們在下午抗議，要求阿薩德政府下台。我們和平示威時，警備車出現，大約兩百名穆卡巴拉情報局的人員下車，接著開槍。他們用機關槍對準我們的胸膛，我們手無寸鐵地站在那兒，高舉勝利的牌子，接著他們才離去。

「在那之後，我開始過著東躲西藏的生活，其他很多人也一樣。我們白天會溜回去看家人，晚上則睡在樹林與果園的帳篷。不過，我們開始每天都舉行抗議，但民眾的支持日益減弱，因為卡夫蘭貝爾的人民會害怕。他們依舊印象鮮明地記得一九八二年的哈馬大屠殺（1982 Hama massacre），哈菲茲．阿薩德的軍隊與情報單位一週內就奪走三萬多條性命。

「我們的行動並未止於卡夫蘭貝爾；我們會去附近的村莊，要大家快點上街對抗政府，包括胡哲拉村（Huzeiran）、吉巴拉村（Jibala）、瑪齊塔村（Maarzita）、哈斯村、哈畢特村（al-Habeet）、卡夫歐維德村（Kafr Oweid）。我們每天從一個村到另一個村，在邁阿賴努曼市遊行，當地人和我們一起上街。四月二十二日那天，我們第一次製作卡夫蘭貝爾的海報，接著每個星期五都做，每次都寫新口號，放在網路上。原本感到害怕的人，也回過頭來加入我們，示威遊行的人數開始達到四千至七千人。儘管如此，民眾依舊害怕和穆卡巴拉情報局起衝突，但我永遠忘不掉我們遊行時，女性朝我們撒花和撒米，大喊要自由。」

拉亞德情緒激動，不得不暫停，手指撫摸墊子上一條線，也點起了菸。我累到無法動彈。在場的其他人，雖然也參與了拉亞德提到的所有事件，但大家仍帶著仰慕的眼神聽他說話。

拉亞德說下去：「安全部門通緝我們，成為要犯後，讓民眾更害怕跟我們一起上街。五月二日那天，穆卡巴拉情報局突襲鎮上的房子，闖進運動人士的家，不分青紅皂白逮捕五十人左右。支持者在警局外舉行靜坐抗議，接著進入警局。我們用石頭與車輪擋住村子出口，接著放火，其他人也加入我們。我們威脅要是他們不放人，也會燒掉警局。卡夫蘭貝爾的代表團跑去跟政府協商放人的事，但無功而返。

「隔天，復興黨支部書記過來問人民的訴求。我們告訴他們，我們要求解散安全部門，終止它們對日常生活的監控，還要換總統。我們冷靜進行討論，但是當我說：『我要敘利亞換總統、不要過去四十年那一個』，支部書記沉默了。他說如果要讓被拘留的人獲釋，唯一的辦法是我們停止使用反對巴夏爾．阿薩德的口號，以及停止詛咒他父親哈菲茲．阿薩德的靈魂。但我們沒有詛咒哈菲茲．阿薩德的靈魂；我們只呼口號要巴夏爾．阿薩德下台。五月七日那天，我們舉行反抗聯合委員會（rebel coordination committee）的民主選舉。」

「聯合委員會是怎麼出現的，組織方式是什麼？」我問。

拉亞德笑著回答：「我發誓，它是自己冒出來的！」

大夥大笑，但轟炸聲又來了，原本在遠方的聲音似乎愈來愈近，我們直覺想找出聲音從何方來。

「別怕，」哈默德安慰我：「我不認為我們今天會被炸。」

「不，」哈森插話：「讓她害怕比較好，我們總是有被炸的可能！」說完幾個人又大笑。他們這些人永遠不曾停止大笑，就好像他們靠著把笑聲吸入體內，對抗死亡。

「聯合委員會是自然而然出現。」拉亞德繼續解說：「大家尊敬的人開始站出來，他們是優秀的運動人士，重要人士。我們有十五個人，包括律師亞瑟．沙林（Yasser al-Salim）、哈森．哈瑪（Hassan al-Hamra），還有我。當時我們沒取名為聯合委員會，只是一個委員會，我們也還沒在臉書上貼出海報與旗幟。一切是自然而然發生，一路隨機應變，我們想要動員人民，選出七個人負責政治、軍事、媒體與行政工作，接著又感到我們選出的人，不足以代表廣大民意，於是在文化中心（Cultural Centre）集會，進一步舉辦選舉，向每一個人宣布卡夫蘭貝爾聯合委員會正式成立。

「二〇一一年七月一日，我們上街舉行大型抗議活動，但七月四號時，軍隊包圍整個區域，我們逃出卡夫蘭貝爾。卡夫蘭貝爾有九個軍事檢查哨，大約有一千七百名士兵、一百輛坦克、一百輛軍車。雖然鎮上部署著狙擊手與軍隊，我們仍然製作布條，偷偷回到鎮上，接著在奧克巴（Uqba）清真寺遊行，直到軍隊對我們開槍。那成為固定流程：我們示威抗議，接著從軍隊眼皮底下逃離。他們朝我們開槍，我們逃走，但我們是和平抗議，沒人被殺。」

拉亞德停下，我也停下。我喝了一口咖啡，點起一根菸，拉亞德注視著夜晚與屋子周圍的橄欖樹。

「你們是怎麼拿起武器的？革命為什麼會突然從和平抗議演變成武裝衝突？」我問。

「我們當時不認為政府會繼續掌權，還以為能靠罷工與舉行和平抗議推翻他們，沒料到接下來發生的事……不過我們拿起了武器。」他回答。

「他們開始殺害我們，轟炸我們，我們還能怎麼辦？我們還能怎樣——去死？妳以為我們為什麼需要武器？」門邊一個氣憤的年輕人插話。

拉亞德繼續說：「當時有一個最高機密的軍事燃料儲油庫——瓦迪代夫——現在還在。我們之中有人認識瓦迪代夫一名士兵，從那裡弄到三把步槍，帶回卡夫蘭貝爾，還另外想辦法借到六把步槍，一共十八把槍，埋在無花果園的地下——那是聯合委員會的決定——大家同意只有在需要保衛家園時，才挖出那些槍。

「武器一直埋在土裡，沒人去動，直到軍隊找上門。八月十六日那天，我們上街抗議，軍隊攻擊我們，開始到鎮上各角落大量抓人。一個年輕人被逮捕後，他的母親試圖從軍隊手上拉走他，但他們把她推到地上。她跌倒時，頭髮散開來，暴露在所有人面前，那個景象讓民眾激動不已，大家憤慨地聚在一起。我們決定回應這個汙辱，保護自己的名譽，前往阿亞阿（al-Ayar）檢查哨。當時我們身上的武器，只有一把普通步槍，一把狙擊步槍，但我們待了兩小時，殺了檢查哨六名士兵，包括一名陸軍上尉。武裝運動就此展開。

「隔天，軍隊狠狠報復，隨機逮捕更多人，把地毯工廠改成拘留中心，還闖進人民的家。

「我們的六個武裝小組變成七個，每一個小組有十到十一人，由一個大家服從與尊敬的人領導。我們只有在為了保衛城鎮時才動員，幾個僑居在外的卡夫蘭貝爾家庭開始寄援助金給我們，我們平分，給已婚男子六千敘利亞里拉，未婚男子三千。錢很少，運動人士的人數也很少。有的人拒絕拿起武器，繼續當公民運動者。

「十一月時，我們成立第一個軍團——卡夫蘭貝爾烈士軍（Kafranbel Martyrs Battalion），後來成為自由軍的一支。我們的計劃是晚上偷襲軍隊駐紮處，兩個人騎一輛摩托車，對檢查哨開槍，接著逃跑。在那之後，我們整晚被檢查哨的人開槍，但我們阻止他們在晚上四處行動與傷害市民。我們用同一套流程對付卡夫蘭貝爾周圍九個檢查哨。」

拉亞德加重最後一句話的語氣，像是在替自己的行為辯護。

「沒錯，我們這麼做，是因為他們折磨我們的家人，我們想結束一切的苦難。他們到我們家翻箱倒櫃，逮捕我們的人，我們只是想嚇跑他們！

「在那段期間，阿布．馬札德中校——妳也見過他——從軍隊叛逃，他是第一個叛變的軍官。我們最初很不安，但他成為『卡夫蘭貝爾烈士軍』的指揮者，也就是後來的『正義騎士』。我們拍攝自己，宣布自己成軍，放上網路分享，接著人們開始尊敬我們，替我們做的事鼓掌，盡一切所能捐助我們，還提供各式各樣的援助。民眾大都支持革命，不過他們支持起義的程度有時高、有時低。

「我們在軍車前方，埋下用糖、肥料與其他材料做成的地雷，加上引信，拖住軍隊，保護抗議者。然而鎮民開始生氣道路被破壞，不支持這個新手法。但我們還能怎麼做？我們的人被折磨至死。我們解放卡夫蘭貝爾後，在軍隊挪來當基地的學校操場，發現他們的屍體。

「民眾愈來愈惱火，因為我們和軍隊交戰時，他們的房子受到無妄之災。交火愈來愈激烈，最後街道完全淪為戰區，每家人愈來愈不高興，最後不再援助我們。

「政府軍隊與自由軍談好在二〇一二年四月十日停火。我們希望能施加一點壓力。如果停止交戰——政府停止轟炸與射殺——抗議者會回到原本的和平行動，但政府不想要這種安排，想宣稱是因為人民動武，他們才殺害人民，合理化自己的行為。就在那個時候，我們得到自由軍旗下軍事委員會（military council）的援助，在四月底拿到更多武器。我們買到不能用的RPG火箭彈，軍火商騙了我們，我們因此死了一個兄弟。不過，在軍事委員會的協助下，我們拿到十把新的RPG火箭彈。我想就是在這個時期，阿薩德在卡夫蘭貝爾的統治真正結束。

「我們再次攻擊檢查哨。阿亞阿檢查哨是第一個。在那之後，政府的軍隊開始用坦克車與弗滋迪卡（Fozdika）飛彈轟炸我們，飛彈隨時可能落在我們身上，但我們並未停止戰鬥，一連解放五個檢查哨。

「卡夫蘭貝爾真正獲得自由的那一刻，發生在凌晨三點。我們在罕札辛村（Hazazin）一個軍方檢查哨四周埋下地雷，接著引爆。他們開始用坦克轟炸我們，我們朝四面八方逃走。當時我在迫擊砲落下的那一帶停下，咬了一口蘋果，等著死亡降臨。

「我們撤退後，決定隔天再回去解放那棟軍隊建築物，不過他們把那個檢查哨撤回區總部，另一個檢查哨撤回瓦迪代夫的軍事基地，卡夫蘭貝爾只剩指揮營與三個檢查哨。從那時起，我們開始寫『自由的卡夫蘭貝爾』，不再寫從前的『被占領的卡夫蘭貝爾』，時間是二〇一二年六月。」

哈默德起身，靦腆地說：「恐怕今天只能先聊到這裡。」

午夜已過，一陣劇痛穿過我的下背，直到腳趾；我腳麻到動不了。

拉亞德也站起來。「我們明天再繼續。」他說。

我依舊腳麻到無法動彈。有那麼一瞬間，我幻想我們剛從地底深處爬出來，像是拉比亞村的墓穴。除了幻想，沒有其他東西能讓此處的生活產生奇蹟。不過，等我站起來後，感覺惡魔也跑了出來，從洞穴裡現身，散布到空中，吞噬我們。我們回拉贊家的時候，唯有夜間微風能把我從混亂之中解救出來。

一路上，車前燈劈開黑暗。拉贊號召了一群女性運動者，她們來到自由地區，從事我們的公民活動，不過這類活動愈來愈難執行，ISIS與某幾個傭兵軍團開始綁架運動人士，不論男女都綁。這些團體宣判，發起世俗運動的公民運動者為異教徒，數月以來已經不斷削減他們的勢力。不過卡夫蘭貝爾某種程度上逃過一劫，因為此地的伊斯蘭主義者數量有限，然而此時——在二〇一三年，他們正在崛起。

車子停下，我們走在通往拉贊家的小路上，我借住她家。地下室的大房間裡，住著一個逃難的家族，一共有五個小家庭和無數孩子。這個大家族在砲火奪走家中三個男丁性命、活下來的人頭頂沒有磚瓦後，便離開自己的家。女人一起擠在窗下，其中兩個懷孕了。所有人都瘦巴巴的，就連孕婦也一樣。我第一次遇到他們的時候，孩子在屋外石榴樹蔭下玩耍，我給他們講了故事。孩子們打著赤腳，穿著破舊衣服，小臉黏著泥，頭髮髒到結塊。所有的孩子已經一年半沒上學，跟著家人從一個地方搬到下一個地方，有時睡在野地裡。

那天晚上，拉贊屋子的一樓黑洞洞的，我們悄悄爬上樓，不想吵醒任何人。我想著父親與叔叔被殺、母親還挺著身孕的那群孩子。

「他們睡了。」我小聲告訴拉贊。

拉贊點頭，把一盞小燈放在架子上。燈已經在媒體中心充過電，屋子被永久斷電，水也被切斷，我們梳洗時只能用幾滴水。

「我想抽根菸靜一靜。」拉贊說。她的臉露出疲態。

萬籟俱寂，已經快凌晨一點，我的腳幾乎動不了，也阻止不了眼皮闔上，但卻突然感受到一陣快樂，因為我想到我在這裡，我回到敘利亞境內。我想要餘生都待在這神奇的一刻，沐浴其中。這一刻深深刻在我心上，我永遠能想起這一刻。

遠方發出一聲爆炸巨響，飛彈開始落下，不過我沉沉睡去，一直睡到清晨五點。

早上時，我在飛彈聲中睜開眼睛，好想回到黑暗之中，跟穴居人一樣，一輩子待在黑暗裡。雖然自從某天早上我醒來時，被蚊子叮個滿頭包，學會用床單罩住自己睡覺，此刻我的腳依舊癢到燒起來。

我下床，走到窗邊，望著隔壁如今已炸成廢墟的房子，再望著廢墟後方砲彈密集落下的山丘。兩個低聲說話的小男孩從廢墟角落走出來，炸彈讓那裡變成某種露天帳篷。一個孩子看起來大約六歲，另一個大一點。野草沿著牆壁長出來，還冒出一團黃花。一堆白色塑膠袋旁，兩個男孩正在數紅色、綠色、黃色的彈珠。第一個男孩從口袋掏出一塊布，攤了開來，開始玩。他們來自附近一棟屋子。天空蔚藍，小塊小塊的柔軟雲朵悄悄飄過。砲彈聲愈來愈大，我離開窗邊。一顆炸彈落在附近，我大叫要拉贊起床，躲在柱子後，但我無法要自己乖乖躲好，幾秒鐘後又回到窗邊。兩個孩子還待在同樣的地方，還在交換彈珠。確認他們沒事之後，我倒在床上。

一會兒後，我走到廚房陪拉贊，她整整齊齊排好自己的廚房用具，用衣夾封住裝著咖啡和糖的袋子。衣服掛在門和門把上。廚房櫃子上有一面全身鏡，我們用那面鏡子充當浴室鏡子。

我們一起喝咖啡，我打開小記事本，想著今天要做的事。我總說自己待在敘利亞北部時，每天都有一個月的工作量等著完成，也因此待滿一整個月，就得完成好多個月的工作。理論上如此，但實際情形總是讓人無法照著計劃走。永不停歇的轟炸讓生活陷入困頓，人類成為挨餓受怕的動物。我今天的任務包括幫卡夫蘭貝爾媒體中心的人上廣播課，還要拜訪女性中心，接著前往邁阿賴努曼，晚上再回卡夫蘭貝爾，繼續記錄拉亞德的革命故事。

我想起在外頭的轟炸中玩耍的男孩，沒有人書寫地方上的人民，沒人寫下他們每日的英雄事跡，也沒人寫他們將讓國家轉變。雖然他們不在乎什麼大口號，我知道我在這裡觀察到的人民，他們的人生正在改變我的人生。是的，就連在這條小泥巴路上，一旁沒躲過轟炸的屋子，長在角落裡的野草都是。這些人民沒有名字，沒有人在乎他們，他們騎著摩托車，到外頭做每天該做的事，可能為了買三條麵包而死，每天活得辛苦。砲彈從他們頭上飛過，飛機炸毀他們的房子，燒燬果園和農田。然而他們依舊每天早上醒來，感謝自己還活著。他們住在石頭巷弄之間，睡在橄欖樹與無花果樹下。黑夜與白天輪轉，他們日益老去。他們生下孩子，然後無聲無息死亡，生命轉瞬間消逝，無人在乎。他們坐在台階上，沒盤算自己要些什麼。大部分的女人和丈夫一起打地鋪——如果丈夫還活著的話。孩子在狹小受限的空間裡奔跑嬉戲。

早上，我碰到無家可歸的一家人，一對夫婦與五個孩子住在臨時避難處，討論著如何多買到兩升重油。女人問丈夫，哪裡可以買到洋蔥，十二歲的長女正在打掃露台，用小塑膠水壺在上頭灑了一點水。父親往上往下望著天空、妻子與小女兒，喃喃自語著我聽不見的話。

「早安。」我跟他們打招呼。

「早安。」他們也開心打招呼，一臉好奇，我走過他們身旁。

侯森在車上等我，我問能不能去看被轟炸的地方，評估鎮上的受災情形。卡夫蘭貝爾和這一帶多數的村莊城鎮一樣，受損情形通常被視為中等而已，不像我們下午要前往的邁阿賴努曼那麼嚴重。我們在卡夫蘭貝爾待了一個半小時，我拍下學校和幾個大型儲水槽的災區照片。阿薩德的飛機刻意瞄準儲水槽，切斷反叛村莊的飲水供應。

如同多數城市與村莊，這裡的市場是轟炸重點。某個下午，飛機在卡夫蘭貝爾市場與市鎮中心投下三枚桶裝炸彈，幾分鐘內就奪走三十三條性命。廣場右邊的古老清真寺也被擊中，炸彈漫無目的地落下。我們經過被炸毀的市場廣場，卡夫蘭貝爾的人民立起大理石裝飾石柱，刻上死於轟炸的烈士姓名。不過，市場還算熱鬧。侯森說，市場向來人山人海，不過自從爆發革命後，來的人少了。商店、蔬菜店、推車還在，我看著蔬菜車前一群孩子，最大的十五歲，他們大呼小叫，彼此嬉鬧，從一台推車跑到下一台推車。

侯森讓我們在媒體中心下車，說自己要離開一小時，但會再回來接我，帶我去女性中心。奧薩瑪和我開始上製作電台節目的訓練課程。充當廣播場地的地下室，有三個相連的房間，裡頭擺著塑膠地毯與泡棉座墊。我們進入用來錄製與播送節目的小房間，那裡小到連塞一個人都很難。器材與設備很陽春，大家正在剪一些試播帶，備妥直接向民眾溝通的設備。他們以前沒有廣播經驗，不過奧薩瑪興致勃勃，和艾札特、阿美德一起製作談話節目，談論卡夫蘭貝爾的家庭每天會碰上的問題：人道救援的難題、打家劫舍、軍事團體犯下的惡劣行徑——都是一些最敏感的話題。這群年輕人想開啟對話，讓一般大眾自由討論自己每天碰上的問題。就像他們其中一人說的那樣：「我們趕跑了阿薩德的軍隊，結果又來了聖戰軍事團體。」

地下室溫度高了起來，幾個人到外頭觀察再度出現的轟炸。大砲造成的傷害，通常少於桶裝炸彈，生還機率也比較大。桶裝炸彈的摧毀力量令人害怕，就連待在地下室都不安全。

訓練課程結束後，我和侯森前往女性中心。那個地方基本上是另一個空無一物、設備不足的地下室，需要重新粉刷一番。歐雯．卡列德（Oum Khaled）負責管理中心，她的兒子是運動人士。伊德利卜省有大量女性希望達成革命的原始目標，透過公民社會與地方社區爭取正義、自由與尊嚴。歐雯是其中一員。她沒領到中學畢業證書，但喜愛閱讀，認為女性將帶來改變。她祈禱、齋戒、開車，還經營一間女性美髮美容沙龍。她和一群上刺繡串珠課的女性正在等我。

戴頭巾是此地的傳統，不過已經有一年多時間由法律強制佩戴。ISIS在阿勒坡某些地區積極執行這條法令。他們拿下東北部幼發拉底河畔的拉卡後，女性必須用黑布完全罩住自己的臉和身體。敘利亞的北部地區和國內多數鄉下地區一樣貧困，不過此地的女性接受一定程度的教育，有能力加入重要討論。此外，她們也意識到重大改變正在發生，威脅著要把她們拖進沒有出口的黑暗隧道，聖戰團體正在靠武器與金錢的力量，掌控愈來愈多地區。不過，在永不停歇的轟炸之中，談論這些議題似乎過於奢侈，還有點沒意義。我們看過地下室、上二樓喝咖啡時，女性告訴我以上這些話，大聲討論在這麼艱困的環境下，究竟能做些什麼——如何能繼續工作，但又不會危及自己的性命，或是不會危及丈夫與家人，以及如何避免違反傳統習俗。

「一切困難重重，我們只能教女性做裁縫，以及如何做串珠、理髮或從事護理工作，完全只能教這些東西。等戰爭結束，我們可以再想想別的科目。」一個女人告訴我。

不過，歐雯有不同看法。「我們可以教英文和法文，教人識字，開設電腦課程。」她說。

我告訴大家，裝設電腦和網路是最基本的，另外還要有心理支援的訓練，不過最重要的是開設女性識字課程。我們聊天時，附近突然落下一顆炸彈。我們原本坐在窗下，一眨眼間，所有人擠在房間中央，堆疊在彼此身上。幾分鐘過後，我們茫然地看著彼此，接著笑個不停，不過我看見大家被嚇到一臉蒼白，我自己大概也是那個樣子。

時間已經下午一點，該回辦公室了，等一下要跟上次回來結識的自由烈士旅指揮官瓦希德一起上前線。然而該來接我的侯森遲到了，中心沒有電話，我也無法獨自走到街上；女人說這些日子以來，的確除非絕對有必要，她們不會獨自出門。不過，儘管戰爭帶來不可避免的混亂——更別提現在是轟炸時期——女性依舊認為最好跟往常一樣過日子。

「是的，我活在戰爭與轟炸之中，但我想教我們的女孩好好過生活。」歐雯說：「我們全都想結婚生子，建立自己的人生，不想向死亡屈服。」

我為她們說話的樣子感到震撼。在我心中，歐雯鮮明地證明了地方公民社會，可以形成她所主持的促進發展與知識的合作關係。我對於此類草根社會的信心，多過政治與文化精英。

在場的女性想聽我的個人生活，一旁的歐雯又說服我做頭髮很重要，因此我留下，跟著她走進一間家庭美容院，那間美容院樸實無華，只有基本設備，但足以打扮出鎮上最耀眼的新娘。

那天是八月一日，我跟著侯森回辦公室，心中想著自己身邊的女性個個勇氣十足，人人有堅定意志，我要向她們看齊，不能失去希望。然而毒辣的陽光，加上重重壓在我身上的黑衣，依舊令我感到窒息。此外，我還焦慮不已。一直到了那一刻，爆炸聲依舊每每令我發抖，然而現在……現在我要第一次上前線了。

瓦希德在等我，我們立刻搭他的車離開。自從我上次在二月看到他，他變得不多，不過瘦了，不太提戰場上的事，感覺有點意志消沉。他告訴我，他收到的奧援不足以養活他的士兵。

「我們被打敗了嗎？」我問他。

他凝視著我。「噢，該怎麼講？」他回答：「我們贏了，也輸了。永遠不要認為我們被擊敗了。整個世界與我們為敵……每一個人。」他放在方向盤上的手指在發抖，不過手臂依舊孔武有力，皮膚被太陽曬得黝黑。

我問起他的妻兒。

「她們對我來說，比整個世界還重要。」他回答。

「我能抽菸嗎？」

「不行。」他立刻回答：「現在是齋戒月，陣線或ISIS可能就在附近，突然冒出來。不要抽菸，這樣比較安全。」我為了忘記這層顧慮向他道歉。

我們路過村莊時，炙熱空氣一直打在臉上。先前我遇到瓦希德時，他依舊做著樂觀的美夢。當時他說：「一切都還有救，我們依舊正在努力實現夢想。」這次大多數時候他保持沉默，因此我沒問革命怎麼樣了，也沒問聖戰塔克菲理軍團怎麼會崛起。我知道他會提起資金的事，講每一天世界各角落都有人假借捍衛伊斯蘭的名義，跑來敘利亞。

「等一下我們要順便接一位戰士。」他說。

我們在瑪齊塔村停下，接阿布・卡列德（Abu Khaled）上車。這位金髮戰士不再住自己的家，帶著妻子與大姨子一家人，同住在前線附近一間廢棄的家禽場，好就近照顧她們。他說自己無法留她們單獨睡在露天的地方。家禽場位於一個空無一物的平原上，只有幾片枯草。室內只有一張舊塑膠毯，和一個只夠兩個人坐的墊子。空蕩蕩的水泥石柱，分隔了家禽場的內部空間。

我們抵達時，我問瓦希德能否見見卡列德的太太和大姨子。卡列德的太太歐雯・方迪（Oum Fadi）抱著兩個孩子。

「他們轟炸我們的房子，我們只能在這裡過冬，無處可去。」她告訴我：「他們轟炸我們時，我們留下所有家當，跑到街上。我們有八個人住在這裡，如果算進男人，有十一人。家禽場已經幫我們遮風避雨一年。」

破舊鐵門搖晃了一下，我嚇了一跳，眾人大笑。

「沒事，只是貓而已。」他們說。我感到尷尬，還以為是炸彈。

歐雯三十七歲的姐姐說話帶著自信，但也帶著悲傷，皮膚黝黑，一雙眼睛十分嚇人：憂鬱、尖銳、充滿血絲。她伸出沒穿鞋的腳，腳跟明顯裂開。在場的女人帶著的孩子衣不蔽體，嚴肅地看著自己的四周，眼睛瞪大，眨也不眨，我見過的許多難民兒童都像那樣。

阿布・卡列德叫了一聲，他的妻子起身幫他準備戰鬥服。

「妳也跟著去前線嗎？」姐姐問我。

「是的。」我回答。

「妳要不要換上跟戰士類似的衣服？」

「女士，」先生從裡頭叫我：「我發誓，妳換穿我們的衣服比較好，我們在那裡會暴露在敵人的視線裡。」

但我拒絕。我問姐姐，她們是怎麼活下來的，她告訴我，她的先生會帶食物過來。她們每兩週洗一次澡，輪流換穿隨身攜帶的衣服。她們的逃難背包裡，幾乎只裝著衣服。

「冬天時，我們用塑膠袋擋住冷風。」她說：「寒冷的天氣正在縮短我們的壽命。我們再也無法取得柴火，因為剩下的樹木不多。」

妹妹歐雯加入我們的對話：「我們的丈夫戰鬥時，我們不能離開他們，必須永遠追隨他們。我原本是醫師祕書，讀寫難不倒我，現在我們卻活得像穴居人，拖著孩子從一個村莊流浪到另一個村莊，只能勉強填飽肚子，而先生要打仗。妳能想像這種生活嗎？」

她說話時握住我的手，直視我的眼睛，用力夾住我的手指，很痛。她的聲音開始沙啞。

「妳真的想告訴人們我們發生什麼事？妳發誓，妳會告訴全世界，是別村的人趕我們走。情勢不像妳以為的那樣。人民並不團結！他們現在愈來愈彼此憎恨，妳看到那裡了嗎？」她指著一扇不到五十公分寬的窗戶，老舊的金屬框已經生鏽。「那裡是前線。我們看到他們，他們看到我們。他們和我們之間只隔三公里。我們零零伶住在這裡，身無分文。這幾乎稱不上是活著。要不是我畏懼神，早就自殺了。「我們正在這裡一點一滴死去，就像被綁在樹上等著餓死的動物。我們留下的親戚死於轟炸。蛇日夜在我們周圍鑽來鑽去。妳有辦法跟我們在這裡睡一晚嗎？不可能！看看這些袋子。」一根柱子上，掛著三包中等大小的袋子。「這些是我們的衣服。我們把衣服塞進袋子，方便隨時逃難。我們迷失了，無家可歸。看見我的肚子了嗎？」她摸了摸自己隆起的肚皮，「我打算每九個月懷孕一次，一直生孩子，才不會後繼無人。我們的孩子會奪回我們的權利。我們要他們受教育，要他們戰鬥，這樣我們才能回家。我們不會向巴夏爾．阿薩德下跪，永遠不會，我們絕不回頭。」

她鬆開我的手指，被她抓過的手指紅腫起來。我喘不過氣，也不願哭出來。她看著我，我咬住嘴唇，眼淚靜靜流過臉龐。沒人微笑。我起身時，兩個孩子靠了過來，我問能不能拍下他們的照片，他們同樣沒笑。

離開時，我揮揮手，承諾自己會再過來，但我失信了。

歐雯說：「妳不會回來的。」她說對了，我再也沒見過她。

瓦希德、卡列德和我朝海什鎮前進，那裡是伊德利卜省第一批成為戰鬥前線的地區。我們把山頂是破舊家禽場的小山丘留在後頭。空蕩蕩的平原遠處，有另一座農場，天空一片蔚藍，萬里無雲。我們朝著前線邁進，離政府軍隊只有七百公尺。

「她們自己待在那裡安全嗎?」我問。

「阿拉會保護我們。」卡列德回答。

海什鎮原本有兩萬五千人,但那裡是密集轟炸區,一度連炸十四天不停歇。卡列德沒先讓我做好滿目瘡痍的心理準備。居民不見了。兩萬五千人有的逃了,有的被殺,有的被捕,就好像這座城鎮從來不曾存在。沒有馬路,沒有街道,只有炸彈與砲彈留下的坑坑窪窪,泥土路蜿蜒在房屋廢墟之中。到處是坍塌的建築物,不只是傾倒,還碎成一堆堆石子。有的坑洞大到驚人。卡列德說,有的房子被桶裝炸彈反覆轟炸。還殘留的強化水泥柱有幾層樓高,沒倒,但彎曲變形。偶爾有幾棵苦楝樹還在,高聳青綠,遮著瓦礫堆。

我們從後方進入戰鬥區,我壓低頭,不能被另一方的人看見反抗軍之中有女人。前線有女人相當不尋常,要是敵方看到我,一定會想辦法挖出我的身分,引來更多關注,讓我們處於更大的危險。

「他們看得到我們嗎?」我問瓦希德。

「我們正試著躲過他們。」他回答。

我們與敵人之間,只隔著一條街,以及高地上幾棟廢墟。我們下車時,男人也低下頭,敵人就在前方。卡列德用自己的身體掩護我,就像抵擋子彈的防護罩。我們後方是散落大型瓦礫堆的街道，瓦礫堆之間冒出苦楝樹的小綠枝，四面八方都是摻雜鐵條的瓦礫堆，以及剛被燒燬的車輛。他們顯然還在繼續轟炸這座城鎮。

我們走進一個受損不算太嚴重的小房間，地上擺著常見的塑膠毯，幾個墊子散落四處。接著戰士們湧進來，至少有十個人，外頭開始射擊。

「他們發現你們在這裡。」一名戰士說。

「但我們很小心，還避開街道；他們是怎麼發現的？」我問。

牆上有幾張圖，一張靜物畫，一名戰士的照片，又一幅彩花畫作，幾根釘子上掛著幾件襯衫。房間剛好裝得下我們。每一位戰士坐著的時候，腿纏在自己的機關槍上，好像在跳舞。武器發亮，槍口清晰可見——黑色槍口形成一個環，繞住我的脖子，子彈在屋頂上呼嘯而過。在場男士用好奇又開心的眼神看著我。

其中一人開口：「嘿，女士，妳不怕嗎？妳應該換穿跟我們一樣的衣服，才不會被他們發現。」那是一個胖胖的年輕人，年約二十六歲，臉微微曬黑，有著一張開心的臉，手緊緊握住自己的機關槍。

我對他微笑，解釋我想了解他和其他戰士的故事。他們是誰？為什麼留下？聽說這裡的軍團，追隨努斯拉陣線和自由沙姆人伊斯蘭運動，是真的嗎？ＩＳＩＳ是不是已經來到這裡？

「妳現在看到的每一個人都是海什鎮人，我們沒離開自己的家鄉。」戰士回答：「我們待在這裡是因為家園被毀。我叫方迪（Fadi），以前在黎巴嫩工作。這裡開始起義後，我在電視上看到人民被殺害，辭職回到這裡。這裡是我的國家，我必須留在這裡。我的專長是地雷與RPG手榴彈。

「我認為這是一場遜尼—什葉派的戰爭，就是這樣。一開始不是這樣，但伊朗什葉派開始插手對付我們——他們和真主黨。我們聽見他們在無線電上講波斯語。我們之間只隔兩百公尺；他們現在正在妳剛才經過的前線。妳也看到了，海什鎮已經全毀，我們跟其他城鎮不一樣，沒有自己的媒體中心。他們用各式各樣的武器轟炸我們：地對地火箭、桶裝炸彈、飛毛腿飛彈、炸彈。沒有任何一棟還好好站著的建築物。」

「這是一場宗教戰爭，沒什麼好說的。」另一個人補充：「我是山米（Sami），二十二歲，以前在念大學。除了是宗教戰爭，還會是什麼？」

第三個人也這麼認為：「沒錯，跟宗教有關。」三個人輪流發言。

下一個說話的是一個冷靜瘦削的年輕人，面色有點蒼白，微微露出微笑。「我是安納斯（Anas），」他說：「我二十五歲。我們一開始在這裡上街，舉行和平抗議，在海什的市中心。我們從未提到與宗教有關的事，我們只說：『政府下台！』但結果政府是異教徒，那是我們拿起武器的原因。妳知道為什麼他們是異教徒嗎？我們這裡一分鐘就落下五十顆炸彈。他們派出五花八門的飛機，但進不了我們的小鎮。他們死了八十五個士兵，但依舊進不來。

「在這個軍團裡，我們都是海什之子，但我們不是唯一的團體，還有努斯拉陣線及其他軍團，然而國際社會拋棄我們。我們只能說：『阿拉是唯一真神，穆罕默德是祂的先知。』死亡等著我們，我們祈求主幫助我們打敗暴君巴夏爾。」

眾人聽到他的話，臉上立刻出現憤怒神色。「阿拉維派的人殺死我們，我們也會殺死他們。」另一個人說。

卡列德微笑看著我，出來打圓場：「這些年輕人都來自貧窮的工人家庭，政府毀了他們的房子，殺害他們的家人，還讓剩下的人無家可歸。妳可以理解為什麼他們提到教派迫害時有些激動。」

一個人打斷卡列德。「不是這樣的，先生，阿拉維派和什葉派不認識主，他們是異教徒。」其餘的年輕人也附和。

我身邊這群戰士稱自己為「海什突擊隊」(Haish Commandos)。努斯拉陣線數度拒絕見我們，現在瓦希德甚至不讓他們知道我在這兒，害怕要是有任何努斯拉戰士發現我的身分，將採取報復行動。外頭的槍戰激烈起來，瓦希德要我們立刻離開，然而，海什突擊隊話匣子已開，一心想告訴我他們遭遇的困難，講他們是怎樣被忽略，他們的城市是如何被遺棄。他們需要成立媒體中心，但永無止境的轟炸讓這件事難以實現。此外，他們的公民運動者被殺害，只剩安納斯一人，而安納斯已經成為戰士。

「我們曾經試圖向幾個村莊、幾個這一帶的知名媒體辦公室求助，但他們沒幫我們，全都遺棄我們！」一個人說。

年輕人說的沒錯，這座小鎮的確似乎被世人遺忘，就好像存在於時空之外，而他們這群有著憤怒臉孔的年輕人，有如活死人般住在這裡。我想離開；他們一個接著一個告訴我自己的朋友是怎麼死的，我的手開始發抖。

其中一人開玩笑：「今天輪到我了，我要上天堂了。」

另一個人回答：「才怪，我向神發誓，你不會比我早。」眾人大笑。

瓦希德強硬起來：「先生們，我們得走了，這裡對這位女士來說太危險。」

我想留下來聆聽，但留下來的確太危險，轟炸隨時會開始。雙方的狙擊手依舊在射擊前線。我沒和年輕人握手，但我祝他們平安。這一帶的男子不跟女人握手。大部分的男人甚至不直視女人的眼睛，也幾乎不會打招呼。

我們跨過門檻走出房子，頭依舊壓低。瓦希德帶頭，四名戰士跟著我和卡列德出去。先前一個年輕人坐在影子裡，我沒看清楚，他突然高聲說話。

「女士，記得告訴全世界，我們正在孤獨地死去，阿拉維派殺死我們的人，他們被殺的那一天終將來到。我們會以牙還牙，報復他們，報復什葉派那些異教徒。我們會殺死他們，還有他們的妓女老婆。」

「兄弟，別這樣，」卡列德說：「那種話太難聽。」

「一點都不會。」那個人針鋒相對。

我凝視他。「願主保佑你們這些年輕人，願你們得到公道。」我說。

「阿們，女士。」他們回答：「願主保佑妳。我們發誓，今天有妳來這裡，真是太好了。妳應該留下，跟我們一起開齋。」

「祝你們有美好的開齋飯。」我說，便低頭朝車子走去。我回頭看了他們一眼。一顆子彈飛過我們頭頂。

我脫口而出：「我來自阿拉維派的家族。」我上車，兩名年輕人追上來，頭伸進開著的車窗。

「女士，請不要感到冒犯。我發誓，我們不是在講妳！我發誓我們不恨所有的阿拉維派。我們尊重妳和妳的家族。」

我像一塊石頭一樣不說話，聽著自己的心跳聲和子彈聲。

「別難過，我發誓他們不是有意的。」卡列德說。

「我不難過。」我輕聲回答。然而年輕人接二連三道歉。二十五歲的安納斯身體伸進車子，眼眶閃著淚水。「我發誓，女士，我們會用我們的靈魂保護妳，妳是這個國家的女兒。」

瓦希德低聲說：「妳不該講出來。」瓦希德和卡列德都為了我剛才的話在氣我——我不曉得自己為什麼要說出來，但必須有人出面打破這面仇恨的牆。我認為保持沉默是在背叛每一個無辜的阿拉維派教徒，背叛我們兩年前站出來革命的精神。

年輕戰士顯然十分尷尬，這下子爭著保護我們，搶著告訴我們哪條路比較安全，應該開哪條路才對。兩名年輕人走到我們前面，走在交火處，我們的車在後頭緩緩跟著。其中一人每隔幾秒鐘就轉身看我，眼神充滿歉意與感激之情，我也對著他微笑，沒去想廢墟空隙間呼嘯而過多少子彈，脖子感到很緊，像是被掐碎，吞嚥時發出聲響。

「這裡不能拍照，我們不准人拍。」瓦希德說。跟著我們的兩名年輕人，一下子超越我們龜速前進的車子，拿好機關槍就定位。我們人在前線。

我說：「我們就看看會發生什麼事吧。」然而瓦希德拒絕，這裡的戰鬥十分激烈，我們得立刻離開。

車子掉頭前，我向年輕人揮手。四個人停下來揮手，依舊一臉尷尬。我們駛進一條塵土飛揚的路，瓦希德開始全速前進，幾分鐘後轉頭看我。

「我再也不會帶妳到那種地方。我所做的事很危險，雖然讓妳知道那些人是怎麼想的也好。但妳得明白，其他人可能會有不同反應！妳剛才可能被殺。」我點頭，望了一眼後車窗，心中只有一個念頭：會不會有我的親戚在另一頭？我深愛的家人，我想念的家人，我一起度過童年的家人。他們一張張可愛的臉，在我眼前的車窗上閃過，開開心心的，我們一起度過了童年和青春期。我不希望死亡找上他們，我不要他們被殺。

我戴上太陽眼鏡，淚水不斷湧上來。太陽開始西下，不再那麼令人窒息，不過我的眼淚止不住。瓦希德告知，我們距離政府的士兵只有三百公尺，我點頭，默默哭泣，把臉藏在頭巾與大眼鏡後方。我感到無法承受，心好像要爆開，心跳聲愈來愈大，愈來愈大。之後我忘了問，我們能不能回家禽場，再度拜訪那裡的女人。我沒遵守自己的承諾。

瓦希德說，隔天我們要去阿勒坡的阿薩爾鎮（Khan al-Assal）。「昨天發生一場戰役，雙方在幾小時內死了五百人。」

我沒轉頭看他，也沒多問，默默想著，在很短的時間內，一下子就能死很多人。我沉浸於自己的思緒，就連卡列德下車了都沒發現，直到他靠向我的車窗說再見。我看著太陽消失在一望無際的遼闊平原後方，耳朵嗡嗡作響，山丘上是一棟棟焦黑房屋。我抵達卡夫蘭貝爾的媒體中心，洗了把臉，坐在露台上，靠在一棵橄欖樹附近的柱子上，渾身無力。

我坐著的地方，看得見一棟小房子，新蓋好的羊圈裡，兩個男孩正在餵兩隻小羊，一旁是燃燒的小火堆。孩子跑來橄欖樹這兒，開玩笑地對著我扔了一枝柴火，樹枝落到腿上。我低頭一看，發現座墊是自己最喜歡的棕色。運動人士各司其職：拉亞德在露台上烹煮晚餐，外加和每一個人說笑。他帶來肉塊，用油、蔬菜和一點辣椒做成烤肉。哈默德負責洗蔬菜，阿布度拉掃地和擦拭座墊，拉贊清洗大家交給她的髒盤。準備開齋飯是死亡飛彈炸下前的慶祝儀式，大家慶祝還有蔬菜及其他食物可吃，慶祝還有切菜煮飯的對象，慶祝還有一起吃飯的朋友，慶祝所有小事。水壺被反覆清洗，擺在幾個乾淨杯子旁。兩名戰士走進來加入烹飪大隊。

拉亞德笑：「這一小時我們吃飯，下一個小時我們被炸死，但死前一定要先吃大餐！」

我沒說話。

「等你們今天晚上從學校回來，我們再繼續講卡夫蘭貝爾的故事。」拉亞德告訴我。

「好。」我的回答有點簡短，還處於從海什鎮回來後感到的混亂，但我得撐住，撐到我們從學校回來，我得省下一點力氣與意志力。不過幾分鐘後，下一顆炸彈就出現。萬一我們沒躲過這一次，我就不必完成剩下的工作，但要是躲過了，我們就去孩子們的學校，接著完成今天最後的任務：記錄卡夫蘭貝爾的起義故事。一切簡單明瞭。

我們吃飯，活過今晚的轟炸。炸彈準時在鎮上西側傳來黃昏喚拜聲的五分鐘後出現，很快的我們又能再度呼吸。

我們完成卡拉馬巴士計劃的難民兒童工作，返回媒體中心，時間已經過了晚上十點半，大約有兩小時可以聽完拉亞德的故事。

我呼喚拉亞德：「我們回來了，快點，山魯亞爾（Shahryar），快點回到故事。」拉亞德聽見我用《一千零一夜》裡國王的名字叫他，笑了出來。

「啊，不對。我們交換角色：你當王后雪赫拉莎德（Scheherazade），你來說故事，我來記錄。」我又說：「我們上次講到二〇一二年六月，起義人士控制住卡夫蘭貝爾——但軍隊的檢查哨還在？」

拉亞德點頭。「沒錯，檢查哨還在，但阿薩德政權的士兵除非有坦克，否則無法通過檢查哨，進入鎮上。八月六日那天，我們在沒有事先計劃下，決定展開最後的解放之戰。大家由弗亞德．侯希（Fouad al-Homsi）領導，他是勇敢戰士，在齋戒月突襲通往拉塔基亞的軍隊檢查哨，可惜沒成功，又退回卡夫蘭貝爾。不過他和檢查哨的士兵交火，寄簡訊說他們一群人被陸軍部隊包圍。當時有人放火燒輪胎堆，大喊：『我們來幫忙了！我們來幫忙了！』解放之戰就此展開，年輕戰士湧上去幫忙。

「當時我們這些武裝反抗軍，大約有一千人，我們一連作戰五天，在鎮上各處就防禦位置，封鎖道路。我們切斷軍隊的食物和飲水供應，戰事一直打下去，接著他們開始用飛機轟炸我們。在我們奮力爭取自由的第七天，軍隊直升機出現，一起轟炸我們，希望解救陸軍部隊。那次的空中轟炸不像現在這麼殘忍，他們丟炸彈只是為了掩護自己，為了軍事自衛的目的。

「然而，真正的殘暴轟炸，在二〇一二年八月八日開始，他們在那一天，對著敘利亞革命投下第一顆爆裂桶裝炸彈。我在檢查哨附近拿著相機，拍下在那場戰役發生的每一件事。自此之後，我們就不斷被桶裝炸彈攻擊。

「八月九日那天，他們用米格機轟炸我們。十日那天，米格機一直在我們上方盤旋，不過在八月八日至十日之間，卡夫蘭貝爾擺脫統治政權。我們在清真寺發表自由宣言，自豪卡夫蘭貝爾成為『自由之地』（The Liberated）。我們還以為推翻阿薩德的那一天已經近了。

「其他檢查哨開始一一被解放，包括哈斯村和卡弗羅瑪村。然而軍隊撤退後，人民也跟著離開，因為每天都有轟炸；戰事一直持續下去，砲火從未停歇。解放過程中，只有起義人士留下，而且卡夫蘭貝爾至少發生過一次大屠殺。

「八月二十二日那天，二十六人在舉行示威的廣場犧牲生命。九月二十五日，十七人犧牲。十月十七日，十三人犧牲，月底十一人犧牲。十一月五日那天，三十二人犧牲。解放過後，他們每日轟炸我們，卡夫蘭貝爾成為鬼城，人口從三萬人降至一萬五千人上下。還留下的人，白天到附近村莊，晚上再回來。十月時，邁阿賴努曼獲得自由，海什鎮的家庭——他們全鎮被摧毀——搬到卡夫蘭貝爾。這些逃難的人民和我們的人一起死於大屠殺。」

拉亞德停下不說話。我把小筆記本放到一旁。

「我們休息五分鐘，抽根菸吧。」我說。

拉亞德微笑，知道自己的話被專心聆聽，不過我注意到他的神色起了變化，出現和瓦希德臉上相同的東西：哀傷。兩年半來，天天都在死人。先是和平公民奮鬥，再來是武裝軍事奮鬥，而如今宗教極端團體劫持了革命。拉亞德和瓦希德雖然走上不同道路，他們兩個人依舊相信阿薩德政權倒台後，才有辦法解決事情。

我拿起筆記本，拉高聲音，「噢，快樂的國王，告訴我……」

拉亞德挺起背，直了直腿，他已經盤腿坐了好幾個小時。「對了，一個很重要的細節是二〇一二年六月時，卡夫蘭貝爾出現很多叛變的政府軍官與士兵。」他解釋：「一千名士兵與三十五名軍官在一次大型叛變後離開，軍階最高的人會領導軍團——解放之戰由哈森・薩魯恩（Hassan al-Salloum）領導。

「問題在於解放後，新叛變的軍官，以及比較後來才加入革命的人，他們之間起了權力之爭。第一個軍事委員會成立時，成員是軍官與五位起義人士，才一星期就解散。卡夫蘭貝爾的軍團和其他軍團不和，一名高階將領退出，那個人很有錢，也有源源不絕的武器。正義騎士的阿布．馬札德則留下，妳知道的，妳見過他。馬札德的軍團率先加入起義，不斷成長，人數愈來愈多——這個軍團的領導者讓卡夫蘭貝爾獲得自由。從那時起，情勢開始混亂，冒出愈來愈多武裝團體。」

「為什麼卡夫蘭貝爾沒跟許多村莊一樣，被聖戰軍事團體把持？」我問。

拉亞德搖頭。「我就知道妳會問那件事。」他語帶不屑：「妳懼怕它們。」

「是的，我怕，但不是怕自己的命，而是怕國家的未來。」

「我懂。它們的確試圖控制卡夫蘭貝爾。自由沙姆人的確曾在二〇一一年九月自請解放檢查哨，我們拒絕，害怕解放過後，它們會留在卡夫蘭貝爾不走。二〇一三年二月，努斯拉陣線也自請參加示威抗議，但我們一直拒絕。依我看，地方人士之所以歡迎伊斯蘭分子，是因為他們認為，只有那些人有能力推翻阿薩德，他們擁有金錢、武器與信仰。自由軍得到的金援有限，有些人為了找錢，還幹起偷竊的行當。地方人士還認為，要是伊斯蘭分子進來，將以公平的方式統治他們，他們將可脫離數十年來只帶來謀殺與不公義的不公正統治，畢竟自從老阿薩德哈菲茲的年代，阿薩德家的政權就以世俗政權自居。

「然而伊斯蘭分子進入解放區開始統治他們後，人民發現伊斯蘭分子也不是公正的統治者——他們其實是政府的翻版。我所謂的伊斯蘭分子，是指和蓋達組織有關聯的人，他們想成立伊斯蘭哈里發國，執行嚴格的伊斯蘭律法。現在人們普遍不喜歡他們，地方人士想要他們走。」

我再次請拉亞德休息一下。「來吧，喝杯水。」我說。

我起身泡另一壺茶，突然間精力充沛，覺得還能再保持清醒二十四小時。不管是被羈押者、公民運動者，還是前線戰士，我想要記錄這個國家每一個人的證詞，接著成為這個故事的敘述者，我是被歷史掩蓋的事實的一條脆弱絲線。

然而，沒有絕對的事實。頭條標題宣稱，阿薩德政權犯下當代歷史中前所未聞的罪行。然而在其他報導，我們聽到陰謀詭計利用這個國家的經濟與社會情勢，以及人民的族群與宗教組成比例，把自由區變成由聖戰軍團掌控的地區。實際情況也證明，這個地方正在兩頭作戰，不過雖然反抗團體被殺、被拘留、被綁架，或是逃出國，依舊在抵抗。他們的抵抗，性質特殊，矛盾又複雜，而且情勢正在一點一滴演變成宗教戰爭，就像歷史上發生過的許多革命。

我說：「公民戰爭是戰爭事實的一部分。」我擺好玻璃杯倒茶，「的確，我們需要時間，但局勢很困難。」

其他人從露台進屋。我說：「請等我問完所有問題再離開。」拉贊決定先回家，我和拉亞德、哈默德留下。

「人民不再想要聖戰軍團，然而民眾對於革命的支持熱度，不也大幅下降？」我問。

「沒錯。」拉亞德回答。他跟平常一樣點頭，比著手勢。「最初的部分運動人士，犯下讓人民憤怒的錯誤，但矛頭主要指向反抗軍士兵，因為他們無法回應阿薩德飛機持續的炸彈攻擊。革命剛開始，人民對自由軍有信心，歌頌自由軍，但自由軍武器有限，例如自由軍從很早的時候，就曾經多次試圖解放瓦迪代夫，十次都失敗。自由軍試圖解放地面時，數千人犧牲性命，然而缺乏防空武器代表我們輸了。此外，還有許多窩裡反的謠言，人民於是失去對自由軍的信心。

「接著還有另一個理由：這裡有政府的人，他們做了很多事破壞自由軍的形象，捏造各種有關於反抗軍和各路人馬的謠言——救難人員、媒體運動者、武裝鬥士都成為謠言主角。政府把謠言當成戰爭的基本武器，散布恐懼，分化人民。

「此外，我們剛剛進入革命第三年，人民累了，想替發生的事找怪罪的對象。這場艱難無比又徒勞無益的掙扎，拖了這麼久，政府殘忍暴力，外加太多運動人士與人民離開敘利亞……這些全是重要原因。自由軍的軍團日夜都在打仗，沒有任何進展，家庭眼睜睜看著自己的孩子平白死去，媒體播出許多影片也沒有效果，我們只取得不到四分之一所需的援助，還沒水、沒電、沒食物……簡單來講，人民累了，他們受夠了。」

「有可能重新獲得民眾的支持嗎？」我迫不及待地問。

拉亞德訝異地看著我，但很快就接下去：「革命還在進行。革命第二階段的人，正在我們的自由地區，在我們成立的處理日常事務的辦公室努力下去——救難辦公室、媒體辦公室、財政統計辦公室。舉例來說，統計辦公室追蹤受傷、被拘留與犧牲的人數，記錄發生的事件。每一天，我們的工程師記錄破壞情形，計算重建我們的城鎮需要的成本。

「卡夫蘭貝爾的僑民捐獻開始湧入時，我們決定成立組織，分發資源給每一個人，由鎮上德高望重的人負責這件事。我們想成立一個辦公室，專門負責救難事宜，財務辦公室就不需要煩惱來到卡夫蘭貝爾的大量村莊難民援助問題——我們有一萬五千名難民，他們需要吃飯。此外，任何來協助我們的軍團，我們也提供食物。救難辦公室成立時有七個人，作戰愈來愈激烈後，難民離開，救難中心自此成為這間媒體辦公室。我們就是靠這樣的方式獨立運作，不依賴他人的經驗。我們自己想辦法。

「然而，現在是特別艱困的時期，因為我們今日面對的危機，大過我們所能承受。所有這些突然冒出來的聖戰軍團與目前的混亂，都是我們面臨的重大阻礙。至於我，我永遠不會放棄我們的夢想。我們已經累積大量經驗，還需要繼續累積下去。我永遠不會失去希望，但我不會說贏回人民的信任將是一件簡單的事。」拉亞德停下，接著總結：「就這樣吧，我沒有要說的了。」

我停下筆，我們兩人各點一根菸。望著滿天星斗，我一個字也說不出來。拉亞德看著露台旁的棕櫚樹，對自己點點頭。今晚的寧靜十分罕見，居然沒有轟炸。我感覺心中的裂痕正在擴大，一直裂下去，永無止境。

各省的習俗與傳統，一直是人民文化認同的一部分，女性依舊遭受壓迫的領域，戰爭又讓情勢無情惡化。ISIS、努斯拉陣線、自由沙姆人，以及其他的極端主義聖戰軍團，一一冒出來，進一步限制女性，削弱女性扮演的角色。我們女性過去和現在依舊希望能夠抵抗。

拉贊的房子溫馨舒適。我發現那間屋子如同所有我在此地見過的屋子，對我來說是迷你版的敘利亞，增加了我心中苦澀的懷念，我想家了。每間房子各有特色：阿布·易卜拉欣的祖宅（我的主要基地）；眾人在砲火下待過一段時間的媒體中心；歐雯·卡列德的房子；艾育歇被炸壞的公寓——那些房子堆疊成我的記憶碎片，在砲火中化為殘磚碎瓦。然而，我們繼續走下去，就好像我們過著正常生活。我們不斷逗弄死亡。

轟炸永不停歇，但我們還是得在小小的瓦斯爐上，冷靜煮著咖啡。我們早上在轟炸中醒來時，這杯咖啡比生死的概念還重要。我們依舊得打理自己的外表，用最少量的水每日梳洗自己。該做什麼，就做什麼，生命在這些日常小事中走下去。拉贊和我耐心等待嚮導來接我們，我們兩個人在卡夫蘭貝爾的街上，才不會像外國人一樣顯眼。

拉贊是在二〇一一年一月因革命活動被捕。政治安全局的大馬士革分部在敘利亞和約旦的邊界抓走她。「自由軍進入大馬士革市中心，」拉贊告訴我：「我們等著大馬士革淪陷。雅爾矛克難民營（Yarmouk camp）被解放，我們以前在那裡開會。」拉贊最初被關在德拉（Daraa）監獄，他們把良心犯和一群殺人犯關在一起，接著他們不停地把她關在不同的地方，每一天都換監獄，一路抵達大馬士革後，終究沒起訴就釋放她。然而兩個月後，她又再度被捕，羈押在空軍情報分部，接著獲釋。不過，拉贊不曾停下自己的工作。她逃出邊境，接著又決定回伊德利卜省，替革命奔走。

拉贊一直是最重要的革命人士，儘管發生種種事情，依舊夢想革命能夠成功。我看法不同。我感到革命已經進入毀滅階段，目前發生的許多事，都是在敘利亞境外策劃，很少考量到我們理想中的革命。但無論如何，至少我們不能自己內部都拋下革命事業。

那天早上，我們的同伴阿布・塔瑞格（Abu Tareq）抵達，他在拉贊家門外連接大街的泥土路盡頭等我。塔瑞格四十多歲，只受過中學教育，但事業做得很大，擁有一間裁縫工廠，以及一間專門製造馬賽克與大理石的工廠。他在革命第一天就加入和平抗議活動，在地方人士間享有崇高聲譽。鄉里的人說，他是你可以信任的那種人。塔瑞格證明自己的確無愧於大家的稱讚，一直忠誠於革命與人民——在最近局勢惡劣的日子，這樣的忠誠很難找。今日的他是軍事部門指揮官，旗下有數千戰士，他依舊夢想著敘利亞能夠團結一心，雖然他也說，等巴夏爾倒台，他會放下武器，回歸本業。

塔瑞格想看到公民國家——一個世俗國家。「敘利亞社會不可能實行伊斯蘭律法。」他向我強調：「這違反了我們的社會本質。」塔瑞格認為，目前正在發生的事，主要是一場受壓迫的人民對抗專制政權的戰爭：他不想聽到什麼教派或宗教的事。雖然他平日也禱告和齋戒，虔誠信仰宗教，他說：「這不一樣。我們想建設我們的國家，不想毀掉它。」

那天，我們預備前往邁阿賴努曼。當地情況比我記憶中前幾次造訪時還糟：整座城市全毀。邁阿賴努曼位於前線，過去三個月，每天都遭受猛烈轟炸，歷史古城早已完全化為廢墟，究竟還有什麼好轟炸的？

我們要去見一個舉足輕重的領袖，那個人是自由沙姆人運動的埃米爾（emir，譯註：阿拉伯世界的統帥、領導者之意）。我希望和他對談，了解這個運動的想法。我們經過鎮外危險區，我現在對那一帶瞭若指掌，曾在開齋飯前，為了儲備食物，跟著拉亞德前往那裡的蔬菜市場。我們經過政府士兵瞄準道路的狙擊手區，我壓低頭，閉住呼吸一陣子。還有幾分鐘就要抵達邁阿賴努曼時，一顆飛彈落下，威力驚人，我們沒停下，繼續直直往前開。

日常生活中一個愈來愈明顯的問題，就是另一種威權力量出現，開始嚴重阻礙所有的公民活動主義，以及任何試圖重建破碎社會的努力。我們駛過荒涼街道時，我想到如果要維持敘利亞女性與外界的正面關係，應該從不會刺激自由沙姆人等聖戰軍團的小步驟開始，然而目前所有性別間的接觸都被禁止，還立為法律。外出時不戴頭巾變成絕對不可能的事。沒有頭巾的女性會被起訴，而且所有的運動人士，不論男女，都可能被綁架、殺害、逮捕。儘管如此，我拒絕絕望，我下定決心訪問自由沙姆人的埃米爾，不過決定不透露自己的身分。

一路上，我們經過最新轟炸地點。一顆飛彈落在「希望微笑」慈善團體指導的學校附近，炸穿牆壁，部分屋頂垮在顏色鮮豔的桌椅上。很難想像，如此活潑的顏色會存在於破壞之中。那間學校的老舊建築物被樹木包圍，圍牆裝飾著快樂圖案。廢墟之中，我看見幾幅孩子的美術作品——有著細緻筆調的柔和畫作與素描。

學校入口前，坐著一個老人，高舉著雙手。空氣中依舊煙霧瀰漫。我得知老人的兒子被砲火擊中，當場死亡。

「是火箭。」站在一旁的年輕人說。

到處是垃圾山和瓦礫堆。毀損的校舍與自由沙姆人埃米爾的辦公室之間，景象愈來愈令人怵目驚心。空蕩蕩的街道上塞滿垃圾，偶爾可以瞥見人煙。

我們見到自由沙姆人運動的埃米爾阿布・阿曼德（Abu Ahmed），他坐著的房間，看起來像資深公務員的辦公室，只不過有武器靠在沙發上，埃米爾的後方，還擺著一排機關槍，外頭也有武裝民兵守衛著。辦公室座椅和沙發包裹著黑色皮革，有一張乾淨到發亮的木桌。三十八歲的埃米爾金髮、留著濃密長鬍鬚，出生於邁阿賴努曼附近的村莊，身高與體格跟常人一樣，先在黎巴嫩當磚匠，後來在二〇一一年八月返回敘利亞後，立刻加入軍事運動，不曾參與和平抗議活動，也與公民社會運動沒有關聯。依據他的說法，他對那些沒興趣。他加入一個十五人的軍事團體。在他辦公室對面，川流不息的家庭來領「希望微笑組織」與「自由沙姆人」的人道救援物資。

埃米爾沒問我是誰，說話時不看我的臉。塔瑞格告訴他，我在寫書，所以想見他。埃米爾尊敬與信任塔瑞格，因此答應接受採訪。埃米爾從基本資訊講起，對著塔瑞格講話時微笑，感覺是為了消除我在場的尷尬氣氛。我請他告訴我，他和自由沙姆人運動想要什麼。我知道這個團體喜歡自我宣傳，這個問題應該可以讓他打開話匣子。自由沙姆人是伊斯蘭武裝抵抗的重要成員，也是敘利亞北方的活躍團體。我提問後，埃米爾的頭轉向塔瑞格，繼續對著塔瑞格講話。一名戰士沒打招呼就闖進來，打斷我們的對話，告訴埃米爾自己的三把機關槍放在沙發旁。

我低頭看著空白的筆記本頁面，心裡很緊張，附近砲聲連連，是數個作戰區的交會處。我不敢相信自己和聖戰團體的埃米爾一起坐下，正在訪問他，而且——表面上看起來——我全然鎮定。我微笑，試著打破埃米爾的沉默。當時是中午，我開始感到緊張、悶熱與喘不過氣，喉嚨很乾，突然間冒汗，幸好阿曼德終於開口講話，我開始記錄。

「我為了讓巴夏爾．阿薩德的政權垮台，改讓神的律法統治這個國家，加入軍事運動。」他告訴我：「在哈菲茲．阿薩德父子的統治下，四十四年來，我們過著不公與罪惡的生活，時間已經夠久了。他們只因為我閱讀阿布．塔米瑪（Abu Tamima）與伊本．卡伊姆．賈茲亞（Ibn Qayyim al-Jawziyyah）的著作，就審問我。我有家人支持他們的政權，但那種事依舊發生了好幾次。這是異教徒的政權。我現在做的事是為主發起聖戰。

「二〇一一年八月，我們的團體首度團結起來。先前我們只有三把步槍和一輛車——這下子我們有四十輛車和四十噸炸藥。我們與阿布．巴拉（Abu al-Baraa）聯合起來，自由沙姆人運動有五個創始者，他是其中之一。有人說巴拉是塔克菲理，要我們快點和他斷絕關係，但我們沒這麼做。我是第六個加入自由沙姆人，也算是創始成員，我開始和其他打下基礎的埃米爾熟起來。」

先前馬漢爾到伊斯蘭法庭替馬辛討公道時，幾個人威脅運動人士，其中一人也叫阿布·巴拉，不過我不確定是不是同一人。

埃米爾說下去：「我們討論是否該殺掉士兵，最後決定要是他們願意反叛政府，就不殺他們，但如果他們在戰鬥時死亡，不算我們的罪過，他們的死亡將被認定為合法（halal）。我們在安全巡邏隊經過的路上，埋下土製炸彈，不過軍隊在二〇一二年初進入鎮上後，局勢改變。我們沒料到軍隊會進來殺我們和炸市民。轟炸開始，那是殲滅行動，我們因此跟著改變策略。

「就這樣，我們留下，巴拉和我，我們執行引爆土製炸彈的行動。我們會開著一輛薩巴車，每兩個星期就更換車輛顏色。我們因為炸車出名，現在我是邁阿賴努曼的埃米爾，我們的軍團有一千個聖戰兄弟。」

「可是，這裡的『埃米爾』是什麼意思？」我問。「為什麼你們稱自由沙姆人、努斯拉陣線與ISIS的領導人為『埃米爾』？」埃米爾並非敘利亞與整個黎凡特地區傳統上使用的頭銜，我想知道這個名詞為什麼開始流行。

他看了我一眼，點了點頭：「埃米爾負責指派軍事領袖與策劃行動，另外還有法官等立法人員。軍團內有顧問團體，叫『諮詢委員會』（Shura Council），不過通常埃米爾的決定影響力比較大。」

「那麼你們和哈菲茲・阿薩德父子有什麼不同，如果你們比較有發言分量？」

「事情與我無關；這是法律規定的。埃米爾有兩票。」他平靜地回答。

我沒爭辯，讓他講下去，眼睛瞄過他身旁的機關槍槍管。

「埃米爾也是政治上的領袖。」他解釋：「不過我們的主要任務是軍事行動。我們的戰士之中，有許多自願的聖戰弟兄。我們不在乎錢，但錢讓我們有辦法招募遵守正統教義的人士。我們不提供薪資。」

我提問：「可是我聽說你們的戰士領薪水，你們還有慈善機構和事業。」我說：「這是眾所皆知的事。」

他第一次看著我的眼睛，同樣不慌不忙地回答：「那些錢我們稱為『戰士補助』（fighters' provisions），付給戰士的家人，以及為了補貼戰士。至於慈善機構的話，是為了幫助人民。」

「那事業呢？」

他眼神銳利地看著我。「一開始，事情並不容易，但我們每多打一場仗，靠著戰利品，武器多了起來。我們從軍隊那兒得到相當多東西。那些是從穆斯林手上偷走的資源，必須還給穆斯林。我在這裡，在邁阿賴努曼，買了幾輛水車，從一座井運水給人民。

這裡沒水、沒電，我們成立的投資計劃是為幫助人民。前方還有很長的路，如果你支持神的目標，神會幫你。

「我們合作的人，有的與革命無關，我們有非敘利亞人的聖戰士，他們忠誠於我們。我們也有許多來自穆斯林兄弟會（Muslim Brotherhood）的敘利亞人，他們是移民，孩子在流亡中成長，回來和我們一起戰鬥。整體來說，我們百分之九十八的成員是敘利亞人。有三個來自車臣的人，但他們的祖先是敘利亞人，父母在六〇年代初移民。」

塔瑞格不時插進來說一句話，解釋不清楚的地方。我試著盡量表現出鎮定的樣子，但四周的氛圍愈來愈令人感到窒息。外頭的轟炸平息下來，有那麼一瞬間，世界接近和平。中午時，很少碰上如此安靜的時刻，然而皮革氣味令我喉嚨一緊。

「你希望這個正在出現的國家採取什麼形式？」我問。

這下子埃米爾直視我。「我們要暴君下台。」他回答。

我再問了一次問題，他用全然嚴肅的態度回答：「我們自然希望是伊斯蘭酋長國（Islamic emirate）。我們會有是信教的埃米爾與諮詢委員會。」接著又陷入沉默。

「接下來呢？」我提示他。

「接下來……」他回答：「會有律法保護教派與非穆斯林的『奈薩拉』（Nasara）——也就是基督徒。女人不戴頭巾外出將違法，不遮著臉出現在眾人面前將被禁止；那是最重要的。」

我記下阿曼德說的話，塔瑞格一直在觀察我，不時偷瞄阿曼德，我也一樣。不過，埃米爾說完最後一句話時，塔瑞格給了我一個警告的眼神。

我擠出笑容，阿曼德繼續說下去。「阿拉維派的人不能待在敘利亞。基督徒得到的待遇，將比照伊斯蘭對待奈薩拉的方式。我們公開宣布，我們會重新建立得到正確引導的哈里發的哈里發國（caliphate of the rightly guided caliphs）——建立『正統』（Rashidun）。」

「那支持革命的阿拉維派與德魯茲派呢？」塔瑞格問。

「支持革命的阿拉維派人數很少，讓他們離開，我們會和剩下的阿拉維派與庫德人戰到最後一滴血。」他提到庫德人，令我嚇一跳，因為庫德人是民族團體，不是宗教團體，我無法理解為什麼要仇恨他們，但我繼續記錄，一個字也沒說。

「我們的諮詢委員會有二十五名弟兄。」埃米爾表示：「我們不認可所謂的國會，也不會走穆斯林兄弟會的老路，我們不認同他們。」

我感覺汗水從耳後流到背上，滴到胸前，之後又滑到腹部。我的手指在發抖。此刻，任何不適宜的動作或反應，都可能引來殺身之禍。我努力把注意力集中在筆下的字：這一刻最重要的是，我是作家與記者，我要完成訪談，記錄下來，接著離開這裡——那是最優先的要務。我必須暫時不去管體內因為恐懼與憤怒，正在呼吸沉重、流汗、顫抖的阿拉維派女性；她可以等一等。

自由沙姆人運動的埃米爾繼續說：「我們和努斯拉陣線，大致在伊斯蘭教義方面看法一致，某些議題則分歧，但他們是勇敢人士。」

「現在整個自由沙姆人運動的埃米爾是誰？」我問。

他自豪地回答：「我們的長老與埃米爾是哈森・阿伯德・阿布・阿布杜拉（Hassan Abboud Abu Abdullah）。他原本被囚禁，在革命頭幾個月獲釋。我們一開始在二〇一一年五月，旗下就有重要宗教精英，我們努力讓他們和我們一起奮鬥。我們誠心行事，最初不公開；一直到年底才宣布成立團體。我們現在是敘利亞伊斯蘭陣線（Syrian Islamic Front）的一分子，原本有四個派系，現在統一起來成立自由沙姆人運動。四個派系分別是伊斯蘭黎明運動（Islamic al-Fajr Movement）、塔利亞伊斯蘭團體（Jamaat al-Talia al-Islamiya）、自由沙姆人、伊瑪尼戰鬥軍（al-Iman Fighting Brigades）。」

「你難道不覺得，政府剛好在那個時間點釋放哈森・阿伯德教長，相當奇怪？」埃米爾詫異地看著我，我補充說明：「正好在爆發推翻阿薩德的起義的時候？」

「不，我不覺得奇怪。」

我問他ＩＳＩＳ的事，以及他們如何看待他們。

「伊拉克和敘利亞伊斯蘭國（Islamic State of Iraq and Syria, ISIS）的弟兄在這裡，在邁阿賴。」

他回答：「他們在戰鬥中加入我們，他們有很大的比例是希望對抗努薩里（Nusayri）的移民，也就是阿拉維派。」

「我們已經遲到了，得先離開。」塔瑞格突然宣布。我點頭，心想，很快，我們很快就會結束。阿曼德大笑。

「那你們就先走吧。」他說。

我又問他一個問題：「你認為阿薩德下台後，局勢會是什麼樣子？」

「會有大型衝突，各派系間會有戰爭。我沒多想他下台後會是什麼樣子。如果全能的主允許，我將成為烈士。我在一場戰役中，身上六處受傷。自從上次受傷後，只參加過一場戰役。」

「現在真的有『埃米爾之戰』（emirs of war）嗎？」

「是的，有。」他回答，「戰爭就是這樣。」

「這代表你不再接受敘利亞是一個國家實體（national entity）嗎？」我問。

「什麼意思？」他嚇了一跳。

「我是說，你想看到伊斯蘭國——那代表敘利亞會完全崩解嗎？」

「不，我們只是高舉伊斯蘭旗幟。敘利亞還是敘利亞，但會是伊斯蘭的敘利亞。阿拉維派將離開。」

「他們人數超過兩百萬人。另外還有基督徒與其他教派呢？」我問。

「他們可以離開敘利亞，也可以改信伊斯蘭教，或是付他們將被徵收的吉茲亞稅（jizya，譯註：伊斯蘭國家向非穆斯林人民徵收的稅金）。」

「那不離開的人呢？」我問。

「他們將面臨自己的命運。」

「被殺？」我問。

「那是他們應得的獎賞。」他這下子不高興了。

「那女人與小孩呢？」

「她們可以離開。」他回答。

「還有德魯茲派與伊斯瑪儀派（Ismailites）——你打算怎麼處理他們？」我大聲問。

「如果他們皈依伊斯蘭教，將受到歡迎。如果不皈依，會被判為異教徒。我們邀請他們加入信仰，但阿拉維派是叛教者，一定得殺掉。」

我大笑掩飾緊張。「但女人和小孩……女人，她們的罪是什麼？」

「女人生孩子，孩子長大變成男人，男人殺害我們！」他回答。

塔瑞格站起來。「主保佑妳，女士，拜託——我們得走了！」他瞪著我，我知道不能再說話。雖然我表現出完全冷靜的樣子，起身時卻雙腿在發抖。

「可是這不是寬容的宗教，這不是主的旨意。」我告訴阿曼德：「這是絕對的罪惡，跟萬惡的巴夏爾．阿薩德沒什麼不同。」

阿曼德只點了個頭。「姐妹，戰爭的事交給男人就好。」

我們離開時，阿曼德提到要教邁阿賴努曼的孩子背誦古蘭經文（tahfiz）的計劃。

「我聽說妳對教育有興趣。」他說。

「阿布．阿曼德，我非常有興趣。」我回答：「這是最重要的事。」

「我們將成立一所學校，教孩子背誦古蘭經。」他說。

「願主獎賞你，不過古蘭經是為了民眾的信仰，教育則是為了民眾的心智，我們需要發展人類心智，精神才交給主。」我說。

他惱火地搖頭。

要不是塔瑞格在那一刻瞪我，要我安靜，我大概會說出自己的身分。我們快步上車。塔瑞格啞口無言，我們兩個人好一陣子不發一語。一離開邁阿賴努曼後，我鬆開拳頭，在手掌上用粗重線條寫下今天的日期：八月四日。

收發器突然發出聲響，塔瑞格開始和自己的戰士對話。他報出一串數字，詢問各小組的要求，接著告訴他們，他會在開齋飯後見他們。收發器冒出另一個聲音，重複剛才的數字。我問塔瑞格，我們是否會經過前線，他說我們已經在附近，不過不會上街尾的山頂。

我注意到街上似乎到處都是貓。瘦貓，腫得很奇怪的肥貓。我在其他地方見到千瘡百孔的市容，這裡也一樣，只不過這裡恐怕更慘，融化成一大片恐怖的東西。我們靠近前線，留下後方一大塊廢墟；這些詭異畫面的最後一幕是焚燒，一切消失在火焰裡，只剩鐵條、水泥與石塊。這是一個淨化過程，塵土化為灰燼。

此地沒有任何一間房子的遺跡。就連戰爭開始後朋友就接連死去的塔瑞格，似乎也陷入自己的思緒之中，叫我不要下車。「這裡只能待幾分鐘。」他補充說明。話還沒講完，前線另一頭的射擊聲就大了起來，塔瑞格方向盤一轉，立刻回到剛才的地方。

那天晚上氣氛緊張，禁食時間——以及同步進行的慣例轟炸——結束後，我們跟著卡拉馬巴士計劃的同仁，造訪達拉村（al-Dara）的學校，接著回到媒體中心，和反抗軍團體與戰士交談，包括一個正在尋找馬辛·蘇德的丹麥人。他探訪所有線索，想知道他的下落。他特別想見我，了解案發情形。

我試著忘掉自己的行蹤已經暴露，繼續留在敘利亞很危險。我的頑固個性讓我想再待久一點，因為我心中無法輕易接受，我們口中的「自由地區」容不下我，我這樣的女人待在這裡很危險，跟待在阿薩德政權統治的地方，沒什麼兩樣。事實上，這裡的情勢絕對更糟。友好的正義騎士指揮官馬札德告訴過我，我不必擔心自己身處何方，他們會好好保護我。有他們在，我的確感到心安，但我也知道並非萬無一失。儘管如此，我還是希望完成我的女性與兒童工作。

我們熬夜到很晚，等我回到拉贊家，屋裡的女人早已吃完飯，一下子進入夢鄉。不過，孩子在樓下嬉鬧的聲音，打破遠方爆炸聲。這是我住在這裡的第六天，除了沒水沒電，只能偶爾上網。我們為了節省燃料，除非絕對必要，不開發電機。我忍不住想，跑來這個國家的北部地區工作的女性，她們擔任醫療救助與營養志工，離開自己在美國、歐洲與臣服於阿薩德軍事力量的地區的家。這些女性也身處相同險境嗎？

我躺在地上離得最近的空墊子上，很快就睡到不省人事，早上九點半才醒。

那天早上，我們約好要見努斯拉陣線一名埃米爾，名字是阿布．哈森（Abu Hassan，不是卡夫蘭貝爾媒體中心的哈森，只是同名）。六個多月以來，我一直嘗試和努斯拉陣線的代表見面，然而，要見哈森這位埃米爾很不容易，因為他人在靠近前線的交戰區。雖然他在上一場戰役中腿部受傷，依舊堅持留守在靠近防空武器的地方，也因此塔瑞格將帶我到巴拉村（al-Bara）見他，那是一個歷史遺址。提供媒體中心的反抗軍媒體訓練的志工亞索，也跟著一道去。

我上車時，在手掌寫上當天日期：八月五日。我知道一天結束時，墨水就會消失，掌根只剩一團藍色汙漬，不過我覺得，這一趟的返鄉之旅太長，我得想辦法刺激自己記住東西，我的記憶已經開始模糊。我每一天都在筆記本頁面最上方記錄日期，但寫在手掌上的話，只要攤開手掌一看，就知道今天是哪一天。我後悔沒在這趟回來的一開始就這麼做，我的記憶黑洞正在擴大，甚至有兩個正在延伸的洞：一個在我心上，一個在我的理智上。

前往巴拉村時，塔瑞格用收發器呼叫三個人，確認此次會面的細節。那座村也被毀得七零八落。收發器傳來戰士的咒罵，自由軍的隊伍與ＩＳＩＳ之間展開了一場大型戰役，塔瑞格詳細告訴我們每一件事。

「ＩＳＩＳ挾持了革命！我們不能就這樣放過他們。」塔瑞格說：「然而這是不可能的選擇：我們要不就專心打阿薩德的軍隊，要不就對抗強行介入革命與腐化革命的極端主義軍團與傭兵。天上的飛機、桶裝炸彈和飛彈，已經讓我們精疲力竭，地面上又有這些伊斯蘭軍團，人民已經沒有力氣。」

這次拜訪埃米爾的旅程，像在尋寶一樣。我們跟著一名努斯拉陣線媒體中心戰士的指令，不停繞著各式各樣的圈，直到終於抵達正確見面地點。我們進入巴拉的心臟地帶，然後又繞出來，最後抵達村莊邊緣。在此同時，轟炸一直沒停過。巴拉村跟其他許許多多村莊一樣，毀於戰火。

我們把車停在路邊。一個多小時後，另一輛車靠了過來，兩名年輕人下車。塔瑞格跟著他們消失一段時間，接著又回來，我們跟在他後頭，經過一片橄欖林，爬上一座小山。四周空無一人，只有一輛載著戰士經過的車。坐在行李箱上的年輕戰士，拿著一面寫著「阿拉是唯一真神」的黑色旗幟，消失在橄欖林中央一條岔路。

我們抵達時已是中午，努斯拉陣線的媒體代表說，我們遲到了。他要求進行訪談前，先拍下我們的照片，但我拒絕：那是蓋達組織接見記者與媒體從業人員的一貫手法；他們存下照片的檔案，有一天可能派上用場。不過，那個代表沒堅持——可能因為我只是個女人。我告訴自己，等晚一點訪談結束，我們上車後，我會告訴他自己的真實姓名，但其他事不提。我感到有必要證明自己屬於這個地方，有必要公開說出自己的身分，就好像那是我的自由。雖然我也知道這麼做很危險，我對於局勢的絕望感，讓我更想說出自己是誰。有時，憤怒會戰勝我的理智，尤其是每當我們被成員全是外國人——突尼西亞人、摩洛哥人、沙烏地阿拉伯人、葉門人、車臣人的ISIS檢查哨攔下時。對他們而言，我們只是另一群敘利亞人，這令我憤慨不已。每當他們問：「這女人是誰？」我都幾乎要脫口而出你們憑什麼盤查，不過同伴都會替我回答：「這是我阿姨」，或「我媽媽」、「我姐姐」。這一次，一直到最後一刻，我都控制住自己的情緒。

我們走過另一片橄欖林，抵達一個古羅馬陵墓。那裡的建築風格精緻細膩，但被飛彈擊中，許多石雕被掠奪一空，只剩一丁點廢墟，遠處只有瓦礫——空襲後還剩的東西。這片墓園有近兩千年歷史，如今卻被努斯拉陣線拿來當聚會場所。

「誰劫掠了這個地方？」我問媒體代表。

「我們不知道。」他回答：「兩方陣營都有小偷，戰爭就是這樣。」

一個男人從橄欖林走出來，體格方正，普通人的身高，身材微胖，皮膚黝黑。他穿著一件灰袍，拄著拐杖走路，一隻腳微微高於地面。這個人是努斯拉陣線在巴拉地方的埃米爾，名字是阿布・哈森。先前我聽過不少他的事跡，我知道雖然眾說紛紜，但一般來講，他廣受愛戴，先前在黎巴嫩貝魯特當建築包商，但也待過秀夫山區（Chouf mountains）、傑津（Jezzine）與迪爾卡麥爾（Deir al-Qamar），十七年間在黎巴嫩各地建造、整修與裝潢房子。

「每次我回敘利亞，來到巴拉，他們就會逮捕我、審問我，指控我是薩拉菲派教徒。」他說：「有一次，他們關了我七天才放我走，但我對政治沒興趣。我們以前只接黎巴嫩富豪客戶的案子。我哥哥被關了四年，他們五月時才釋放他。」

「在革命的第三個月？」我問。

「沒錯。」他回答。

這個證詞跟我反覆聽到的事一樣，也跟昨天我旁敲側擊問阿曼德的事一樣：政府在二〇一一年的四月、五月、六月間，釋放薩拉菲派與伊斯蘭分子。人們反覆提到的說法似乎是真的——和平運動者被折磨、殺害、流放的同一時間，這些基本教義派的伊斯蘭人士卻獲釋。

哈森說下去：「我被跟蹤，所以四年前去了貝魯特，取得民眾入境紀錄副本，當成一種身分證。二〇一一年三月，德拉開始發生事件，我得知人民決定抗議阿薩德政權，在革命的最開頭就回來。我們在吉斯爾舒古爾（Jisr al-Shughour）、巴拉與賈普札維耶，舉行和平示威抗議，一直要到二〇一一年六月才拿起武器，當時他們開始不分青紅皂白對我們開槍，還闖進我們的家。

「我們最初沒打算和軍隊起衝突——我們還以為敘利亞可以跟埃及、突尼西亞、利比亞一樣，我們的目標僅限於對抗國內的穆卡巴拉情報局。我們視軍方為我們的國家軍隊，沒料到他們會轟炸與殺害我們。然而，伊德利卜省附近的瑪斯圖瑪鎮（al-Mastouma）在二〇一一年五月發生大屠殺，許多平民被殺，我們決定反抗。當時我只有一把獵槍，只在婚禮和打獵時才會拿出來。妳也看得出來，我們只是一般人，根本不是什麼名人，但我們在革命期間打響名號。

「軍隊在六月二十九日入侵賈普札維耶，我們用簡單的武器回擊：AK步槍。軍隊一名狙擊手殺死了哈拉克（Halaq）家族一個女人——一個寡婦——鄉里群情激憤，我們攻擊一個軍隊檢查哨，所以他們用ＢＭＰ戰車轟炸我們的村莊。我們一開始還以為，國軍來到村裡，為的是分開我們與穆卡巴拉，沒想到是來幫情報局鎮壓我們的革命，我們眼睜睜看著坦克進入村莊，這是占領。那就是為什麼我們——男人——離開自己的家，留下婦孺。接著我們決定戰鬥，我們五個男人對抗他們。

「村莊和城鎮就像那個樣子，變成一場公開的對抗，一方是地方上的家庭，一方是軍隊與穆卡巴拉。每一個村莊都由男人保衛自己的家園和榮譽。革命就是那樣開始的。我們的正義使命給了我們信心，相信自己會勝利。我們決定突襲巴拉的軍隊檢查哨，奪走他們的武器，因為我們自己沒有足夠的經費或軍火。我們突襲警察局和阿拉伯復興社會黨支部，拿走他們的武器，也突襲軍方的募兵處，同樣取走他們的武器。

「當然，我們之中有政府的眼線，而且人孤勢單，但我們繼續突襲賈普札維耶的檢查哨。我們最初不殺穆卡巴拉任何成員，釋放他們，但後來改變做法。我在伊德利卜、哈馬、阿勒坡等地四處戰鬥。ＰＫＭ機關槍的子彈很貴——一顆就要一千里拉。我們身無分文，政府的手段卻愈來愈殘暴，每天都有大屠殺、殺戮、轟炸與拘捕。我們用自己的存款與橄欖收成季賺的錢買武器。另外我們彼此幫忙，像大家庭一樣團結起來，勝利的美夢近在眼前，但後來事情變了。」

「事情是怎麼變的？」我問。

「說來話長。」他回答：「不過最重要的原因是，我們再也沒有武器，我們累了，多數兄弟都遇害。一年前，我決定加入努斯拉陣線，許多叛變的軍官也加入。不過在那之前，我們成立了賈普札維耶烈士軍（Martyrs of Jabal Zawiya Battalion）。我們遇到一些戰士，他們後來轉入自由沙姆人運動。當時是二〇一一年七月，沒有武器從國外進來。」

「聽起來你們有好幾個武裝團體四處攻擊檢查哨，拿走他們的武器，還和他們一起對抗政府？」我問。

「沒錯。」他說下去：「村裡的有錢人叫我們買防空武器，說他們會資助我們，但我們沒買到任何武器——反正問題不在於錢。沒人要賣我們防空武器。我們村裡有一百名烈士。

「我因緣際會認識兩名年輕人，其中一個是我牢中哥哥的朋友。他們說自己來自伊德利卜省的努斯拉陣線，當時賈普札維耶還沒有努斯拉陣線，只限於伊德利卜省，但他們要我加入他們，我就加入了，我們一起成為一個武裝部隊。」

「那ＩＳＩＳ呢？你和那個組織的關係是什麼？」

哈森沒有直接回答那個問題。「努斯拉陣線裡沒有ＩＳＩＳ。」他說：「ＩＳＩＳ在暗處。他們以前都隸屬於努斯拉陣線。他們是外國人，大都不是敘利亞人。我們是寬容的宗教，善待其他宗教的人。奧瑪（Omar），願主保佑他，奧瑪是個慈悲的人，但我們希望人們信仰伊斯蘭教，還有我們要殺死巴夏爾．阿薩德。」

「奧瑪是指第一個穆智泰希德（mujtahid）——詮釋伊斯蘭律法的早期學者？」我想問清楚。「還有，你們是塔克菲理嗎？你們宣判人們是異教徒？」

他從頭到腳掃了我一眼，好像自己剛剛發現了什麼，接著露出一個大大的笑容：「女士，相較於其他人，我算溫和派！妳從我這兒聽到的話，這裡很多人不愛聽。這裡的塔克菲理屠殺與鞭打人民，他們滲透我們的團體。我要的是擁抱全世界的伊斯蘭宗教，但方法是透過傳教。

「在努斯拉陣線，我們要諮詢委員會，不要國會。我們要他們追尋伊斯蘭宗教。凡是想加入伊斯蘭的人都可以加入，不願加入的要付吉茲亞稅。我們有『穆斯林公庫』（Muslim Treasury）負責處理經濟事宜，我們容不下阿拉維派。」

我專心寫筆記，知道塔瑞格和易卜拉欣．亞索都在留意我；兩個人偶爾會加入對話，有時對著我講話，有時對著哈森。不過我知道，塔瑞格正在祈禱不會有人提及我的身分這個尷尬話題。

哈森繼續說：「經過了過去兩年半的時間，我可以告訴妳，這是一場遜尼派—阿拉維派的戰爭，這將是一場很長的戰爭，至少會維持十年。」

哈森看著我，不再講話。其他六人紛紛發表看法，有說有笑，而我只聽大家發言。

「他們用酸液燒了畢林村（Bileen）五十三個人。」其中一人說：「就像那樣！為了什麼？我們會燒回去。我們知道全世界都支持巴夏爾．阿薩德，他不會下台，原因不是他勢力大，而是因為他背後有伊朗、俄國、美國與中國。不過，我們不會停止對抗他。然而等他終於下台時，我會放下這一切，回去當我的建築包商。我有一片橄欖林，我的老婆孩子還在等我。」

我讓男人們自己聊自己的，哈森說下去：「我去過一座阿拉維派村莊，沒殺女人，也沒殺小孩。我反對殺戮。伊斯蘭是寬容的宗教，宗教不強迫人，然而事情將隨著時間變化。我是溫和派，但要是局勢像現在這樣持續下去，我的聲音，以及其他像我這樣的人的聲音，將不會被留心傾聽——我也認為局勢的確會照現在這樣走下去，那就是為什麼我預測未來將一片黑暗。誰將付出代價？不是巴夏爾．阿薩德會付出代價，而是阿拉維派會付出代價。他們是異教徒，沒有宗教。」

「你錯了——他們不是異教徒。」我脫口而出，還瞄了塔瑞格一眼，讓他知道我無意挑起爭端。

「妳怎麼知道？」哈森問。「我比妳還了解他們。」

「我了解一點點！」我回答。「可是哈森，敘利亞的人們似乎不了解彼此。」

話題轉向我們的四周。附近一座墳墓的墓碑是三角形的，上頭卡著砲殼，不過這一帶不過是恰巧被流彈擊中，橄欖林不是戰鬥區。在場一名年輕人說，這裡的古墳被轟炸，是因為有人想劫掠。一名體格健壯、來自賈馬・瑪若夫軍團的金髮男人中途加入對話，指出不是他說的那樣，不過年輕人依舊堅持：「我們不能再對這種事保持沉默。古蹟正在被盜走，但不只是巴夏爾的軍隊與支持他的傭兵在幹這種事。」

「他們為了買武器，全都在做這種事。」另一個人補了一句。

在我們下方，地面因為一場離人類相當遙遠的小型戰役在騷動：螞蟻大軍正在經過我們腳下。

「妳又為什麼在這？」哈森問我：「妳在寫的書——目的是什麼？」

「我打算出版我和人們討論革命的對話。我認為這些訪談可以讓沒聲音的人發聲。」

「他們會相信妳嗎？」

「那不重要。」我斷然回答。

哈森好奇地看著我。「妳是大馬士革人嗎？」

「你覺得呢？」我說。

「我不知道，妳的口音很雜。」他說。

「我來自各地。」我回答。

他微笑，加上一句：「不過妳跑來我們這兒很勇敢。」

「那你呢？你不勇敢？」

他大笑。「我是男人，勇敢是自然的。」

「而我是女人，勇敢是自然的。」我回他。他止住笑聲。

戰士堅持招待我們，但我們還是先行離開。我們上車時，哈森低聲表示，不管要付出什麼代價，他不會再殺小孩或女人，但他也知道，以後還是會發生這種事。我明白他是一個有勇氣的人。

塔瑞格問我怎麼看哈森這個人，我回答他：「你可以從眼睛判斷一個人有多勇敢。」

我得承認，革命教會我要有耐心，還教我聆聽的技巧。男戰士和我，我們會交換角色：他們說故事，我思考他們敘述的事，接著以截然不同的方式，呈現他們口中的世界。我能活下去，是因為我需要他們的人生；我需要把他們的經歷化為文字。我希望他們所描述的故事，將能修復這一切的破壞。如果無濟於事，至少我的證詞會成為證據，發生過的一切的證據，過往才不會隨風而逝。因此，這次輪到哈森與阿曼德兩位埃米爾當《一千零一夜》裡說故事的雪赫拉莎德——就跟告訴我卡夫蘭貝爾解放過程的拉亞德一樣——我則當聽得如痴如醉的國王山魯亞爾。不過，我會當雙重性別與扮演雙重角色的山魯亞爾：先聆聽，接著回過頭當雪赫拉莎德，輪到我把故事傳下去。

我有時當山魯亞爾，有時當雪赫拉莎德；有時聽，有時說。要不是因為有這個過程

——把故事接力下去的過程——我不會再回到敘利亞，困在自身的流亡之中。不過，我口中的這段經歷是一種美學上的騙局，一個醜陋的騙局，只能祈禱透過我希望創作與敘事的欲望補償，傳遞出發生的真相。傳遞出事實，如今是敘利亞的自由與正義美夢的殉難者的權利。

我得回薩拉奎布一趟。我內心一直在掙扎，是不是要完全離開薩拉奎布，不過不論我願不願意，我已經被迫離開。在薩拉奎布或卡夫蘭貝爾租房子，已經是不可能的事。留在敘利亞試著過正常的生活，也是完全瘋狂的想法。強迫反抗軍承擔保護我的責任，我想去哪都得陪著我，更是在替他們製造麻煩。就算每個人都有權利以自己的方式瘋狂，我也不能麻煩別人。我考量有多少人知道我在薩拉奎布，但現在已是八月中旬，我得完成我的女性計畫。

我跟著馬漢爾和穆罕默德，從卡夫蘭貝爾返回薩拉奎布。一路上，我不停照下房子、樹木與天空，以及平原上移動的人們、天上的藍色，什麼都兜售的街童的蒼白面孔。密集砲彈不斷落在薩拉奎布村口，這種事在這裡稀鬆平常。卡夫蘭貝爾相對而言很安全，不像薩拉奎布必須面對地獄。

我們到家時，立刻走下地下室，諾拉與阿布夫婦已經坐在裡頭。當晚我沒闔眼，穿著外出服直到凌晨四點，最後不曉得為什麼，終於在樓上房間躺下，和家裡兩位老太太與艾育歇一起睡。等我終於睡了一小時，砲彈聲吵醒我。蚊子咬得我全身都是包，癢到受不了，就連眼皮也被叮。

我感到身體很重，就好像再也動不了，但很想好好擦個澡。雖然這裡沒辦法沖澡，水還夠擦去前兩天累積的髒汙。諾拉站在浴室門附近，在我身旁安慰我。雖然砲彈落下的地點不在附近，轟炸卻永不停歇。我很快洗好自己。我們走到大客廳，中間必須穿過庭院。我們走過庭院時，一顆飛彈落在附近，但我們依舊鎮定地在室外和家裡兩位老太太喝咖啡，我還抽了一根菸。對我來講，在戶外抽菸是美夢成真。因為齋戒月的緣故，以及因為怕被伊斯蘭民兵發現，平日白天在卡夫蘭貝爾時，一直得抗拒這個誘惑。我感到一陣憂傷湧過心頭，再過幾天就要離別了。

今天也會是漫長的一天，我計劃拜訪幾位女性的家。除了人們正在死去的方式，以及他們留下的孩子，情況幾乎沒什麼改變。相同的日常細節不斷重複：故事生出更多故事；以牙還牙，以暴制暴；無家可歸的人拖著步伐；每日的猛烈轟炸攻擊下，人們臉上茫然，眼睛永遠帶著一抹蒼白。他們眼神如舊，然而如今瞳孔又多了一層情緒：恐懼。日常事務繼續運轉，美麗寡婦互挽著手，臉繼續躲在日光後頭，在迷惘之中過日子，替又一位死者整理遺物。沒有任何東西增加，只有仇恨在增長。天空飛機扔下的炸彈帶著毒素，快速滋生仇恨。

一切如舊。買一公斤的蔬菜依舊是挑戰，從家裡到市場依舊是有著重重阻礙的千山萬水，一段走向被延遲的死亡的臨時旅程，以及人與米格機之間永不停歇的貓抓老鼠遊戲。而拜訪女性的行程，以及我的女性工作，也什麼都沒變。人們依舊在挖墳，依舊在填滿墓園。屍體被丟棄在山谷與山丘。塔克菲理軍團摧毀宗教聖地，ＩＳＩＳ的新軍營蓋了起來。

儘管發生了種種事情，人們的血管裡依舊流著抵抗的鮮血。依舊有士兵不願有條件的倚賴最強大的國家的一時興起，拒絕成為它們的卒子。士兵、公民運動者、和平主義者被ＩＳＩＳ圍攻與處決；敘利亞媒體人士與外國人被綁架、殺害或是關起來要求贖金；還剩下的人則被阿薩德的飛機取走性命。二十歲出頭的戰士為了保衛家園，被迫賣掉家具，啃食野生植物。

意義混雜在一起，沒有任何事是清楚的。軍事團體互鬥，衝突正在毀滅革命。宗教極端主義武裝團體各有派系，變成一隻兇殘的多頭野獸。我看見不滿十六歲的孩子拿著武器，消失在夜晚的漆黑巷弄。成群盜匪取了虛構軍團的響亮名字，接著墮落成沙比哈走狗。這是一個有名無實的國家，被敵對的軍事團體瓜分成數塊，所有人臣服於殺人天空的專制權力。然而無論如何，我們在這裡繼續活著。家庭吃力地前進，在殺人的天空下，在極端主義軍團的野蠻行徑之中，想辦法活下去。

我將打包好小背包，很快離開大家，穿越邊境，回到流亡生活。我們知道——我的夥伴和我——我們不是一起死亡的同伴。我們之間建立的夥伴關係是暫時的，他們不希望我死。我準備好離開他們時，一個女人叮囑我一定要平安。「別死在這兒，」她警告我：「薩瑪，妳要繼續活在我們和外界的世界之間，當我們的繩索。」我看著女人們準備著歡送我的豐盛大餐，我驚奇地看著對我說這句話的人。這位歲數超過六十歲又不識字的阿姨，怎麼這麼了解我？我的確感到自己像一條懸宕在半空的繩子，沒有頭，也沒有尾，無處可棲，沒有纏繞的地方，除了文字，沒有確實的身分。

我在離開的前幾天，依舊沉溺於死亡的種種細節，為失眠所苦，在八月的最後四天，幾乎沒闔過眼。那就是為什麼我發現生命在夜晚延續下去，一旦天空安靜了一些，街道就再次充滿活力。晚上的時候，人們能夠離開房子，替又一天做準備。我在晚上陪著運動人士，清理薩拉奎布街道上的垃圾堆。在奇幻的夜晚，我們目睹民眾清理城市垃圾，減少爆發致命疾病與流行病的可能性。我們坐在車裡，經過一條又一條街道，關上車前燈，以免被飛過的戰機發現，穿梭在炸彈與子母彈之間，躲進人們家中。我們躲在為了哀悼死去孩子而開放的房子，四肢被炸斷的年輕人睡在簡單被褥上。然後我們會離開，繼續清理環境。

薩拉奎布的孩子晚上也不睡，站在自家門前；我看著他們觀看義工清理垃圾，放進破舊車輛。車子只剩三個輪子能用，第四個輪胎被流彈刺破。儘管如此，大夥依舊做著清潔工作，一路往前掃。氣味令人作嘔，被搜集起來的每一樣東西立刻燒毀。

隔天，我繼續用先前的方式，造訪各家女人，就這樣而已，每天重複相同的景象。這是一個暴露於死亡之中的地方，死亡只選擇幾個幸運兒，那些幸運兒可以逃離這場無意義的遊戲。

離別的那天，我在炙熱陽光下前往邊境，心中靜如止水。憑著動物直覺，觀察四周景象，做自己該做的事，快速又精確地熟練完成任務。其他什麼事都不重要，沒時間哀傷，沒時間哭泣，沒時間思考或沉思。待在這裡已經毀了我的思考能力。最好運的情況，就是早上醒來，發現自己沒埋在瓦礫堆之下，或是頭還沒被ＩＳＩＳ砍下，因此這次前往邊境的旅程，像是平日外出，只不過大家擠在車裡，熱氣逼人，中途得數度停下，找掩護躲迫擊砲。

我安安靜靜，不再去想自己會死還是會活。我看著橄欖林閃過眼前，看著路人。我明白死亡是如何在無形之中強化友誼，無法用邏輯理智來解釋。在這裡，我們明白了像這樣的屠殺——大地帶來的暴力——是唯一能夠明確切斷先前歷史的事。我正處於一場極大的轉變，我知道，我摸得到，也呼吸得到。

我們還得再見一位戰士，記錄他的證詞，我心中只專注想著這件事，沒像平常一樣，注視路旁兩個截肢英俊年輕人的眼睛。我被深沉的痛苦包圍，我得壓下那種感受，從血液中分離出痛苦，就好像有一個我得避開的火圈。我在車旁等著受訪戰士抵達，不去看附近站在一起的男人。戰士準時抵達，他將提供我此行最後一份證詞。

我已經搜集五十多份戰士訪問，不過這個不蓄鬍的人，有不一樣的故事。他被尊稱為「哈只」（Hajji，譯註：曾至麥加朝聖的信徒），來自拉塔基亞港的拉瑪（al-Raml）巴勒斯坦難民營。拉塔基亞是我的家鄉城市，也是敘利亞阿拉維派人口的心臟地帶，社會與文化和薩拉奎布等農村城鎮很不一樣，天差地別，就像兩個獨立銀河系裡的兩顆星。哈只一九七八年生於拉瑪，是計程車之子，在難民營上學到十一歲左右，接著就到港口工作。今日是拉塔基亞自由人（Ahrar Latakia, Free Men of Latakia）軍團指揮官，一輩子四處跑，住在土耳其與敘利亞之間的邊境，以及位於拉塔基亞北方的敘利亞沿海山區。

我和哈只在邊境會面，我上前自我介紹，他熱忱歡迎我。他是梅薩拉的朋友，似乎很願意說出自己的故事。他認為我們現在已經進入教派衝突階段，衝突將在未來二十年持續下去，然而阿薩德的家族依舊不會輸。他主張輸家將是剩下的阿拉維派，因為阿薩德一幫人犯的罪，將報復在阿拉維派身上。我的確找不出話來反駁。哈只講起話來自信、果斷，說到自己的故事時語氣低沉，充滿恨意與悲傷。

「我以前白天在港口做工。」他說：「後來賈米勒．阿薩德（Jamil Assad，譯註：哈菲茲．阿薩德的二弟）與阿薩德家族掌控港口，我們就此淪為奴隸。我恨他們的政權與阿拉維派；他們唯一做的事就是羞辱我們。瑪瑟．阿薩德（Munther Assad）的兒子與賈米勒．阿薩德，把拉塔基亞當成自己的私人封地，認為整個敘利亞都是他們的農場，我們是他們的耕馬，但拉塔基亞的情況特別糟、特別不公平。我們聽見他們——沙比哈：阿薩德家族的走狗，他們的親信與幫兇——不斷咒罵我們為『遜尼豬』。妳是拉塔基亞的女兒，妳知道那是怎麼一回事，例如某官員的女兒碰不得——她可以像捏螞蟻一樣，捏死最強壯的男人。

「二〇〇三年至二〇〇五年之間，我們發現他們要在拉塔基亞蓋十座供什葉派紀念慶典使用的聚會堂（Hussainias），我們感到自己的宗教危險了，因為我們見到這個什葉派集團正在崛起。對我來講，事情跟教義有關：遜尼派或什葉派。我們開始聚會，決定不能容忍這件事，必須採取行動。我在遜尼派聚集的基拉（al-Ziraa），看到一個用阿拉伯文寫著『波斯語言學校』的牌子，甚至想過策劃炸彈攻擊。他們已經開始在阿拉維村莊興建什葉派的清真寺——伊朗人蓋的。好幾年時間，我們都保持沉默，儘管我們的宗教認同受到壓迫與嘲弄。

「我們知道自從哈菲茲．阿薩德的年代，敘利亞政權不斷派極端主義者與聖戰士到伊拉克，我們的遜尼教長和政權關係良好，甚至是一分子，但我們不想成為極端主義者，也不想成為政權的一分子，因此當突尼西亞、埃及、利比亞的革命開始時，我們年輕人聚集在一起，討論該怎麼做。

「在此同時，德拉的起義如火如荼，還出現大屠殺。那個星期五，在巴勒斯坦拉瑪區的穆哈吉領清真寺（Mohajireen mosque），我們決定替亡靈祈禱。接下來，熱情的示威遊行自動自發出現，我們直接遊行到安全支隊門口，但他們開始毆打我們，我們反擊，放火燒司令部。遊行一直走下去，直到抵達卡立德．賓．瓦利德清真寺（Khaled bin Waleed mosque），再來又抵達沙力巴區（Saliba）。

「在那之後，我們感到自己擁有全世界，第一次有辦法說：『一切唯有神、敘利亞與自由』。下一個星期五，遊行隊伍從幾座清真寺出發，兩萬名抗議者上街。軍隊對我們開槍，大約十五人死亡，傷者不計其數。

「革命開始之前，巴勒斯坦拉瑪區就已經有武器蹤影，那裡有毒販，是極度貧窮、人們失業的一區。我們開始從事地下活動，暗中策劃下一步，組織示威抗議活動。我們從第三週起，暗中攜帶武器，以防萬一，目的是自保，一開始沒想過要用。然而，沙力巴區的賓．亞拜廣場（Bin al-Alby Square）發生大屠殺後，我們開始更公開地帶槍。那一天，大家說好舉行和平抗議，從數座清真寺出發，接著在廣場上靜坐。婦孺帶著古蘭經，高喊：『政府不下台，抗議不會停。』晚禱後，在十一點半左右，我聽說軍隊包圍了抗議活動，連忙趕到現場。民眾大喊：『軍民一家』與『和平、和平、和平』。軍隊命令群眾解散，現場民眾拒絕，軍隊開始對他們開槍，不斷密集開槍——源源不絕的真槍實彈。那天兩百人被殺，女人與小孩也沒逃過一劫。我是見證者。屍體疊在一起，任何站在附近建築物陽台上的人，那些看到現場情形的人，也被殺害。

「一名十六歲女孩抓住一個上校胸前，所以他命令一名士兵殺了她。士兵拒絕，上校就先對他開槍，接下來又殺了女孩。

「晚上十一點四十五分整，來了一個車隊載走屍體。幾分鐘內，消防車清洗整個街區，什麼痕跡都沒留下，好像一切都沒發生過。那一天是二〇一一年四月十七日，我們在那天決定，武裝抵抗是唯一的出路。我們取得武器，AK步槍與機關槍，接著帶著武器遊行，保護抗議民眾。此外，我們也靠武器阻止軍隊與穆卡巴拉人員進入巴勒斯坦區，那是我們的據點。我們以這樣的方式撐過六個月。

「然而我們勢單力薄，又到處是線民。我們武器不足，他們又持續對我們開火。我騎著摩托車四處跑，一天睡半小時，精疲力竭，從不在同一個地點睡覺，也不回去同一個地方。自從躲過三次暗殺後，就學著小心。」

哈只說個不停。他憤怒，嚴肅，不過又有點不同於先前我記錄見證的多名戰士：他顯然熱愛生命，想要活著。他承認自己沒結婚，是為了自由自在。此外，他還會微笑，但說起自己的故事依舊憤怒。

「在我們的陣營，人們互相幫忙，分享各界的援助款，但有問題。很多人吸毒，所以，我們禁止吸毒。打劫變得猖獗，因此我們在房子之間派人看著，保障大家的安全。我請每一個人向彼此開放自己的家，我們繼續抗議，繼續防止軍隊進入我們的地盤。我們開始輪流站崗，保護營地出入口，甚至海岸那個方向也一樣。每個星期五，我們從清真寺出發，舉辦遊行，超過一萬人上街抗議。

「我們在巴勒斯坦拉瑪區成立獨立政府，六個月間自己處理自己的事務，還成立自己第一個軍事委員會。那時是起義第四個月。我擔任戰地指揮官，我有軍火經驗，因為我有點算軍事迷，已經接觸多年。

「薩康圖里區（al-Sakantoury）的情況也不好。他們跟我們一樣，多數男孩沒受過教育又無業，要不然就是當勞力工和計程車司機。他們的區和我們的區發生衝突，我們只有炸藥，他們則有砲艇和德什卡機關槍。他們攻擊我們。在那之後，我們免費發放武器給民眾。我們有幾個年輕人急著回擊，但我阻止，因為我們實力不足，我認為應該等有人送來援助再說。老實講，我是在等自由軍和其他地區幫我們，但沒人伸出援手。

我覺得我們被騙，只能自生自滅。我們有三千五百枚子彈，還有十把步槍和機關槍。我們決定抵抗到死的那一天，永不投降。」

哈只嘆了一口氣，菸一根接著一根。他顯然一直在觀察我對他說的話有什麼反應，我一直記錄，假裝沒注意到他在瞄我。

「我們的計劃是碰上攻擊就直接迎戰。我們完全靠著防禦策略，盡量躲開軍隊，因為這個國家由軍隊掌控，而我們只不過是城市裡一個區而已。我們把戰士安排在各地，讓他們看守自己居住的巷子。我們這步棋下錯了，失去對戰士的控制。他們不遵守自己得到的命令，開始對士兵與坦克車開槍。

「隔天，我們得力於營地的巷戰本質，有辦法從黎明一直抵抗到下午。軍隊的船從海上砲轟我們，坦克也在海岸轟炸我們。他們攻擊營地，抵達計程車站。他們開著裝甲運兵車進來，在屋頂與建築物之間部署狙擊手。我們殺了他們四十五人，他們殺了我們十三人。我們把女人和孩子帶到艾因譚拉街（Ein Tamra Street），撤出營地，我母親和妹妹也在裡頭。我們攻擊軍隊檢查哨，好送她們走。我們不睡不吃四天，一直抵抗與戰鬥，但軍隊抵達隔壁的薩康圖里區，數千人逃走。我們待在被拋下的建築物與工地裡。我們得一直移動，躲在房子裡。

「他們在這時逮捕了拉瑪區四十五名年輕人，但我們逃走了，逃到土耳其邊境，跑到葉爾達（Yelda）難民營。六百人跟著我，我得為他們負責，我不曉得該做什麼。我沒有錢可以發給他們，不知道怎麼辦，所以跑到安塔基亞，在那裡再度得知令我震驚的消息。其他人已經搶了我的位子，我不再是軍事與公民運動領袖。這場革命是一長串的背叛、謊言與背後捅你一刀。

「我和無數軍官見面，把自己的作戰計劃呈給他們。我收到數量不一的軍購費，小心翼翼，不想太早發起任何事，直到確認補給線無虞。供應商答應靠海運提供武器，但我拒絕，我知道那是不可能的。

「我到處請人幫忙，但沒人幫我，我覺得身上背負的責任，開始大到受不了。整個世界讓我們自生自滅，戰士與戰鬥指揮官陷入絕望。我們找不到東西吃，還幾乎沒睡覺。我召集跟著我到土耳其的戰士，告訴他們，要是有人想走，投奔其他任何陣營，可以離開沒關係，因為我沒有武器。二〇一二年初，我回到庫德山（Mount Kurd）地區的戰場，一直留在那兒，直到七月的多林山（Mount Doreen）之役。

「我們待在群山的中央地帶，每天計劃一場檢查哨或安全支隊的新攻擊。我們偷車，因為我們連一毛錢也沒有。我命令大家，如果開車的人是阿拉維派教徒，就殺了他們。有的弟兄反對，氣我下這種命令，但我實在無法不懷恨在心！我在港口做工時，阿拉維派讓我過苦日子。」

他停下來，我知道他是在觀察我，想看我的反應。我沒抬頭，手緊握著筆。

「接著發生什麼事？」我問。

他沒回答。幾分鐘的沉默過後，我抬頭直視他。他眼睛眨也不眨地看著我，我也繼續直視他。

「告訴我接下來的事。」我堅持。他說下去，眼睛依舊一直看著我。

「飛機開始對我們扔炸彈之前，戰鬥很簡單，我們勢如破竹。然而空襲開始後，事情有了變化。自從哈發（al-Hafa）之役，以及多林之役後，我手上沒剩彈藥，我們在轟炸之中自生自滅。我把大家留在山裡，回土耳其找錢和找武器，然後才又回到戰場。我從庫德山區，把武器走私到拉塔基亞省的土庫曼山區。

「那裡的第一場戰役發生在四十五號山（Jebel 45），那是群山中一個山峰。第二場發生在克塞巴（Kessab）邊境關口的納布穆爾（Nab al-Murr）。我們進入拜特烏斯曼（Bayt Uthman），那是一座阿拉維派村莊，村民幾乎跑光了，只剩幾個年輕人，所以我們殺了他們。我們吃了村裡的雞，看到食物就搶，為弟兄儲備糧食。他們燒掉幾間房子，其他的放過。過了一陣子後，四十五號山被某個軍團出賣。政府軍重返四十五號山時，我們目瞪口呆，以前那裡是政府的觀測站。接下來還會碰上更多被出賣的事。前線一被解放，就被出賣。人們在交戰之中做交易，就在前線，用我們的血做交易。我們灰心喪志，開始失去信心，再也不知道誰是叛徒，誰是可以信任的人。凡是能靠武器支持沿海戰役的人，就能掌控戰爭的命運。這一切大約發生在贊安尼亞（al-Zaeniya）之役的時候。我們包圍一三五營（Regiment 135）兩小時，殺掉他們很多人。」

「你提到殺人時，講得輕鬆愉快，你是劊子手嗎？」我問。

「是的，我殺人。」他怒氣沖沖看著我，「我是在捍衛我們的權利，但我不會殺妳。」

「也許不會，因為我們人在土耳其邊境，你很小心。如果我們是在敘利亞其他地方，你會殺我！」

「我不會殺妳。」他回答：「我可憐妳，前方有許多磨難等著妳。殺了妳太仁慈！妳身處不值得羨慕的情境，妳脫離現實。這裡發生的事百分之百就是一場宗教戰爭！」

我再次直視他的眼睛。他談論我的時候，我想看著他。

「沒錯，」他說下去，「我可憐妳，我希望妳能遠離這場骯髒的戰爭。我認識一個背叛政府的阿拉維派士兵，他後來在自由軍旗下的一支軍團自殺。」

「他是自殺，還是被殺？」我問他。

「絕對是自殺。那是很初期的時候。我告訴妳一個我在伊德利卜省的阿巴因山（Mount Arbaeen）發生的故事，看來妳愛聽故事。我帶著十五個弟兄到弗隆洛格森林（Foronlog Forest）地區，我們發現政府軍在那一帶行動。前方有一座懸崖，我們抵達山區中央一個大型空曠地帶，在三座山之間，子彈從四面八方落到我們身上，所以我們躲在幾塊石頭之間。我要大家跟著我，我們對著士兵大喊：『叛變吧，士兵，叛變吧！我們是你們的兄弟。』他們唯一的反應是咒罵我們，接著雙方開始互罵。我叫他們投降，我們已經切斷他們的後路，他們還是繼續咒罵我們，於是我們朝他們開槍。妳不會相信我有多生氣，因為我們是敘利亞人在殺敘利亞人，但除此之外我們還能做什麼？

「我們撤退，但他們設法圍住我們，開始用德什卡重機槍攻擊我們，還發射迫擊砲。我們想辦法逃脫，躲過一劫，原本還以為自己會死。我心中記得最清楚的戰役就是這一場，因為雙方距離近到可以聽見彼此講話。

「在贊安尼亞之役，我們沒留任何活口。屍體在我們面前東倒西歪，眼睛看得到的地方都是死人。我們把屍體留在曠野，軍隊用卡車來收屍之前，他們有的被野狗撕碎。

「贊安尼亞之役後，我的軍團總部設在土庫曼山區，接受自由軍中央司令部旗下第十旅（the 10th Brigade）指揮。我留在廢棄的阿拉維村莊壕溝之中，我們控制當地三星期。其他三支軍團加入我們，我們前進十四公里，進入政府控制的區域。三個月後，我請求中央司令部協助，我在政府軍射程範圍，面對無數的砲火攻擊，暴露在狙擊手之中。讓自己處於那種局面是在自殺，然而沒人願意和我們一起出擊，其他軍團留在附近的坎達西亞村（Kandasiya）。我感到我和弟兄可能被出賣，人們看著我們死，於是通知軍事委員會自己要撤退，也真的退了。在那之後，我債台高築，為了還債，賣掉迫擊砲和俄國武器，回到中央指揮總部，受他們指揮。我的部隊現在叫拉塔基亞自由人軍團。我只有在接到命令的時候，才跟大家一起上前線。我們現在的據點在馬許奇塔（Mashqita）附近，離城市十五公里遠。」

「但你不認為沿岸的戰鬥是真正的戰鬥？」

「那不是。」他回答：「我認為其他國家希望敘利亞內訌——那就是為什麼他們讓我們自相殘殺，然後就跑了。這件事我是從跟我們一起戰鬥的一位教授那兒聽來的。那就是為什麼我現在感到前所未有的絕望，那麼多敘利亞的血都是白流的。

「另一件奇怪的事是ISIS出現在沿岸前線，卻沒出現在其他前線。那一帶有超過五百五十名他們的戰士，而他們現在只是觀望。我不曉得他們接下來會做什麼！自由沙姆人也有勢力，但我們這些拉塔基亞之子，我們這些想見到一個敘利亞國家（national Syrian state）的人，卻被驅逐！更奇怪的是，現在是ISIS在殺自由軍，他們沒對抗阿薩德政權，卻在對付自由軍。先前他們帶來格勒式（Grad）火箭，想攻擊一座阿拉維派村莊，我拒絕，但他們還是找一天幹了，甚至可能還轟炸了拉塔基亞。我要他們立刻離開。ISIS戰士是突尼西亞人、利比亞人、沙烏地阿拉伯人。我們之間有時會起衝突——我曾一兩次和他們打了起來。」

「哈只，政府下台後，你會做什麼？」我問。他開始大笑，笑到滿臉通紅，接著揶揄地看著我。

「政府短期內不會倒。」他說：「我們前方還有很漫長的路。戰爭還要打二十年才會結束，我不知道在那之後會發生什麼事，不過我確定自己活不到那個時候，太可惜了，我熱愛生命。不過，我會永遠待在前線，我跟死了沒兩樣。如果有人出來好好領導我們，或許會有好上許多的展望。」

哈只是我最後一個記錄見證的戰士，我們見完面之後，我最後一點專注力也耗光了。我往前走，朝著邊境關口，走完最後幾步路，現況的荒謬與痛苦，似乎把我籠罩在一片虛無之中。

不過，這一切的矛盾，這一切堆積在我心上和我周遭的千頭萬緒，沒能影響我的簡單動物本能，我跟著像牲口一樣拖著腳步的排隊人潮，往前移動。在這裡，生命的流動與速度加快的死亡，帶來兩股相互激盪的力量。生與死這麼近，很難在這片逃難的人海中分開它們。人們拖著腳步逃離炸彈，前方等著他們的是收容所、貧窮、無家可歸的苦難。邊境的另一頭則是另一條對比的人龍，川流不息的戰士從反方向進入敘利亞，把赴死當成通往他們心中天堂的永生橋梁。軍火掮客、軍火販、人口走私犯、扛著死亡武器的手臂，兩條人龍在這裡交會。我在茫然之中一邊看著他們，一邊向前走。

在這個最後的邊境關卡，我身邊再度擠滿急著逃難、心慌意亂的人群，有受傷戰士、人道組織代表、廣播網記者、外國新聞從業人士，缺了手腳的受害者在大量婦孺之中單腳跳過。不過，大批人群緩緩前進時，不帶一絲好奇，有如電影裡被導演呼來喝去的臨時演員，眼睛直視前方，憂愁但搞不清方向，被炎熱的太陽烤得頭昏眼花。每一次我偷偷進出敘利亞，同樣的景象一遍又一遍上演。人們成群結隊離開，就好像這是最後的審判日。

阿特瑪難民營和先前差不多。自從我上次經過這裡，打赤腳的孩子數量增加了。四周的帳篷密度與武裝檢查哨似乎也變多，武裝人員大都是聖戰士與ＩＳＩＳ士兵。當時，在二〇一三年八月，ＩＳＩＳ還與其他聖戰派系維持友好關係，例如努斯拉陣線與自由沙姆人，後來情勢將轉變：ＩＳＩＳ會向他們宣戰，ＩＳＩＳ的戰爭顯然沒有界限，這個團體決心要建立一個未來的國家。

攔下我們的第二個檢查哨，也屬於ＩＳＩＳ。四名年輕人朝天揮動槍枝，立正稍息預備。其中兩人完全蒙著面，另外兩人只露出半張臉。他們不是敘利亞人。我見到他們時，盡量保持冷靜，盯著道路前方一個定點，不去注意他們要什麼，也不管他們問了我的同伴什麼事。他們的口音很奇怪，我聽不懂他們在說什麼，只注意到他們顯得有多傲慢自信，叫得有多大聲。他們的樣子，就好像他們是這個地方的領主大爺，揮著手允許我們通過。

阿特瑪難民營最後一個檢查哨的入口，駐守著「伊斯蘭輔士團」（Ansar al-Islam）的戰士。看守難民營的任務，現在由武裝團體共同分擔。邊界的兩側，卡車載著成箱武器。我們經過時，他們正小心從一輛車上卸貨。這種事就在光天化日、眾目睽睽之下的邊界發生，在老人、女人、小孩……商人、走私者、政府黨羽、記者面前。在土耳其那一側的橄欖林邊，不同國籍的年輕人坐在太陽下，他們是排隊等著進入敘利亞的戰士，這些人也不是敘利亞人。

我的朋友一直陪我到邊境——我這趟回來最初的同一個起點。梅薩拉跟著我一起排隊，我們成為哥雅（Goya）畫作裡走出來的人龍，排了超過一小時才通關。我後面是一個被四周人群推著一起走的美麗女孩，十四歲左右，頂多差個一歲，她的母親陪在她身旁。女孩的名字是法蒂瑪（Fatima）——那是此地女孩很常見的名字——她告訴我，她要離開阿特瑪難民營去結婚。她的父親死於轟炸，她是六個姐妹裡最大的一個。我問她未來的丈夫是什麼樣的人，職業是什麼。她說對方住在土耳其，但國籍是約旦人。她以後會住安塔基亞，因為未婚夫在約旦安曼（Amman）與土耳其之間從事貿易工作。我為了不想讓法蒂瑪尷尬，沒打探那個人幾歲。法蒂瑪問我在這裡做什麼，我說了無傷大雅的謊話——說自己來自賈普札維耶。法蒂瑪沒搭話，再來就不理我了。

不過，我抵達邊境另一頭後，又看到法蒂瑪，一輛租車公司的車正在等她。一個男人來接她，六十歲出頭，甚至更老一點，前額有信教虔誠的記號「札比巴」（zebiba）——因禱告磕頭而形成的額頭皮膚硬塊，身上穿著白色長袍（abaya）。我因為距離很近，便叫了法蒂瑪一聲。

「妳先生？」我問。她先生似乎嚇了一跳。

「嗯。」法蒂瑪小聲回答，偷偷望了我一眼，然後就背對我。

記錄民眾姓名的官員汗如雨下。我依舊穿著黑衣，從頭包到腳趾。我後頭排著長長的女人、男人、小孩。數不清的人們在烈陽下排隊，沒有一個人有任何身分證明文件。我後頭排著一個懷裡抱嬰兒的女人，她輕聲唱著歌，試著哄他。我轉身看到嬰兒手臂上包著白紗布，從肩膀一直包到手指。我低頭看著官員登記我的假姓名，我會用那個名字離開。那一瞬間，我想起人生第一次用化名旅行的時候——一九八七年時，我十六歲半逃家。我笑了出來。在這短暫的一生，我在流亡各地時用過許多名字。

官員抬頭，對我的笑聲感到不滿。「有什麼好笑的，說來聽聽。」他說。不過，他只瞄了我的臉一眼，我就通關了，就像他見過的其他每一張臉一樣。

我不曉得自己為什麼笑。我從年輕戰士身上學到那個習慣，每當感到窒息，就開始笑。我笑得更大聲了。

「妳不會笑的。如果我告訴妳原因，妳不會笑！」我告訴自己。

我往前走，望著對面，很快就要抵達土耳其。

我的同伴依舊在敘利亞那一頭，站在離群眾一段距離的地方。他們看著隊伍裡的我。我離開時，試著不拖延分離時刻；揮一次手就夠了。他們也對著我揮手。一旁的梅薩拉在我眼淚落下時，不發一語。我這輩子大概再也不會見到這群年輕人。我再次揮手。

「我覺得自己好像嚎啕大哭的卡通人物。」我說。

梅薩拉靜靜比手勢，要我跟上他。我最後一次轉頭；穿越到另一頭時，我得盡量鎮定。同伴看著我，直到我終於消失在視野裡。

看到剛才那個兒童新娘跟老到能當祖父的新婚丈夫離去，我想起一件事：梅薩拉排行中間的女兒，我可愛的小愛拉，我開始計劃等抵達她們家在安塔基亞的公寓，我要告訴她的故事，以及我要如何向她描述薩拉奎布的祖宅，她不在時我們做了哪些事——諾拉、我、她姑姑艾育歇，以及兩位老太太。我盤算自己要如何表演那些故事，替愛拉表演，表演出本書每一個人的故事。我想著自己要如何告訴這位小小倖存者，說出她鄰居與親戚的故事，眾人全是某種意義上的薩拉奎布親戚。我在抵達愛拉的新家前，試著在心中組織細節。我必須幫愛拉整理出某種故事的結尾，她有一天會長大，說出自己逃難與住在避難所的故事。也或許她不會告訴任何人，而是試著遺忘，不去挖出任何關於童年的事。

車子沿著邊境一路往前開，敘利亞在我們左方。我現在是敵人，我的熱血因想對所有劊子手復仇而沸騰。我是碎片，我是裂開的人，我得把自己連根拔起，試著在新的土壤中成長，接著又得把自己連根拔起。我尋找著身分，也逃避著身分。我住在機場候機室與火車月台，接著被驅逐，離這個地方遠遠的。不可能留下的現實狠狠搖晃我，打碎我返鄉的美夢。不過現在，我試著最後一次讓自己接受，我要走了，流亡的時間到了。我留下的這片土地滿目瘡痍，被陰謀詭計弄髒，被四處掠奪的塔克菲理民兵破壞。北方的鄉村與城鎮，那些敘利亞人民用自己的鮮血解放的土地，再次被占據，再也不是自由地區，甚至不是敘利亞的國土。我們的革命之夢被挾持。世界上的強權國家如今在這個地方上演戰爭，向棋子一樣移動自己的武裝軍團，資助與供應假想中的前線。眾目睽睽之下，土耳其那一頭的邊境，對形形色色的戰士敞開，對從各方流入的武器敞開。是誰在資助ＩＳＩＳ？是哪些人在金援努斯拉陣線？是誰在暗殺自由軍指揮官？是誰在殺害記者與和平運動人士？是什麼因素造成革命被綁架，讓革命變成一場宗教戰爭？這些問題懸在空中。

至於我，我會在接下來兩天抵達巴黎，我眼前這些景象會消失。我們的車會消失在土耳其境內，梅薩拉和我，我們會回他們家，愛拉會想好大量故事等著我，一直講到我搭機離開安塔基亞，前往伊斯坦堡。我也會告訴她鄰居和年輕反抗軍的消息，我還會說很多謊，不會告訴她有關於她朋友屍體的事，不會提到死去的孩子。我會好好的優雅的和愛拉告別，答應她自己幾個月後會再回去。

在我前一本書《一個交火中的女子》，我探入了第一層的地獄，講述革命的開頭與頭四個月的事。這本書是第二本證詞，進一步把我拉下去，拉進更深的地獄。現在，在我探出頭再度流亡的這一刻，我發現事情沒什麼變化。這次我依舊不覺得像是真正的流亡，內心依舊千頭萬緒，陷溺在自己經歷的升溫事件。或許這甚至不叫「流亡」：這個詞彙需要重新定義。我需要回溯這個詞彙的原始意義。這種塞滿社群媒體浮光掠影影像的流亡，再也不是原始意義的流亡。現代科技完全改變了流亡的概念。今日的人們就算處於流亡之中，也不會再跟原籍地完全斷了關係，依舊有辦法聯絡那些地方，可以上網和當地被留下的人互動，談論發生的事。從這個角度來看，流亡不再帶來強烈失去身分的感覺，不同於網路出現前的年代。

邊境在我們後頭消失。我想像我這個實體，如果能分解成飄浮在空間中的原子，像微風中的柔軟床單一樣自由飄蕩，那就太好了。我願意從實體消散成虛空。接著就在那一刻，我想起現在已是八月尾聲，我可能再也回不去，我的國家被占領，天空被占領，我渾身僵硬起來，像大理石雕像一樣沉重。我眨也不眨地瞪大眼，回頭凝視空蕩蕩的邊境。

後記

我在二〇一四年九月底，完成本書第一份草稿。我最後一次離開自己的國家後，就放下筆，過了好幾個月後，才感到有辦法寫下自己的經歷。當時我覺得寫也沒意義；就算只是談起發生的事，似乎也令人感到荒謬無用。我的手指動不了，心被封住。那一陣子的封閉自我，或者該說是情感麻木，讓我無法回頭挖出訪談，整理筆記。我感到一切都是徒然，無力對抗那樣的無能為力。世上不公不義的程度，日復一日的屠殺，令我無言。我需要極度漫長的時間，才能恢復書寫能力。

自從我最後一次離開敘利亞，時間已過了一年。民眾大規模遷徙的程度，一定會被載入史冊，我從遠方一直關心事情的發展。誰不是呢？你瀏覽照片，看過新聞，和依舊處於水深火熱的當地人保持聯絡——但這又如何？有什麼用？拼圖最重要的那一塊不見了。閱讀桶裝炸彈的新聞，閱讀你住過的城市薩拉奎布連續十天被轟炸，完全不同於真正活在炸彈隨時落在自己周圍的情況。今日的薩拉奎布，已經日日被桶裝炸彈與子母彈轟炸一年多。看到瓦礫下成堆的屍體，不同於去觸摸它們；少數幾個還活著的運動人士，還在記錄事件，然而子母彈轟炸過的大地氣味，不會從照片或影片裡跑出來。燃燒帶來的惡臭在哪裡？心驚母親眼中的恐懼在哪裡？爆炸過後帶來的驚嚇沉默在哪裡？這些影像讓我們立刻連結正在發生的事，但它們究竟傳遞了什麼意義？除了更多的瘋狂，什麼都沒說出來，因為這一類的平面影像，讓真實混合了想像，理智的邏輯化為無用的荒謬，模糊了生與死之間的界限。

外界不會相信敘利亞正在發生的事——整個世界所目睹的東西——只不過是國際社會想救贖自己的願望。死的是別人，不是他們。生命就在他們眼前消逝時，他們追蹤的欲望被刺激。他們自己活下來，那就夠了，那是有如色慾般的肉體直覺。全球的偷窺者，正在因為觀看敘利亞死命掙扎而興奮不已——基本上由敘利亞受害者屍堆所組成的景象。這個世界只是看下去——偶爾會有聳人聽聞的花邊新聞，有阿薩德和ISIS打起來的人為奇觀。那個稻草人化身為令人害怕的畸形怪物後，國際組織需要安撫自己缺席的良知。今日正在發生的事，在人類史上不是新鮮事，但如今有辦法直接展示在世人眼前，血在我們眼前噴出來，落在我們的手上。野蠻影像讓我們變成冷漠的怪物，全球的媒體機器運轉著殘忍的輸送帶，不斷更新事件，確保下一個受害者出現時，上一個受害者就被遺忘，透過大量的死亡培養出噁心的熟悉感。我們消費新聞，接著就扔進垃圾堆。

這就是敘利亞人在過去四年變成的東西。民眾對抗獨裁者的和平起義，一下子變成對抗軍隊與國家的武裝叛亂，接著伊斯蘭分子挾持舞台，讓敘利亞人變成代理人戰爭的傀儡，ISIS是這座血腥病態戲院的主角。在二〇一三年四月出現的基本教義派「伊拉克和敘利亞伊斯蘭國」，現在本身已成為一個國家，一個事實上的占領者。湧過土耳其邊境的外國戰士，成為死亡與破壞的製造機，每一件事都被握在暴力激進主義的鐵腕之中。

ISIS占據敘利亞城市。美國領軍的聯盟以幾乎是撩撥（coquettishly）的方式轟炸他們，接著就悄悄逃走。在此同時，ISIS及其盟友勢如破竹，一路前進，接著就是大屠殺。當整個世界全神關注「伊斯蘭國」，阿薩德的飛機繼續投擲炸彈在伊德利卜省、大馬士革、霍姆斯、阿勒坡的民眾身上。這個世界似乎在等著ISIS模糊的幽靈身影清楚起來與實體化。在此同時，無辜人民繼續死於政府的迫擊砲，以及伊斯蘭主義民兵的刀劍。血流成河，數百萬人流離失所，數百萬人成為難民時，國際社會的討論齒輪還在緩慢運轉。敘利亞再也不會和從前一樣——敘利亞已經被吊起、拖至行刑現場、五馬分屍。

我和反抗軍以及留在國內的女性保持聯絡。穆罕默德依舊尚未離開薩拉奎布，拒絕出國接受自己需要的治療，一隻眼睛看不見。我們上一次對話時，他告訴我，他人不在敘利亞時會感到窒息。他和其他人已經開始挖地下洞穴，晚上睡在洞裡，早上從瓦礫堆裡拖出受害者，記錄暴行，盡一切所能協助民眾。他們家的外甥蘇哈伯也決心留下，不肯回原本定居的歐洲。

「我會死在這裡，永遠不走。」他說。

梅薩拉夫妻一家人依舊住在安塔基亞。我可愛的小愛拉多了一個弟弟，現在快樂地和兄弟姐妹生活在一起。他們正在學習土耳其語，平日會去上學。梅薩拉依舊找時間回薩拉奎布。

拉亞德．費爾斯躲過一場暗殺，依舊遭受ＩＳＩＳ與武裝塔克菲理團體的威脅，但拒絕離開卡夫蘭貝爾。我認識的其他人也拒絕離開——阿布度拉、卡列德、艾札特、哈默德、塔瑞格、瓦希德——他們全都抓著留在家園的夢不放。他們的工作範圍已經改變，不過依舊重複著相同的口頭禪：「我們會死在這，我們不走，這是我們的家鄉。」他們說自己不肯屈服，依舊堅決抵抗誘惑，不肯接受塔克菲理軍團的資助。阿美德與奈瑟依舊在打仗，不過阿美德在一場戰役中受傷。阿布度拉結了婚，還當上父親，腿依舊還沒好好看醫生，依舊瘸著。馬漢爾在土耳其定居，但最近又決定回薩拉奎布，返鄉再次加入反抗軍。拉贊離開卡夫蘭貝爾，她拒絕戴頭巾，現在住在靠近敘利亞邊境的土耳其城市。在我寫作的當下，依舊沒有馬辛的消息。

阿布·易卜拉欣與諾拉——慷慨招待我的夫婦——終於離開自己在薩拉奎布的房子，移居遠離轟炸的平原農場，不過炸彈依舊落在他們身旁，附近依舊發生大屠殺。艾育歇跟著他們夫婦一起搬到農場，老母親與阿姨也一起去。他們安定下來一個月、阿姨失去自己的老家後，那位美麗的老女士去世了。阿布·易卜拉欣依舊不肯完全離開薩拉奎布，深愛他的諾拉在Skype上告訴我，雖然恐懼與驚慌依舊糾纏著她，她永遠不會離開丈夫身邊，自己會和先生一起生一起死。

以上只是二十一世紀最慘烈的悲劇中的幾個參與者——他們所遭受的苦難，無可否認地證明了人類道德淪喪。他們帶著自由與正義的美夢加入革命，為自己失敗的夢想付出慘痛的鮮血代價。他們是敘利亞壯烈史詩之子，永遠縈繞在我心頭。我就連身在小地方也處處美好的巴黎，依舊感受到醜陋的人性正在扼殺我，醜惡盤據在我心頭。巴黎這座城市尚未把我完全拉出我的家鄉；我依舊充滿流亡與思鄉之情，我還以為自己會把這種感覺趕出生活，還以為自己可以抵抗，但腦海裡依舊念念不忘。發生這段經歷之前，我不覺得流亡是什麼重大的身分標誌，不論是語言、國籍、宗教或地理位置，只不過是一個人身分認同的一小部分。對我來說，我的文字與我的敘事才是我的身分。二十多年來，故事是我唯一信仰的領域，然而在流放之中生活了一年後，我發現流放就是流放，流放的意思就是你走在街道上，自知不屬於這裡。

在此地的流放生活之中，我學到如何在睡夢中走路與思考：熟睡，也或者已經死亡？有什麼差別？不論是睡夢或死亡之中，我都脫離現實，身處他方。我碰觸自己的身體，認不出自己的手指，我敘述的事似乎陌生到無法辨識。我真的曾經是那段故事的一部分嗎？或許我愈深陷流亡，就愈是那段故事的一部分。

塗鴉文字：「大馬士革——我們是這個國家的永遠居民。」

塗鴉上的德文與阿拉伯文都寫著：「活著沒有自由，就像身體沒有靈魂。」

附錄：阿拉維派與遜尼派簡介

薩瑪・雅茲別克

阿拉維派是什葉伊斯蘭教（Shia Islam）的一支，有自己的祕傳教義，承認十二名伊瑪目（Imam，正統的穆罕默德先知傳人）。由於部分正統遜尼派（orthodox Sunnis）視他們為異端與異教徒，歷史上的阿拉維派歷經流離失所與集體迫害。

遜尼伊斯蘭教（Sunni Islam）是伊斯蘭最大的教派，大部分的穆斯林都屬於遜尼派。古蘭經與聖訓（Hadith，先知的教誨）為遜尼派的律法與傳統依據，他們只承認四位伊瑪目：在先知穆罕默德死後，遜尼伊斯蘭教四大教法學派的領導者。

阿拉維派追隨伊瑪目阿里・本・阿比・塔利卜（Ali bin Abi Talib），他是先知穆罕默德的堂弟，不接受遜尼伊斯蘭教的權威，有自己的神學傳統，最重要的概念是區隔宗教與國家。十九世紀前，阿拉維派有「努薩里」（Nusayri）等許多不同的名字，不過巴夏爾・阿薩德的父親哈菲茲・阿薩德上台後，阿拉維派地位改變，哈菲茲手腕高明，巧妙地運用阿拉維社群及其苦難史，讓阿拉維派信徒效忠。即便哈菲茲的許多對手，其實本身是阿拉維派，還在他掌權期間入獄多年，哈菲茲在軍隊上下安插阿拉維派，還讓阿拉維派社群多數人陷入貧窮，許多人不得不加入安全部門（security services），哈菲茲透過安排軍隊與國家職務腐化他們。此外，哈菲茲·阿薩德跳過重要的宗教權威，為一己之私利用阿拉維宗教，以求鞏固自身與家族權力。敘利亞爆發革命時，阿拉維派一般站在巴夏爾·阿薩德那一方。

名詞說明

阿拉伯文的地名與人名轉換成英文後，由於音譯慣例各有不同，拼法可能差異極大。本書英譯者盡量採用英國媒體與線上地圖資源最常見的拼法。

長袍（abaya）：類似袍子的服飾，可蓋住全身，只露出腳部、臉部與手。

自由沙姆人（Ahrar al-Sham）：軍事反抗團體。據傳與跨國基本教義團體「穆斯林兄弟會」（Muslim Brotherhood）有關聯。

阿拉維派（Alawite）：什葉伊斯蘭教的宗教支派，根據地為敘利亞，據傳奠基於第九世紀。

讚美主（Alhamdu lilah）：表達鬆了一口氣的用語，意思是「讚美主」。

阿拉（Allah）：阿拉伯文的神。

真主至大（Allahu akbar）：常見的伊斯蘭阿拉伯用語，意為「主是偉大的」。

阿拉伯復興社會黨（Ba'ath Party）：自一九六三年復興黨人（the Ba'athists）發動政變掌權後，

統治敘利亞的政黨。巴夏爾・阿薩德同時擔任復興黨地區書記（Regional Secretary）與敘利亞總統。

貝都因人（Bedouin）：民族文化團體，祖先為遊牧民族，歷史上居住於阿拉伯與敘利亞沙漠。此一名詞源自阿拉伯語，意思為「沙漠居民」。

哈里發國（caliphate）：伊斯蘭政府的一種，由哈里發（caliph）領導。哈里發是穆斯林團體領袖，被視為先知穆罕默德的傳人。

德魯茲派（Druze）：包含諾斯替主義（Gnosticism）、新柏拉圖主義（Neoplatonism），以及各種哲學的一神宗教，源自伊斯瑪儀派（Ismailism）。伊斯瑪儀派是什葉伊斯蘭教的分支。

埃米爾（emir）：高層人員頭銜，字面意思為「指揮者」、「王子」或「將軍」。

伊斯蘭教令（fatwa）：伊斯蘭律法具有權威地位的判決，依據為宗教經文。

自由軍（Free Army，別名「自由敘利亞軍」〔Free Syrian Army〕）：對抗敘利亞政府的反抗軍，旗下有眾多性質各異的軍團與軍旅，包括叛變敘利亞軍隊（Syrian Army）的軍人與溫和派。

正義騎士（Fursan al-Haqq，又名正義旗幟騎士〔Liwa Fursan al-Haqq〕）：「正義的反抗軍騎士」，自由軍的一支。

聖訓（Hadith）：口述傳統中，先知穆罕默德的教誨與言行錄。

「哈只」（Hajj）：一種尊稱，指成功至麥加完成「哈只」（Hajj，朝聖）的穆斯林信徒，一般為長者的稱號。

合法（halal）：依據伊斯蘭律法準備的飲食。廣義的意思為「被允許的」，或伊斯蘭律法容許的任何物品或行為。

不允許的（haram）：有罪或阿拉所不允許的行為。

頭巾（hijab）：非近親成人男性在場時，女性佩戴的罩住頭與胸部的面罩。

伊達（iddah）：女性喪偶或離婚後，不得再婚的時期。

開齋飯（iftar）：穆斯林在齋戒月期間每日白天禁食、晚間開齋的晚餐。

伊瑪目（Imam）：清真寺的祈禱帶領者。亦為各式穆斯林領導者的頭銜。

ISIS（別名「伊斯蘭國」〔Islamic State〕、ISIL、DAESH）：伊斯蘭極端主義反抗團體，自立為哈里發國，控制敘利亞與伊拉克地區，與中東、非洲、亞洲等其他地區結盟。

吉哈德（jihad）：泛指宗教義務，以及對抗不信阿拉者。有時被引發爭議地詮釋為「聖戰」（holy war）。

精靈（jinn）：阿拉伯神話中的超自然生物，以人形或動物形出現。

吉茲亞稅（jizya）：伊斯蘭國家依據一定標準，向非穆斯林成年男性國民徵收的稅金。

喜瑪爾頭蓋（khimar）：一般用來遮住頭部、頸部、肩膀的頭罩或面罩。

庫德人（Kurds）：民族團體，分布於今日的伊朗、伊拉克、敘利亞、土耳其，史上頻頻遭受迫害。

重油（Mazut）：黏度高、品質不佳的燃料，通常用於供暖。

宣禮員（muezzin）：負責召喚信徒祈禱的清真寺人員。

聖戰士（Mujahideen，mujahid的複數形）：參與聖戰者。

穆卡巴拉（mukhabarat）：安全部門或情報組織。

奈薩拉（Nasara）：古蘭經中遵從上帝之子耶穌教義信仰的群眾，也因此被視為今日基督徒。

敘利亞全國聯盟（National Coalition of Syria）：敘利亞內戰期間成立的反對團體所組成的聯盟。

努斯拉陣線（Nusra Front, Jabhat al-Nusra）：與蓋達組織結盟的軍事反抗團體，被美國等陣營視為恐怖團體。

古蘭經（Quran）：伊斯蘭的主要宗教經文，阿拉的啟示。

齋戒月（Ramadan）：伊斯蘭年曆的第九個月，日出與日落之間禁食。

拒絕派（Rawafid）：貶義詞，意思為「拒絕者」，指拒絕接受正統伊斯蘭權威的人士，一般被用來指什葉派。

薩拉菲派（Salafism）：遜尼伊斯蘭教內部的保守團體，用來指嚴格遵守伊斯蘭教與軍事吉哈德的人士。

沙比哈（shabiha）：阿拉伯復興社會黨與阿薩德政權的武裝軍事支持者。
伊斯蘭律法（Sharia）：伊斯蘭的法律。
什葉（Shia）：伊斯蘭教的第二大教派，奉第四位哈里發阿里（Ali）為穆罕默德第一位真正的傳人。
蘇菲主義（Sufism）：伊斯蘭教的神祕與苦行面向，神的知識藉由直接的個人體驗尋求。
封齋飯（suhoor）：齋戒月期間，清晨開始禁食到日落之前所吃的一餐。
遜尼派（Sunni）：伊斯蘭教最大的教派，對於聖行（Sunnah，依據先知穆罕默德的言行而定的傳統伊斯蘭律法）的理解，不同於什葉派，並接受前三位哈里發。
敘利亞政府軍（Syrian Army）：支持阿薩德政權的部隊。
古蘭經背誦（tahfiz）：藉由記憶的方式學習古蘭經。
塔克菲理（takfiri）：指控其他穆斯林（或其他亞伯拉罕諸教信仰〔Abrahamic faith〕的支持者）叛教的穆斯林。
我向真主起誓（Wallahi）：「我向阿拉發誓」或「主在上」，用以發誓或表達說話真誠。
快（Yallah）：「快點」或「快點走了」。
札比巴（zebiba）：阿拉伯文的「葡萄乾」。每日祈禱時，額頭因反覆碰觸祈禱墊，出現深色圓形起繭皮膚。被視為虔誠的象徵。

Vision 001

走入敘利亞破碎的心臟：

請不要遺忘我們！我重返故鄉，見證那些困守內戰的人們怎麼愛、怎麼活

The Crossing : My journey to the shattered heart of Syria

作　者	薩瑪・雅茲別克（Samar Yazbek）
責任編輯	魏珮丞
封面設計	許紘維
校　對	呂佳真
社　長	郭重興
發行人兼出版總監	曾大福
第六編輯部總編輯	魏珮丞
出 版 者	遠足文化事業股份有限公司
地　址	231 新北市新店區民權路 108-2 號 9 樓
電　話	（02）2218-1417
傳　真	（02）2218-8057
郵撥帳號	19504465
客服信箱	service@bookrep.com.tw
官方網站	http://www.bookrep.com.tw
法律顧問	華洋國際專利商標事務所 蘇文生律師
印　製	呈靖印刷
初　版	2017 年 09 月
初版三刷	2017 年 10 月
定　價	390 元
ISBN	978-986-95322-0-4

FACEBOOK

國家圖書館出版品預行編目 (CIP) 資料

走入敘利亞破碎的心臟：請不要遺忘我們！我重返故鄉，見證那些困守內戰的人們怎麼愛、怎麼活 / 薩瑪 · 雅茲別克（Samar Yazbek）著；許恬寧譯 . -- 初版 . -- 新北市：遠足文化 , 2017.09
336 面 ; 14.8 x 21 公分 . -- (Vision ; 1)
譯自：The crossing : my journey to the shattered heart of Syria
ISBN 978-986-95322-0-4(平裝)

1. 敘利亞史 2. 報導文學　　735.425　　106014260

VISION | 多一層理解